CDRF
中国发展研究基金会
China Development Research Foundation

绿色转型发展

Green Transformation and Development : Enterprises in Action

企业在行动

主　编　方　晋　程会强
副主编　朱美丽　范振婷　王　雪　都　静

中国发展出版社
CHINA DEVELOPMENT PRESS

图书在版编目（CIP）数据

绿色转型发展：企业在行动 / 方晋，程会强主编；朱美丽等副主编. -- 北京：中国发展出版社，2024. 11. -- ISBN 978-7-5177-1429-3

Ⅰ. F279.23

中国国家版本馆CIP数据核字第2024QA1713号

书　　名：绿色转型发展：企业在行动
主　　编：方　晋　程会强
副 主 编：朱美丽　范振婷　王　雪　都　静
责任编辑：吴　佳　王海燕
出版发行：中国发展出版社
联系地址：北京经济技术开发区荣华中路22号亦城财富中心1号楼8层（100176）
标准书号：ISBN 978-7-5177-1429-3
经 销 者：各地新华书店
印 刷 者：北京博海升彩色印刷有限公司
开　　本：787mm × 1092mm　1/16
印　　张：17.5
字　　数：260千字
版　　次：2024 年 11 月第 1 版
印　　次：2024 年 11 月第 1 次印刷
定　　价：88.00元

联系电话：（010）68990635　68990625
购书热线：（010）68990682　68990686
网络订购：http://zgfzcbs.tmall.com
网购电话：（010）88333349　68990639
本社网址：http://www.develpress.com
电子邮件：15210957065@163.com

序 言

党的十八大以来，在习近平生态文明思想指引下，我国生态文明建设加快推进。2020年“双碳”目标提出后，协同推进降碳减污扩绿增长，成为目前我国生态文明建设的重点战略任务。党的二十大报告深刻阐释了人与自然和谐共生是中国式现代化的中国特色之一，对推动绿色发展、促进人与自然和谐共生作出战略部署，为绿色转型提供了根本遵循。

在全球迈向绿色低碳发展的浪潮中，我国以“双碳”工作为引领，加速推进高质量发展与高水平保护的同步进行。在这一重要进程中，企业作为绿色低碳循环发展的关键主体，不仅在推动产业绿色转型和绿色创新中扮演着重要角色，更是应对气候变化的创新载体。为了更好地展现企业在绿色发展中的实际行动和专家学者的最新研究成果，中国发展研究基金会于2023年11月组织了“绿色发展企业行动专题会2023”，本次会议以“勠力绿色转型发展 共建清洁美丽世界”为主题，邀请相关领域政府部门、研究机构、企业界逾两百位代表，就产业链绿色转型、农村绿色发展、绿色消费、ESG等议题展开研讨，深入交流最新研究成果与实践案例，推进绿色发展领域理论研究及社会实践。中国发展研究基金会将会议成果汇编成册，形成《绿色转型发展：企业在行动》一书。

本书不仅仅是一个会议文集，它更是对绿色发展理论与实践的一次深度探讨与记录。会议期间，来自各领域的专家学者和企业代表围绕“产业链绿色转型促进高质量发展”“探寻农村绿色发展新机遇”“开创绿色消费新场景”“可持续投资与中国的策略选择”等不同议题展开了热烈的讨论与交流。

这些讨论呈现了绿色转型发展的多维度图景。

在书中，您将看到一幅完整的绿色转型发展图景。全书分为理论篇与实践篇，从宏观战略思考到对具体实践案例的深入剖析，全方位展示了绿色转型的多维度探索。理论篇涵盖了降碳减污、再生农业、ESG与绿色金融等领域的最新研究与分析，为绿色转型发展提供了坚实的理论基础和战略指引。实践篇则汇集了企业在绿色转型过程中积累的宝贵经验，展示了从全价值链低碳转型到绿色消费升级、从新能源汽车标准建设到可持续发展管理创新等多个方面的具体操作。这些内容不仅为学术界提供了新的研究视角，也为企业在绿色发展中的实际操作提供了有益的参考。

此外，书中的内容还充分反映了不同领域、不同地域在绿色发展中的探索和成就。理论篇中的文章从全球视野出发，分析了国际政策竞争对我国绿色产业的影响，以及如何通过技术创新和政策支持推动农业绿色发展、促进“双碳”目标的实现。而实践篇则通过翔实的案例展示了国内外企业在推动绿色转型中的实践与贡献，从百威亚太的全价值链低碳转型，到米其林在移动出行领域的绿色创新，再到滴滴出行在交通领域的净零碳转型，企业的创新精神和责任担当得以淋漓尽致地体现。

我们相信，随着绿色转型的深入推进，企业将在其中扮演越来越重要的角色。本书的出版，旨在引起更多企业和研究者对绿色发展的关注与行动，共同推动中国乃至全球的绿色转型，实现人与自然和谐共生的美好愿景。

希望本书的出版能为广大读者带来启发，也期待它能在推动绿色转型发展进程中发挥应有的作用。受研究水平所限，书中难免存在疏漏和不足之处，敬请各位读者批评指正。

中国发展研究基金会副理事长兼秘书长 方晋

2024年10月

目 录

理论篇

实践篇

理论篇

勠力绿色转型发展　共建清洁美丽世界

第十四届全国政协委员、提案委员会副主任，
中国发展研究基金会理事长　张军扩

当前，绿色发展已经成为全球潮流，大势所趋，自然环境恶化对人类生存和发展的威胁与日俱增，走绿色发展道路既是各国应对气候变化的共同选择，也是全球经济社会发展的共同机遇。中国作为推动全球生态文明建设的重要参与者，承诺实现“双碳”目标，推动经济社会发展全面绿色低碳转型。目前，中国已经建立了覆盖各重点行业和各重点区域的碳达峰碳中和工作方案，形成了“1+N”政策体系。在能源结构、工业转型、生态保护等方面作出了部署，并取得了积极的成效。中国非化石能源消费比重不断上升，资源利用效率持续提高，产业结构稳步升级，污染防治成效显著。

在推动经济社会绿色发展过程中企业是主体，既是产业绿色转型的重要推动者，也是应对气候变化的重要创新载体。自国家提出“双碳”目标以来，我们非常高兴地看到广大企业积极响应，纷纷结合自身实际，制定减碳目标，绘制碳中和的路线图，把绿色低碳和可持续发展融入企业经营战略当中，大力实施绿色转型行动，为全社会绿色转型既作出了贡献，也作出了表率。

中国发展研究基金会的宗旨是开展政策研究，促进科学决策，服务中国发展。近年来，我们一直通过政策研究、社会试验等多种方式推动国家的绿色转型发展。中国发展研究基金会发起绿色发展企业行动，呼吁广大企业积极践行

绿色发展理念，凝聚力量，共同推动全社会形成绿色、低碳可持续发展的生产生活方式，得到了中外企业、专家学者和社会各界的大力支持。在此基础之上，中国发展研究基金会陆续开展了一系列助力经济社会绿色转型的研究和实践。

一是在中国发展高层论坛上强化绿色议题。中国发展研究基金会在每年的中国发展高层论坛上都会增加与绿色发展相关的研讨单元，而且所占的比重逐年增加，供与会嘉宾充分交流。

二是发起了产业链绿色转型倡议。中国发展研究基金会与相关行业的领军企业于2021年共同发起产业链绿色转型倡议，携手助推产业链绿色低碳协作的变革发展。

三是开展绿色发展领域重点问题的研究。如对钢铁、绿电、新能源汽车动力电池回收利用、可持续塑料包装政策、再生农业等进行专题研究，通过政策建议推动行业绿色转型发展。

四是开展社会试验试点项目。中国发展研究基金会携手世界500强企业在贵州毕节开展乡村绿色发展与非遗保护试点，探索生态、教育、文化相结合的乡村振兴路径。

未来中国发展研究基金会还将继续加强与各方的沟通合作，共同履行推动经济社会绿色转型发展的重要使命和任务。

人与自然和谐共生是中国式现代化的重要特征之一，促进经济社会绿色转型发展已经成为全球发展的共识，践行这一共识需要社会各界的共同努力。

首先，应该加快完善支持绿色发展的体制和政策体系。国家发展和改革委员会印发了《国家碳达峰试点建设方案》，首批在15个省区开展碳达峰试点建设，提出推动经济社会绿色转型是一场系统性的变革，要在试点基础之上不断总结创新，加快构建和完善促进绿色发展的财政、金融、投资、价格政策和标准体系，创新碳排放的核算评价和管理体制。

其次，要将产业绿色转型作为实现减污降碳协同增效的重要抓手。企业是绿色转型发展的主力军，而产业链绿色转型、协同创新无论对于企业绿色转型的有效开展还是对于区域经济绿色发展的有效推进都至关重要。中外企业可以充分发挥自身的比较优势，在全球布局推广新技术、新经验，在推动全球绿色可持续发展的同时更好地实现自身的绿色发展。

最后，要大力推动全民绿色消费行动，鼓励社会公众树立绿色消费的理念，进一步增强全社会的绿色发展意识，动员社会各方主体以实际行动践行绿色生活生产方式。

降碳减污扩绿增长　“四位一体”发展评估报告

“四位一体”发展评估报告课题组*

2020年“双碳”目标提出后，协同推进降碳、减污、扩绿、增长，成为目前我国生态文明建设的重点战略任务。但近年实践工作中出现的一些如运动式减碳、将降碳和生态保护与增长对立等认识偏差，凸显了加快完善生态文明领域统筹协调机制，建立科学合理的“四位一体”发展评估体系的必要性。

基于科学性、典型性和易操作性3个原则，本报告分别使用碳生产率、环境质量指数、单位面积生态资本服务价值和人均GDP 4个指标来刻画降碳、减污、扩绿、增长4个方面，并参考联合国人类发展指数的编制思路合成最终的“四位一体”发展指数，形成对我国253个样本城市的评估分析结果。

在对样本城市的评估分析中，本报告不仅对城市总体发展水平进行比较和地理分布分析，还根据增长与绿色发展的协同关系将城市划分为四大类型（高增长-高绿色、高增长-低绿色、低增长-高绿色和低增长-低绿色）进行考察。

“四位一体”指数评估方法具有普适性和可扩展性，可在不同区域层面上进行核算，对城市的发展轨迹进行动态化追踪，作为重要度量分析工具完善绿色发展评估和核算体系。

* “四位一体”发展评估报告课题组：负责人刘世锦（国务院发展研究中心原副主任），协调人王子豪，课题组成员赵勇、刘耕源、杨佳雯、赵建翔、畅婉琪。

一、评估背景和意义

（一）评估背景

党的十八大以来，在习近平生态文明思想指引下，我国生态文明建设加快推进。2020年“双碳”目标提出后，协同推进降碳减污扩绿增长，成为目前我国生态文明建设的重点战略任务。2022年3月，在参加十三届全国人大五次会议内蒙古代表团审议时，习近平总书记明确提出，坚持降碳、减污、扩绿、增长协同推进[①]。2022年10月，党的二十大报告进一步提出，推进美丽中国建设，坚持山水林田湖草沙一体化保护和系统治理，统筹产业结构调整、污染治理、生态保护、应对气候变化，协同推进降碳、减污、扩绿、增长，推进生态优先、节约集约、绿色低碳发展。目前，我国生态文明建设已经进入加快发展方式绿色转型，处理好高质量发展和高水平保护关系的关键时期。

从近年来的实践看，因对降碳、生态环境保护与增长之间的关系认识不到位，一些地区在落实党中央决策部署过程中出现了“不会干”的问题，特别是由于缺乏科学客观评估体系引导等，工作中出现了运动式减碳，将降碳与增长对立，将生态保护与增长对立等认识偏差。

因此，加快完善生态文明领域统筹协调机制，协同推进降碳减污扩绿增长多重任务愈发迫切。建立科学合理的“四位一体”发展评估体系，以量化评估考核为重要抓手，有助于尽快摸清发展现状，查找短板，对标先进，明确目标和方向，引导各部门各方面明晰多目标协同实现路径。

---

① 《不断巩固中华民族共同体思想基础 共同建设伟大祖国 共同创造美好生活》，《人民日报》，2022年3月6日。

（二）评估意义

一是有利于建立协同推进“四位一体”发展的机制。降碳、减污、扩绿、增长本身存在一定的协同效应，建立“四位一体”评估指标体系有助于彰显协同推进4方面发展工作的必要性。例如，碳排放与其他污染物排放具有相当程度的同源性，降碳减污协同推进可提高工作效率，同时，绿色技术和投资将会提供巨大的创新和增长新动能，绿色转型与经济增长充分融合将为中国带来更强的协同效应。

二是有利于完善绿色发展评估和核算体系。从全球范围看，经济社会环境协同发展或者说发展范式转变，都迫切要求创新和变革已有的度量方式，形成新的经济社会环境核算体系。“四位一体”评估体系，将碳排放、环境、生态和增长纳入统一体系当中，使用若干典型性的指标来客观简便地刻画绿色发展水平，便于对各级政府开展评估考核，发挥评估考核指挥棒的导向和激励作用，引导各级政府形成相互竞争、相互促进的良性发展状态，将降碳、减污、扩绿、增长协同发展落到实处。

三是可为各级政府部门决策提供量化依据。本报告创新性地建立降碳减污扩绿增长“四位一体”评估指标体系，通过建立指数进行量化评估，可全面掌握各地区降碳、减污、扩绿、增长进展和存在的短板，在定性研究的基础上进行更进一步的定量研究，可为各级政府部门科学决策提供量化依据。

二、评估指标体系和指数计算方法

（一）指标体系构建原则

科学性原则。从降碳、减污、扩绿、增长的自然属性和经济社会属性出发，选择具有科学依据、公认性强的度量指标。评估逻辑和方法具有广泛认知，能够客观全面动态反映评估对象的实际状态。

典型性原则。尽可能选取较少但典型性、代表性突出的指标。

易操作原则。充分考虑数据的可得性和指标表达的简洁性，计算方法尽可能简便，使各个层面的使用者都方便上手，易于操作实施。

（二）指标选择和数据来源

降碳、减污、扩绿、增长，分别用碳生产率、环境质量指数、单位面积生态资本服务价值和人均GDP 4个指标来刻画（见表1）。

表1 “四位一体”指数评估指标体系

一级指标	二级指标	三级指标	计算方法	数据来源
绿色	降碳	碳生产率（购买力平价，美元/吨）	GDP/碳排放	中国碳核算数据库、ifind、《中国城市统计年鉴》、世界银行
	减污	环境质量指数	0.5×（正向化的空气质量指数+正向化的水环境综合指数）	生态环境部、公众环境研究中心
	扩绿	单位面积生态资本服务价值（生态元/平方米）	城市生态资本服务价值/城市行政区域面积	生态资本服务价值核算数据库
增长	增长	人均GDP（购买力平价，美元）	以2017年为基期的不变价购买力平价美元计价的人均GDP	GDP和常住人口数据来源于ifind、CEIC、相关城市政府官网，购买力平价数据来自世界银行

资料来源：课题组根据相关资料整理。

1. 使用碳生产率（GDP/碳排放）度量降碳

碳生产率的计算公式如下：

$$碳生产率=购买力平价GDP（美元）/碳排放（吨） \quad (1)$$

碳排放效率指标将碳排放量与GDP挂钩，能够更好地反映降碳和增长的关系，反映经济生产在绿色转型方面的效率。为了尽可能剔除价格等因素的影响，增强指标的国际可比性，GDP选择使用以2017年为基期的不变价购买力平价美元计价的GDP。

其中，省市碳排放量使用的是2019年的数据，数据来源于中国碳核算数据库；以2017年为基期的不变价购买力平价美元计价的GDP，基于世界银行发布的以2017年为基期的不变价购买力平价系数及来源于ifind和《中国城市统计年鉴》的城市GDP数据计算得到。

2. 使用环境质量指数度量减污

环境质量指数由空气质量指数和水环境综合指数两个指数合成，两者权重相同。环境质量指数计算公式如下：

环境质量指数=0.5×正向化的空气质量指数+0.5×正向化的水环境综合指数 （2）

空气质量指数来自生态环境部，水环境综合指数来源于公众环境研究中心。

3. 使用单位面积生态资本服务价值度量扩绿

计算公式如下：

单位面积生态资本服务价值=城市生态资本服务价值/城市行政区域面积 （3）

生态资本服务价值能够综合反映森林、湖泊、草地、湿地等各类生态类型的情况，能够有效地衡量生态保护与修复的成效，计算单位为生态元，1生态元=10^{10}太阳能焦耳。生态元数据使用2020年的数据。基于生态元的生态资本服务价值核算体系参见刘世锦等撰写的《基于“生态元”的全国省市生态资本服务价值核算排序评估报告》。这一体系具有理论基础科学、量纲统一等优点，特别是其中的综合性指标具有代表性，能够全面度量生态资本服务价值，客观有效度量扩绿情况。

4. 使用以购买力平价美元计价的人均GDP度量增长

计算公式如下：

以购买力平价美元计价的人均GDP=以人民币计价的人均GDP/购买力平价系数 （4）

使用以2017年为基期的不变价购买力平价美元计价的GDP，相对于现价人民币或美元计价的人均GDP，既可以剔除随时间变化的通胀因素的影响，也可以剔除地区间物价差异等因素的影响，便于跨年份和国际比较。

需要说明的是，由于部分城市碳排放数据缺失严重，剔除此类数据缺失的城市后最终得到样本城市共253个。

（三）指数计算方法

建立“四位一体”指数的具体步骤如下：

第一步，对指标进行归一化，建立单个维度指数。使用下面的公式计算得到降碳、减污、扩绿、增长4个维度的指数：

$$X_i=\frac{x_i-min_{x_i}}{max_{x_i}-min_{x_i}}，当x_i为正向指标 \quad（5）$$

$$X_i=\frac{max_{x_i}-x_i}{max_{x_i}-min_{x_i}}，当x_i为负向指标 \quad（6）$$

式中：X_i为维度i指标的归一化值；x_i为维度i的原始值；max_{x_i}、min_{x_i}分别为维度i的极大值和极小值。其中，碳生产率、人均GDP和单位面积生态资本服务价值在归一化前进行了对数处理。

由于样本城市范围变化和时间变化均会使相关指标的最大值和最小值发生变化，进而会导致归一化后的维度数值受到影响，使得不同样本城市的结果以及同一样本不同年份的结果不具有可比性。为了避免这种情况，使不同年份和不同地区的指数具有可比性，我们将不同年份和不同地区的碳生产率、空气质量指数、水环境综合指数、单位面积生态资本服务价值和人均GDP的极大值和极小值设定为固定值，具体见表2。

第二步，汇总维度指数。参考联合国《2020年人类发展报告》中对指数的几何平均处理，“四位一体”指数的计算方法如下：

$$\text{“四位一体”指数}=0.5\times\text{绿色指数}+0.5\times\text{增长指数} \tag{7}$$

其中：绿色指数①$=\sqrt[3]{\text{降碳指数}\times\text{减污指数}\times\text{扩绿指数}}$

表2　计算维度指数的极大值和极小值

一级指标	二级指标	三级指标	极大值	极小值
绿色	降碳	碳生产率（2017年不变价购买力平价，美元/吨）	16000	100
	减污	空气质量指数	10	200
		水环境综合指数	1	40
	扩绿	单位面积生态资本服务价值（生态元/平方米）	50	0.05
增长	增长	人均GDP（2017年不变价购买力平价，美元）	60000	3000

资料来源：课题组根据相关资料整理。

三、城市总体发展评估结果

（一）城市总体排序

从评估结果看，全国253个样本城市中，“四位一体”指数表现较好的城市分别为深圳、北京、杭州、广州、常州、无锡、上海、福州、厦门、苏州、

① 绿色指数包括降碳、减污和扩绿 3 个维度，3 个维度按照等权重的几何平均得到绿色指数。相较于算术平均，几何平均方法的数学性质能让 3 个维度都均衡较高的城市得分高于有明显长板和短板的城市，即使这两类城市的算术平均在相同水平。

泉州、绍兴、宁波、南京、佛山、三明、龙岩、宜昌、克拉玛依、扬州（见图1）。

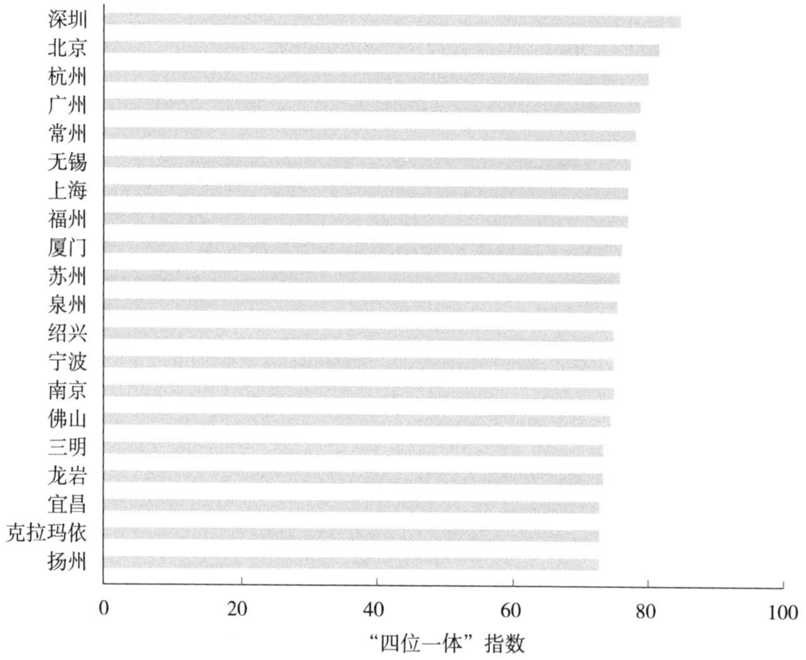

图1 “四位一体”指数表现较好的城市

资料来源：课题组根据相关资料整理。

从四大经济分区层面来看，“四位一体”指数整体表现为东部地区>中部地区>西部地区>东北地区。

从城市群层面来看，东南沿海的珠三角、长三角城市群“四位一体”指数整体得分较高；中原、关中平原城市群发展较弱，其中河南和安徽的部分城市得分较低；京津冀城市群内部发展差距较大，仅北京表现较好。

从城市层面来看，内陆省份中的“热点城市”（较相邻地区得分更高的城市）与省会城市的重叠度较高，如郑州、贵阳、西安、太原、成都等，因为在内陆省份中，省会城市往往较周边城市经济发展水平明显更高。湖北和江西是内陆省份中的例外，湖北省内宜昌的“四位一体”指数较省会武汉高，这主要是由于宜昌在保持了较高人均GDP水平的同时，水源质量和生态环境维护得更好；与湖北情况类似，江西省鹰潭市的得分也略高于省会南昌。

（二）分等级排序

按照四分位数对“四位一体”指数进行划分，样本城市发展水平可划分为高发展水平、较高发展水平、中等发展水平、低发展水平4个等级。其中，截止点根据城市“四位一体”指数值进行计算，使用样本城市指标的分位数得到如下的城市等级（见表3）。

表3　城市“四位一体”发展水平等级

序号	“四位一体”发展等级	划分依据	城市
1	高发展水平城市（63个）	“四位一体”指数值高于65.03	深圳、北京、杭州、广州、常州、无锡、上海、福州、厦门、苏州、泉州、绍兴、宁波、南京、佛山、三明、龙岩、宜昌、克拉玛依、扬州、南平、湖州、玉溪、黄山、青岛、鹰潭、宁德、南昌、武汉、莆田、烟台、成都、威海、漳州、南通、东莞、台州、新余、大连、温州、西安、贵阳、丽水、湘潭、芜湖、东营、惠州、济南、株洲、泰州、岳阳、昆明、中山、合肥、金华、十堰、攀枝花、滁州、郑州、江门、重庆、鄂尔多斯、常德
2	较高发展水平城市（64个）	“四位一体”指数值为57.80~65.03	三亚、绵阳、宝鸡、德阳、海口、大庆、嘉兴、衢州、南宁、宣城、肇庆、延安、九江、洛阳、天津、柳州、茂名、郴州、雅安、随州、宿迁、宜春、金昌、北海、景德镇、吉安、乐山、盐城、鄂州、三门峡、池州、呼和浩特、长春、太原、桂林、荆门、兰州、沈阳、安庆、徐州、乌鲁木齐、包头、乌海、铜陵、衡阳、嘉峪关、日照、泸州、安康、赣州、咸宁、晋城、黄石、本溪、马鞍山、益阳、自贡、阳江、咸阳、连云港、许昌、清远、哈尔滨、汉中

续表

序号	“四位一体”发展等级	划分依据	城市
3	中等发展水平城市（62个）	“四位一体”指数值为50.74~57.80	上饶、商洛、汕头、抚州、铜川、防城港、保山、焦作、唐山、榆林、承德、贺州、河源、萍乡、娄底、韶关、蚌埠、临沧、广元、秦皇岛、永州、梧州、张家界、云浮、潍坊、汕尾、鹤壁、丽江、钦州、六安、南阳、达州、石家庄、安顺、潮州、广安、邵阳、遂宁、六盘水、张掖、信阳、白山、孝感、百色、内江、荆州、抚顺、酒泉、黑河、揭阳、巴彦淖尔、湛江、长治、济宁、朔州、平顶山、昭通、泰安、黄冈、玉林、巴中、临沂
4	低发展水平城市（64个）	“四位一体”指数值低于50.74	银川、保定、呼伦贝尔、枣庄、吕梁、河池、牡丹江、大同、新乡、武威、鞍山、辽源、阳泉、来宾、吉林、驻马店、赤峰、南充、梅州、张家口、鹤岗、贵港、鸡西、淮南、忻州、双鸭山、石嘴山、廊坊、沧州、开封、通化、乌兰察布、临汾、淮北、庆阳、白银、宿州、安阳、漯河、渭南、资阳、德州、中卫、吴忠、平凉、白城、邯郸、七台河、松原、绥化、邢台、天水、陇南、四平、伊春、固原、齐齐哈尔、濮阳、阜阳、商丘、亳州、定西、聊城、周口

资料来源：课题组根据相关资料整理。

四、城市分类型评估结果

考虑到不同城市特点差异较大，在评估城市降碳、减污、扩绿、增长“四位一体”发展程度时，我们根据城市类型特点分类型进行评估将会更加科学客观。

按照增长指数与绿色指数（由生态、环境、碳排放构成）的两方面表现，我们将253个样本城市划分为高增长–高绿色、高增长–低绿色、低增长–低绿色、低增长–高绿色城市4个象限①，每个象限分别包含72、55、55和71个城市（见图2）。按照上述类型划分标准，分别对4个类型的样本城市进行评估分析。

① 使用增长指数和绿色指数的中位数作为象限之间的分割点。

图2　四种城市类型及分布①

资料来源：课题组根据相关资料整理。

① 横坐标为增长指数，纵坐标为绿色指数。横坐标轴与纵坐标轴的交叉点为增长指数中位数（48.0）和绿色指数中位数（68.4）。

在“四位一体”指数之外，为了更直观地呈现每个城市增长与绿色发展的协同程度，我们定义“协同值”指标对协同程度进行衡量。协同值具体计算方法如下：

$$协同值=100\times（1-|E_i-G_i|/252） \quad （8）$$

其中，E_i为城市i的增长指数在所有样本城市中的排名，G_i代表城市i绿色指数在所有样本城市中的排名。由于样本城市共有253个，因此252是某个城市增长排名和绿色排名可能达到的最大值，$|E_i-G_i|/252$衡量了城市增长排名与绿色排名的差异程度，对应地，$1-|E_i-G_i|/252$衡量了城市增长排名与绿色排名的协同程度，最后将$1-|E_i-G_i|/252$放缩为0~100便于读数。

（一）高增长－高绿色类型城市

高增长–高绿色类型城市共72个，主要归属于长三角、长江中游、珠三角、粤闽浙沿海和成渝五大城市群，集中分布在浙江、福建、广东、江西、四川、安徽、江苏等省份（见图3）。

从“四位一体”指数的综合发展水平看，深圳、北京、杭州、广州、常州、无锡、上海、福州、厦门、苏州、泉州、绍兴、宁波、佛山、三明、龙岩、宜昌、扬州、南平、湖州在高增长–高绿色类型城市中表现较好。从各分项指数表现以及增长与绿色的协同程度来看，高增长–高绿色类型城市可分为以下3类（见图4）：

第一类包括深圳、北京、杭州、广州、福州、厦门、泉州、绍兴、佛山等34个城市，增长绿色协同值超过90，协同度较高。其中，深圳、杭州、广州、福州、泉州5个城市的绿色指数和增长指数表现均较好，实现了绿色与增长的高发展、高协同。

这一类别的代表性城市是深圳和杭州，经济规模大，以服务业和高端制造业为主，重视低碳和环境保护。深圳和杭州作为全国第一批低碳试点城市，积极探索建立包括绿色消费、绿色生产、绿色流通、绿色金融等在内的绿色经济体系，在经济快速发展的同时实现了城市绿色化水平的快速提升。例如，深圳重视调整产业和能源结构低碳化水平；绿色交通水平全球领先，实现公交车、

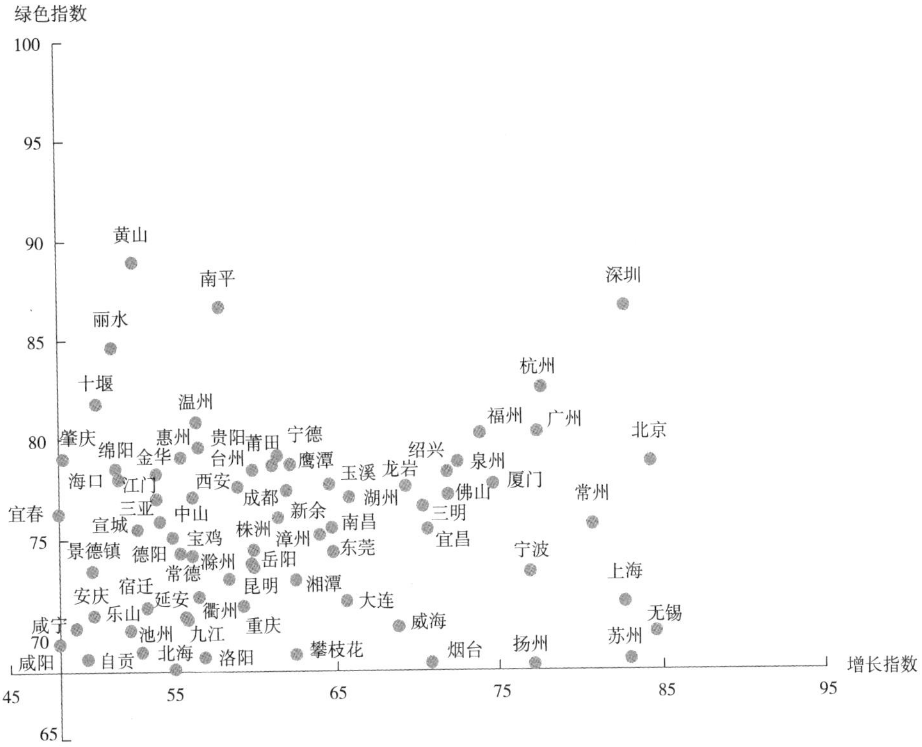

图3 高增长-高绿色类型城市

资料来源：课题组根据相关资料整理。

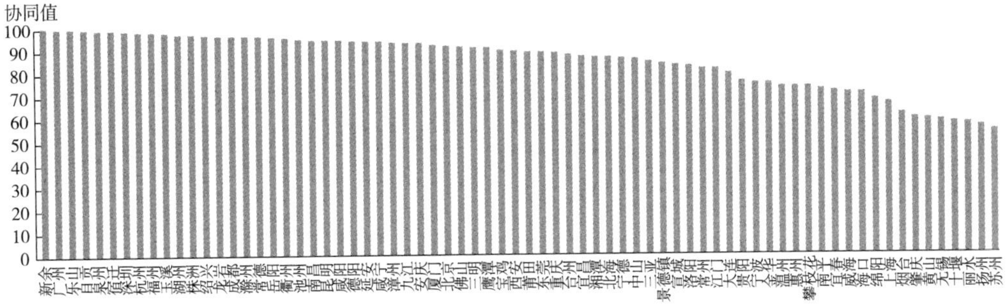

图4 高增长-高绿色类型城市协同值

资料来源：课题组根据相关资料整理。

出租车、网约车全面纯电动化；完善碳金融产品，在碳基金、碳配额质押等方面实现突破；实施全球首部规范绿色金融的综合性法案；出台碳普惠方案引导绿色消费等，是全国碳生产率排名最高的城市。杭州通过提升产业和金融的数字化水平，加强数字经济和传统制造业、交通业、建筑业等领域的融合，同时高度重视对城市生态环境的保护和污染的防治，通过生态安全保护行动、深化污染防治攻坚战行动、绿色低碳经济发展行动、美丽都市大花园建设行动、生态文化新高地打造行动等一系列行动，持续推进生态环境治理体系和治理能力现代化，在减污和扩绿方面排名前列（见图5）。

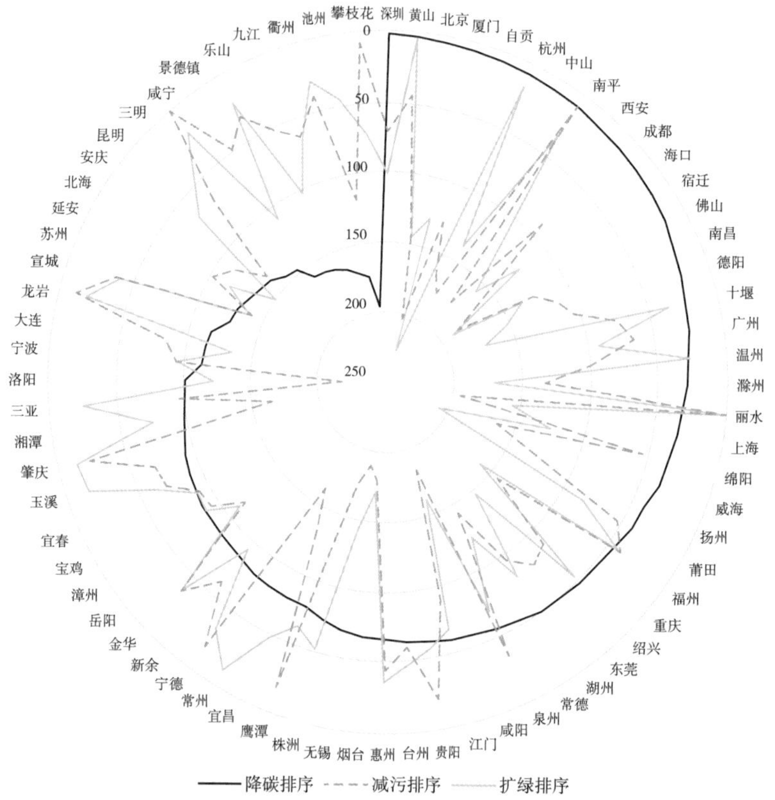

图5　高增长–高绿色类型城市降碳、减污和扩绿指数排序

资料来源：课题组根据相关资料整理。

第二类包括常州、宜昌、宁德、莆田、东莞、台州、西安、湘潭、中山等17个城市，增长绿色协同值为80~90，可进一步关注具体指标排序间的协调性。例如，中山、西安在碳减排方面取得较好成效，但在减污方面仅位于全国中下游水平，空气质量和水质量仍需进一步改善；宣城、景德镇则是生态环境优势突出，但碳生产效率相对较低，经济绿色低碳转型空间较大。

第三类包括无锡、上海、苏州、宁波、扬州、南平、黄山、烟台、威海等21个城市，增长绿色协同值低于80，协同度在高增长–高绿色城市中较低。其中，苏州、扬州、无锡、上海、宁波5个长三角城市的增长指数排序远高于绿色指数，环境质量指数和单位面积生态资本服务价值均处于较低水平。作为我国经济发展最具活力的区域，长三角部分城市在保持增长的同时面临高排放行业聚集、煤炭消费占比大、生态系统受损等压力挑战，例如上述5个城市的扩绿水平处于全国中下游水平，苏州、宁波两地的降碳水平相对较低，需要进一步提高能效水平、创新绿色技术、强化约束激励机制，加快制造业低碳转型和清洁能源替代，形成绿色生产生活方式，重视生态空间保护和生态系统修复。南平、黄山、丽水等城市，自然生态本底好，环境优美，在保持人均GDP水平尚可的同时，绿色指数排序远高于增长指数。

（二）高增长–低绿色类型城市

高增长–低绿色类型城市共55个，主要分布在长三角、中原、山东半岛、呼包鄂榆、长江中游五大城市群，集中在安徽、河南、江苏、内蒙古、山东5省（区）（见图6）。

从“四位一体”指数的数值水平来看，南京、克拉玛依、青岛、武汉、南通、芜湖、东营、济南、泰州、合肥、郑州、鄂尔多斯、大庆、嘉兴、天津、柳州、金昌、盐城、鄂州、三门峡在高增长–低绿色类型城市中表现较好。

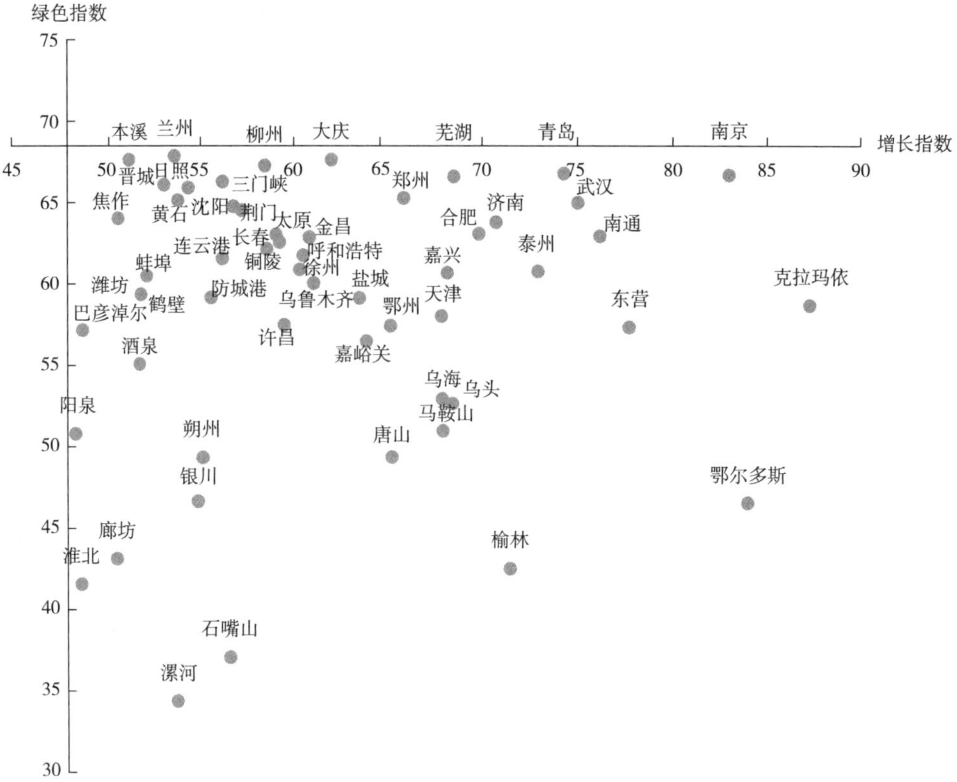

图6　高增长–低绿色类型城市

资料来源：课题组根据相关资料整理。

高增长–低绿色城市包括南京、青岛、武汉、天津、济南、合肥等经济强市，以及克拉玛依、鄂尔多斯、东营、榆林、唐山等资源型城市。这些城市总体经济发展较强，增长指数排序位次在50位以内的占40%，在100位以内的占80%，但在碳排放、环境、生态中的至少一个方面存在明显短板，绿色指数的3个维度中，降碳、减污、扩绿指数排序在150位之后的城市占比分别达到58%、67%和80%。这些城市减污和扩绿水平整体接近，处于较低水平，但城市间降碳水平分化较为明显（见图7、图8）。

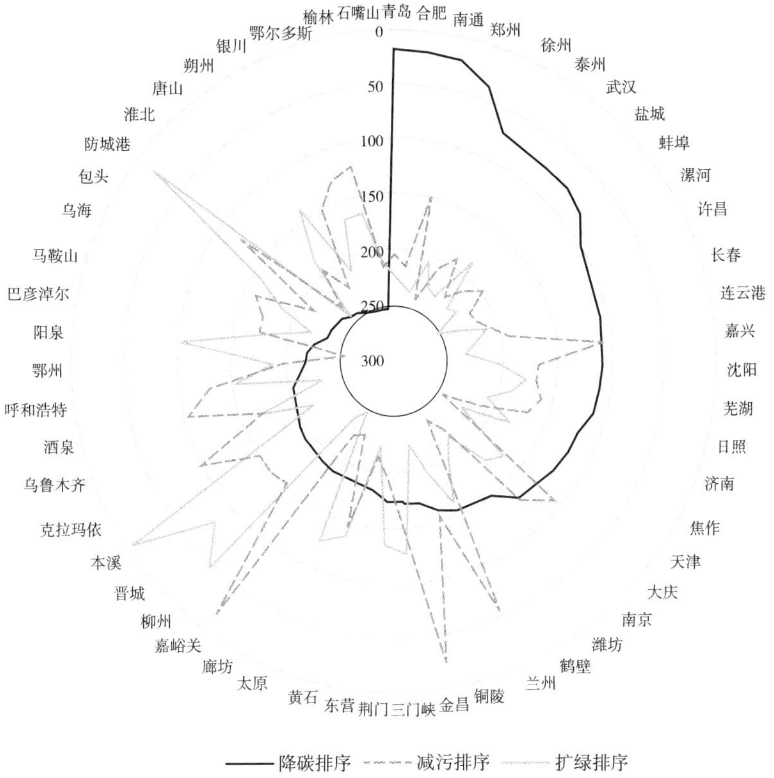

图7　高增长-低绿色类型城市降碳、减污和扩绿指数排序

资料来源：课题组根据相关资料整理。

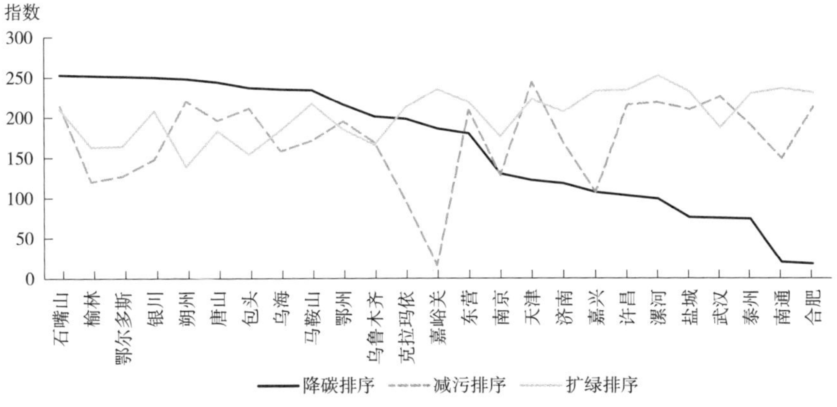

图8　高增长-低绿色类型中部分典型城市的降碳、减污和扩绿指数排序

资料来源：课题组根据相关资料整理。

从各分项指数表现以及增长与绿色的协同程度看，可分为以下两类（见图9）：

第一类包括南京、武汉、济南、南通、合肥等工业较为发达的城市，增长绿色协同值一般低于50，协同度极低。其中，以合肥、南通为代表的城市通过产业结构优化、数字智能技术融合、低碳技术研发等方式持续推动工业快速发展，相较于大庆、柳州、三门峡等中西部及东北老工业地区的城市，在降碳方面表现更好，但在生态保护和污染治理方面仍有欠缺之处。

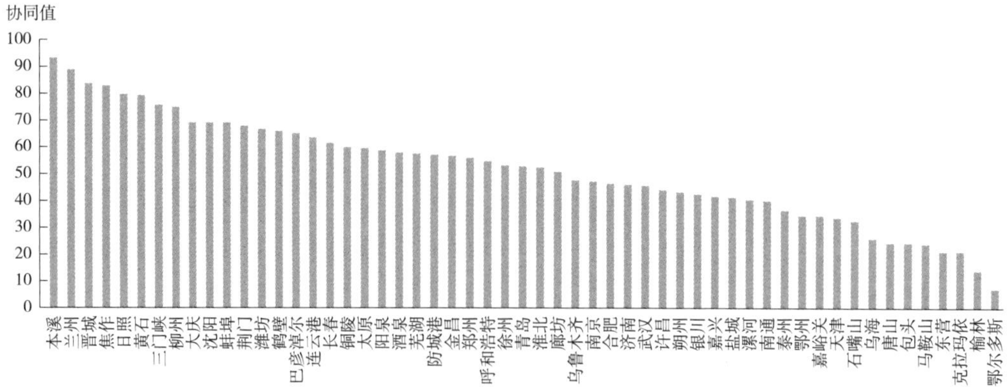

图9　高增长–低绿色类型城市协同值

资料来源：课题组根据相关资料整理。

第二类包括鄂尔多斯、包头、唐山、榆林、银川等资源型城市。这类资源型城市由于产业发展对资源的依赖性较强和长期的高耗能发展模式，在经济增长缺乏动力的同时面临降碳、减污、扩绿3方面压力，应坚持绿色技术创新应用，提升当地石化、钢铁、建材等资源消耗较大行业的绿色化水平，加强资源开发利用能力，改造落后产能，在转变经济发展方式的同时重视生态环境质量提升。

（三）低增长-高绿色类型城市

低增长-高绿色类型城市共包括55个城市，集中在广东、广西、湖南、四川、江西、云南6省（区）（见图10）。

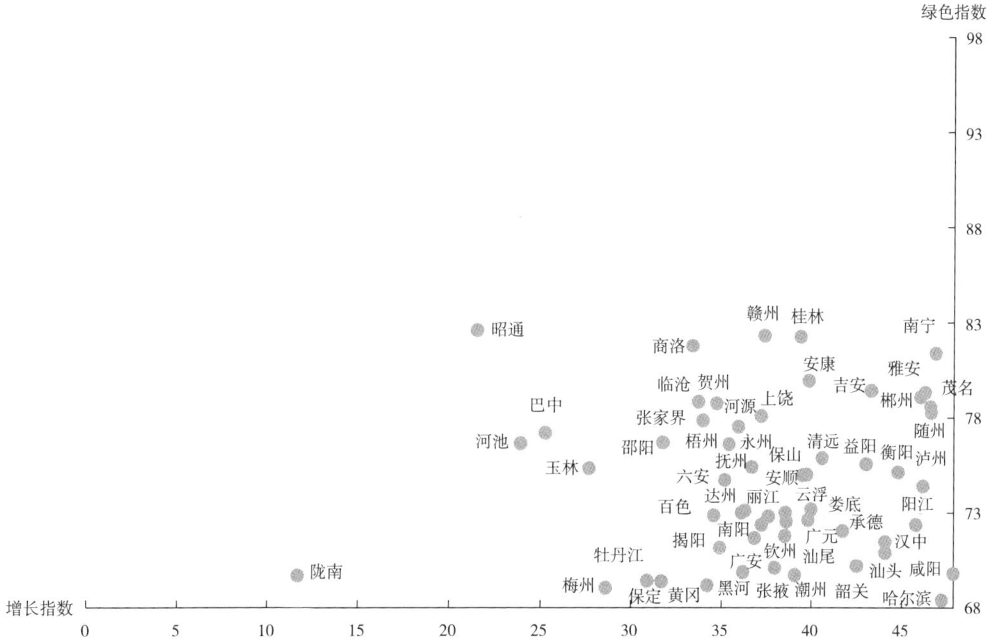

图10 低增长-高绿色类型城市

资料来源：课题组根据相关资料整理。

从“四位一体”指数来看，南宁、茂名、郴州、雅安、随州、吉安、桂林、衡阳、泸州、安康、赣州、益阳、阳江、清远、哈尔滨、汉中、上饶、商洛、汕头、抚州在低增长-高绿色类型城市中表现较好。

该类型城市较多处于东部、中部以及西部经济落后地区，增长指数排序位次均在120位以外，但绿色指数排序位次在130位之内。其中，增长指数排序位次处于200位之外的有19个城市，处于150~200位的城市有27个，两者约占84%。绿色指数排序位次在50位以内的有18个城市，50~100位内的城市有25个，两者约占78%。

进一步从绿色指数降碳、减污、扩绿3个维度看，减污和扩绿两个维度的排序整体较高，降碳相对较低（见图11）。其中，减污排序在100位以内的城市占73%，扩绿排序在100位以内的城市占75%，但降碳排序在100位以

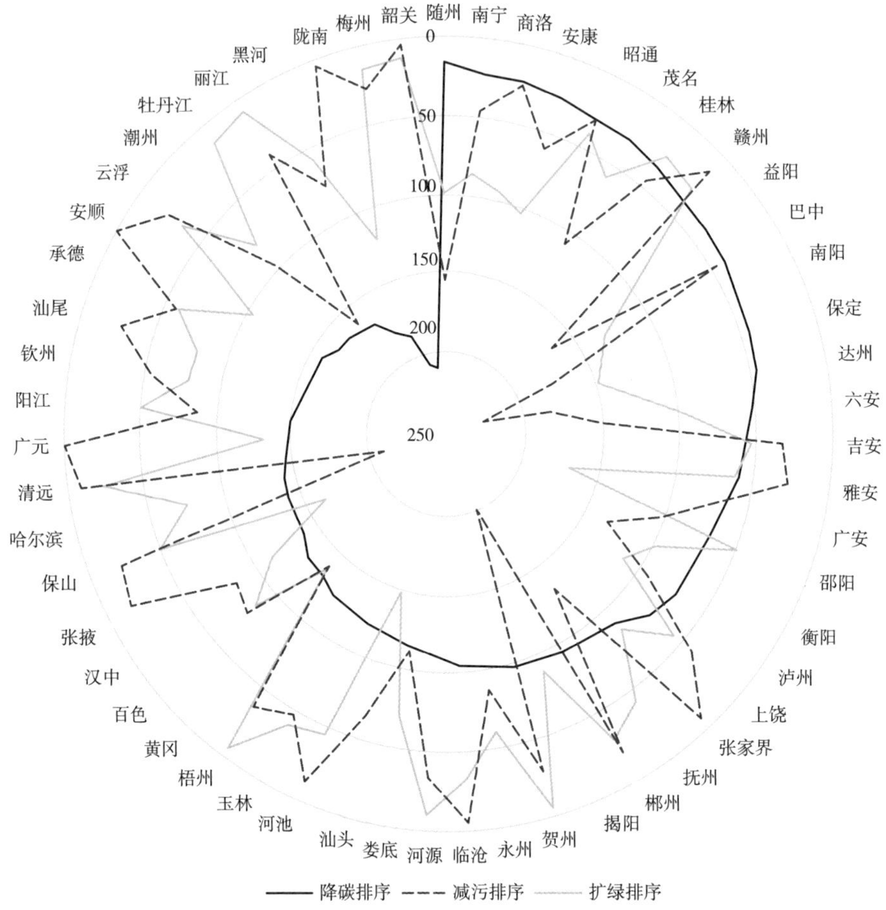

图11　低增长-高绿色类型城市降碳、减污、扩绿指数排序

资料来源：课题组根据相关资料整理所得。

内的城市仅占47%。因此，未来加大降碳力度是这类城市提升绿色指数的重点。

低增长–高绿色类型城市大致可分为以下两类（见图12）：

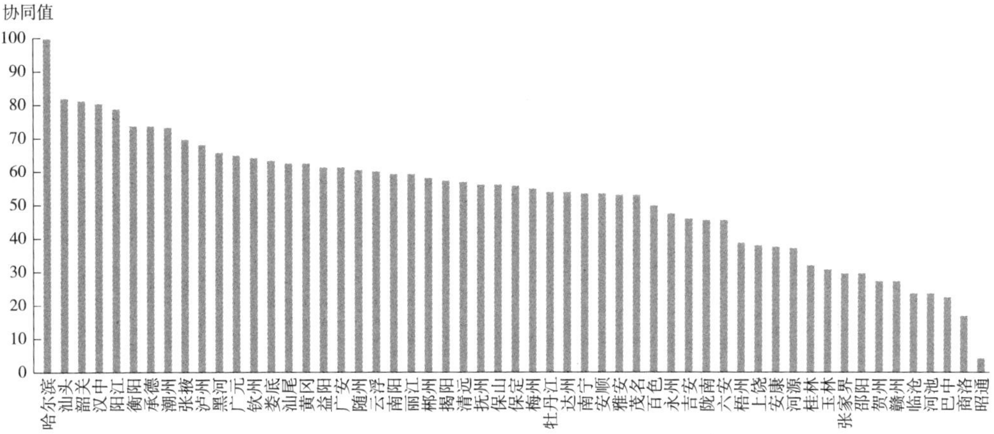

图12　低增长–高绿色类型城市协同值

资料来源：作者根据相关资料整理。

第一类是汕头、韶关、南宁、茂名、随州、衡阳、泸州等35个城市，增长绿色协同值在50以上，多位于广东、四川、湖南3省。这些城市可通过都市圈建设和中心城市的带动引领，发挥自身资源优势与产业特点，推动经济可持续增长。

第二类是吉安、桂林、安康、赣州、上饶、商洛、贺州等20个城市，增长绿色协同值一般低于50。这些城市以广西、云南、陕西的城市居多，绿色发展水平普遍较高，绿色指数排序平均值达到41，但由于山地丘陵地貌影响、城市基础设施相对落后等因素，经济发展落后。其中较具代表性的是丽江、南宁、桂林以及张家界等旅游胜地城市，其绿色发展指数排序位次均在90名以内，增长指数排序位次在130名以外。这些城市一直积极抓好环境污染治理、生态保护修复，打造绿色发展实践，以高品质生态环境支撑高质量发展，但在经济发展方面，由于地理位置偏远、交通相对不便，当地资源无法得到有效开发利用，旅游业发展和经济水平受到一定限制。同时，由于以旅游业为主的产业结构相对单一、产业链条长度不足，对经济的拉动力相对欠缺。

低增长–高绿色城市需要找到让“绿水青山”变成“金山银山”的路径，使之可以带动地方经济发展，发挥地域优势的联动作用，与周边具有区位优势的城市加强联动，通过产业分工和比较优势提升发展效率；发展自然与人文方面的比较优势。利用山水林田湖的自然资源和美丽村庄的人文资源，延长旅游经济的带动链条，实现生产发展、生活富裕、生态良好的生态文明建设目标。

（四）低增长－低绿色类型城市

低增长–低绿色类型城市共包括71个城市，从空间分布看，低增长–低绿色类型城市主要是非城市群范围内的城市，主要集中在河南、黑龙江、吉林、甘肃、河北、山东等省份（见图13）。这些城市以传统行业为主，产业结构层次偏低，人口流失问题较为严重，经济问题和环境问题较为突出，包括西部、东北部自然生态环境和经济增长条件较差的城市、中部地区部分农业城市和能源化工城市以及部分资源型或资源枯竭型城市。

从“四位一体”指数的数值水平来看，铜川、萍乡、秦皇岛、石家庄、遂宁、六盘水、信阳、白山、孝感、内江、荆州、抚顺、湛江、长治、济宁、平顶山、泰安、临沂、呼伦贝尔、枣庄在低增长–低绿色类型城市中表现较好。从城市增长绿色协同值来看，萍乡、铜川、忻州、临沂、资阳、内江等地表现较好（见图14）。

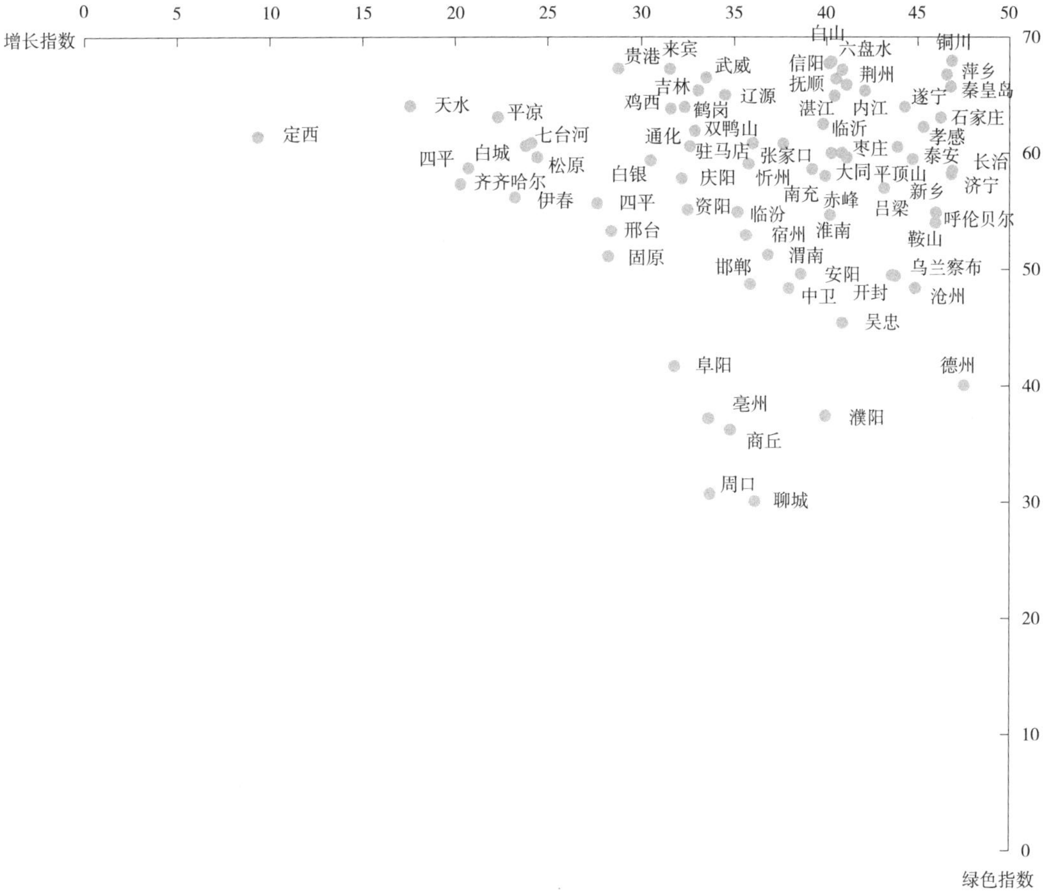

图13　低增长–低绿色类型城市

资料来源：课题组根据相关资料整理。

低增长–低绿色类型城市大致有以下几种类型：

产业以钢铁、化工、建材等行业为主，这类城市一般增长排名高于绿色排名，包括德州、长治、呼伦贝尔、鞍山、沧州等。这些城市往往碳生产率、环境质量指数和单位面积生态资本服务价值排名靠后（见图15），需要大力实施

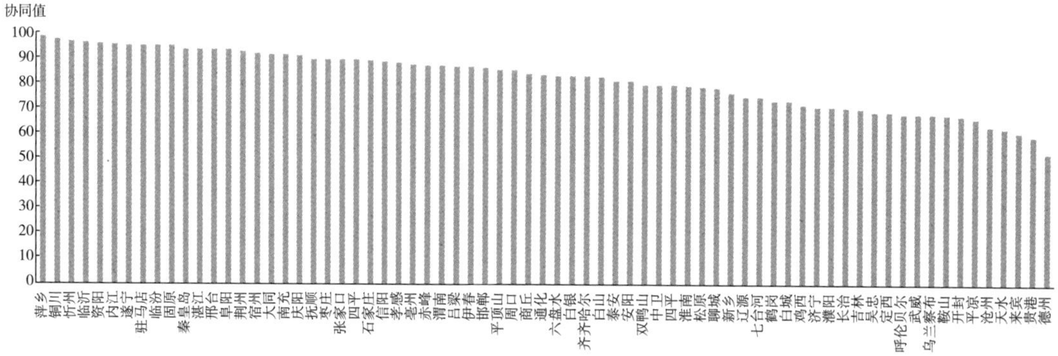

图14　低增长–低绿色类型城市协同值

资料来源：课题组根据相关资料整理。

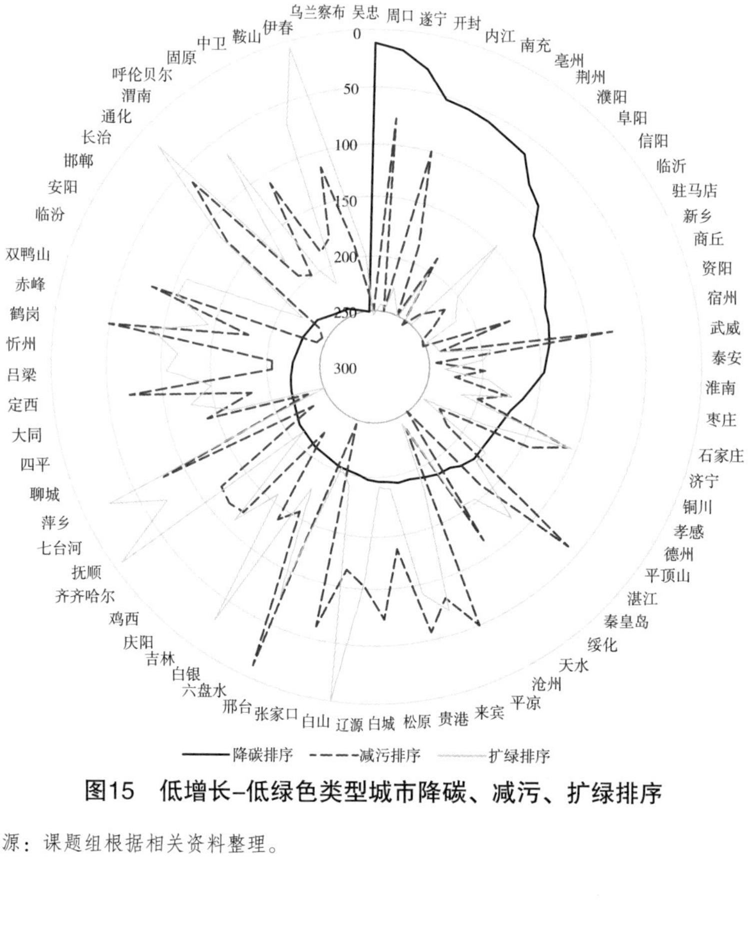

图15　低增长–低绿色类型城市降碳、减污、扩绿排序

资料来源：课题组根据相关资料整理。

工业节能低碳改造，加快推动制造业绿色升级。加快发展新一代信息技术、生物医药等战略性新兴产业，推动大数据、人工智能与各产业深度融合。开展大气污染防治、节能降耗、生态修复、清洁能源替代等领域关键技术研究与应用，推进全市绿色低碳技术创新。

自然地理条件不佳、产业结构层次较低。这类城市包括资阳、阜阳、定西、天水、驻马店、安阳等，一般增长指数排序与绿色指数排序均靠后。

资源相对枯竭，经济较为乏力。这类城市包括辽源、白银、鸡西、鹤岗等，其绿色发展转型在产业结构优化、能源类型调整、配套政策完善等方面需要进一步探索。其中，黑龙江的鸡西、双鸭山、七台河和鹤岗均为煤炭资源型城市，经济转型面临煤炭依赖性强、资源不可持续、生态受损、人才流失等问题，可在参考德国鲁尔、日本九州、美国匹兹堡以及江苏徐州等国际国内资源型城市转型经验的基础上，充分结合本地优势，发展石墨、生物医药、绿色农产品、冰雪经济等新产业新业态，加快数字智能技术赋能，促进产业转型。

五、主要结论与建议

本报告使用碳生产率、环境质量指数、单位面积生态资本服务价值、人均GDP 4个具有典型性的指标来刻画降碳、减污、扩绿、增长，并运用成熟易操作的计算方法综合计算得出城市“四位一体”发展水平。

从对253座样本城市的评估中，我们可以发现：将碳排放、环境、生态和增长纳入统一体系进行考量后，对城市发展水平的评估更加全面科学，一批如丽水、十堰、黄山、海口等城市没有以环境生态为代价盲目过度追求经济高增长，凭借不低的经济水平以及环境优美生态和谐也能够在城市排名中脱颖而出，使得“绿水青山”的价值能充分展现。同时，降碳、污染治理、生态保护与增长并不是互相对立的关系，仍然有如深圳、杭州等优秀城市能兼顾多方面的发展目标，在高协同水平上完成集约化、绿色化、低碳化的经济增长。

不同类型城市均可充分学习吸收高增长–高绿色城市的发展经验，例如，高增长–低绿色城市通过提高能效水平、创新绿色技术、强化约束激励机制来加快制造业低碳转型和清洁能源替代，形成绿色生产生活方式，更加重视生态空间保护和生态系统修复；低增长–高绿色城市可以充分挖掘利用自身环境优美生态和谐的比较优势，提升如文化旅游等低污染产业的发展水平来支撑经济增长；而低增长–低绿色城市当前仍需以找到新的经济增长点为重点，通过鼓励绿色农业、可再生能源和环境友好型制造业、培育地方特色企业等方式突破低水平上的均衡；而已成为高增长–高绿色的城市，需要继续在增长和环境保护方面取得平衡，在摸索自身特色增长道路和充分借鉴国际先进经验过程中追求更高水平的绿色增长协同。

从“四位一体”指数的未来应用空间来看，这种评估方法具有普适性，可数字化动态化核算和展示，既可用在全国，也可用在省、市、县、开发区等层面。在全国和省级层面上，使用评估结果激励先进，鞭策后进，将有助于针对性地扬长避短，强长补短，制定、调整中长期经济社会发展绿色转型规划和相应政策。在颗粒度更细的区域层面上，便于各个城市了解自身及其他地区的发展水平，在比较中更准确地把握自身定位。

同时，这样的评估计算未来还可以进一步扩展，按固定频率持续进行以形成记录城市发展水平变化的时间序列，置于象限图中可清晰呈现出每个城市动态变化的发展轨迹，体现不同城市发展道路的趋势和特点，对不同发展道路的历史经验进行回顾总结，为下一步的发展方向规划起到指示引领作用。

未来，评估方法和结果也可用于绿色金融和生态核算发展体系领域，作为绿色金融、转型金融的重要度量分析工具，推动碳账户、ESG等基础制度建设，开发多种类型的金融产品，为绿色转型提供有效支持。

再生农业的发展现状及其对我国的启示

大自然保护协会中国项目可持续
农业研究组原成员　韩明会

一、提出背景和发展现状

在全球土壤总体退化和气候变化影响逐渐凸显的大背景下，40年前就已经被全球学者关注过的再生农业这一农业模式因其减缓气候变化的能力和有效促进土壤健康等优势再次回归，在近5年得到充分重视。“再生农业”的概念由美国人罗伯特·罗代尔（Robert Rodale）于20世纪80年代探索提出。“再生”本质上意味着“重新产生的能力”，其符合自然规律且并不止步于可持续。因此，若一个系统是再生的，它就具有内在的能力不断更新并永续存在。一个再生系统/完全可持续系统的例子是森林，该系统没有废物，完全实现自给自足。再生农业经罗代尔研究所进行了30多年的探索试验后实现了二氧化碳排放量降低35.3%和利润增加193.7%的显著的生态经济改善效果。通过采用再生农业的措施，土壤中有机碳和氮元素的含量可以显著增加，同时改善土壤结构和土壤健康状况。这不仅有助于提高土壤肥力和作物产量，还能保持水分和蓄水层的补给，从而提高应对极端天气的弹性。气候变化会增加土壤侵蚀，造成土壤质量和农业生产效率下降，对粮食安全和全球可持续发展产生不利影响，而再生农业良好的土壤管理措施则可增强土壤和植物适应气候变化的能力。据统计，全球已实施再生农业措施的土地面积约1.8亿公顷，收益最明显的为小农场（高产出和低劳力）。

2020年荣获世界粮食奖的国际土壤科学联合会主席拉坦·拉尔（Rattan Lal）将再生农业当作重要研究课题，并认为该模式能够真正同时满足日益增加的粮食需求和生态环境改善需求。随着对再生农业相关研究的不断深入，越来越多的国际组织也加入到这一领域的研究、实践和推广中来。2019年，再生农业被联合国开发计划署（UNDP）定为在全球变暖的严峻态势下有望应对生态脆弱地区农业可持续发展问题的、基于自然的解决方案。商业界对再生农业的投资也日益增加，据《土壤财富》（*Soil Wealth*）统计发现，2019年就有70项投资策略包括一个或多个与再生农业相关的内容，总资产达475亿美元。在学术研究层面，美国领先于其他国家，英国和澳大利亚紧随其后。在北美，通过再生农业推广，预计到2025年改善0.96亿公顷[①]农牧土壤质量，从而改善野生动物栖息地，提高土壤碳储存能力和水质，振兴农村经济。中国作为农业大国，自改革开放以来，集约化生产虽然增加了粮食产量，但同时也付出了生态环境代价，影响到了农业的可持续发展。在当前中国粮食安全的绿色农业发展大趋势下，再生农业被视为一条重要途径，不仅可以满足粮食安全的基本需求，还能实现农业的绿色发展。但目前我国对再生农业的学术研究还处于初始阶段。据此，有必要在中国对再生农业措施的试验示范与推广模式进行探索，以期为农业可持续发展寻求可行的途径。

二、常见措施和定义

不同于传统农业，再生农业是一种趋向于闭合养分循环的农业模式，它使

① 1公顷=10000平方米。

生物群落的多样性增加，最大程度依赖内部资源而不是外部资源投入，因此再生农业是在减少机械作业和化学品投入的基础上，通过基于自然的解决方案实现在不降低或提高作物产出的同时，提升土壤有机质和氮元素、促进土壤固碳、改善土壤健康、最大化生物多样性的农业模式。该模式以实现土壤功能再生为核心目标，考虑对整个农业生态环境的优化并最终实现粮食安全的长期保障。最新的国外综述文献通过对再生农业相关措施的分析比较，汇总出较为全面的措施种类及具体定义（见表4）。其中前4项为再生农业的经典措施，尤其是免耕少耕、覆盖作物和作物轮作，已被广泛实施并取得良好成效。

表4　再生农业的措施及其定义

措施	定义
免耕少耕	在作物管理期间尽量减少对土壤的耕作，减少土壤压实和犁耕
覆盖作物	在主要作物生长周期之间（如冬季）替代光秃的休耕地而种植的作物
作物轮作	同一块土地上，按照规定顺序在不同季节轮换种植不同作物
放牧管理	采用可再生放牧方式，例如轮牧、适应性多围场放牧或整体规划放牧
种养结合	在同一地区将牲畜和农作物生产结合，选择性将林业整合到系统中
减少/替换投入品	替代或停用合成肥料、农药等，并考虑使用有机改良剂
多年生植物和农林复合经营	将多年生木本植物纳入农业系统，采用农林复合经营模式

资料来源：作者根据相关资料整理。

免耕少耕和作物轮作在国内普及度较高。相比传统农业的耕作措施，再生农业中的免耕少耕和多种作物轮作可有效减少碳排放和增加固碳。

覆盖作物多指在农田表土裸露期种植营养价值较高的作物，可供牲畜采食或收割售卖，多采用混合种子播种。覆盖作物因其不同的特质而具有不同的功能，例如具有庞大根系的黑麦草、能遏制土壤板结的毛苕子、高达2米可抑制杂草生长的高丹草等。理想的覆盖作物应该能在开花之前就结束生长，例如通过采割或碾压的方式，这样它们就不会产生种子，避免成为杂草。覆盖作物的种植不仅增加了生物多样性，还大大提升了土壤中的生物质量。与保护性耕作中提倡的作物残茬覆盖不同，覆盖作物是指在农田空闲期种植活体覆盖物，而作物残茬覆盖是指将收获的作物秸秆和残茬保留在地表以覆盖土壤。覆盖作物在美国得到了充分重视。在美国农民的种植实践中发现，覆盖作物可以快速改善土壤健康状况，因此覆盖作物在美国迅速得到推广。美国覆盖作物种植面积在2017年达到623万公顷，比5年前增长50%，而该措施在我国的相关研究和应用大多只局限在豆科绿肥（绿肥属于覆盖作物的一类，种植目的是为土壤提供有机物质和养分，但再生农业所包括的覆盖作物措施的生态效益不仅限于此），其种植区主要分布在我国稻区、华北、西北、西南地区，且在20世纪70年代达到最高峰，面积最高年份约1300万公顷，但由于化肥的普及，而后种植面积迅速减少。

再生农业中包含的放牧管理、整体放牧是一种考虑动物福利的模式，可提高畜牧业产品的产量和质量。传统的圈养饲养系统往往是单一且不健康的生产系统。饲料的营养密度较低，并且这种系统会增加水污染和抗生素的使用。整体放牧是由艾伦·萨沃里（Allan Savory）提出，意在模拟大自然本身的形态，让成群被驯养的动物（主要是牛）适时地在农田上迁移，它们的粪便也排放于土壤上。整体放牧和覆盖作物是极佳的组合方式，动物可直接食用高营养的覆盖作物。良好的放牧措施促进了植物生长，增加了土壤中的碳储存量，提高了整个牧场的生产力。同时，这也显著提高了土壤的肥力，促进了昆虫和植物的生物多样性，并加强了土壤的碳储存能力。这些措施不仅改善了生态健康状况，也改善了动物和消费者的健康状况。

三、生态效益和经济效益

（一）生态效益

再生农业采用基于自然的方法，减少机械和化学品的使用，通过全方位优化和调整作物生长环境，从根本上改善农作物的生长条件，因而可产生巨大的生态效益（见图16）。具体来看，再生农业中的覆盖作物和放牧管理措施等可快速提高土壤有机质及氮元素含量。在美国西北太平洋地区进行的一项研究表明，奥地利冬季豌豆、多毛野豌豆和紫花苜蓿可为后续马铃薯作物提供80%~100%的氮需求。这些措施，尤其是覆盖作物可保护土壤免受风和水的侵蚀，减少径流泥沙和养分流失，也可保持土壤肥力，从而进一步减少氮肥施加。另外，增加的有机质和覆盖作物大量活的根系增加了土壤孔隙度（通过增

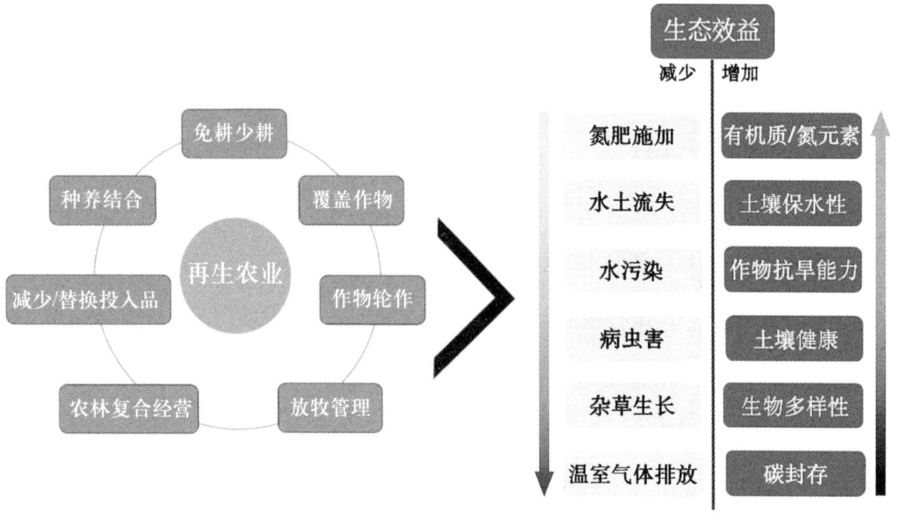

图16 再生农业的生态效益

资料来源：作者根据相关资料整理。

加土壤生物活动），显著提高土壤的持水能力和节水能力，以及间接提高作物的抗旱能力。研究表明，覆盖作物使土壤保水性和植物可利用水分分别提高10%~11%和21%~22%。覆盖作物也是缓解水污染、改善水质的重要措施。另一项研究显示，黑麦覆盖能够迅速吸收佐治亚州传统玉米田和免耕玉米田中25%~100%的残留氮，减少过量氮肥对周围水体的面源污染。

生物多样性对生态系统的平衡至关重要。再生农业中的覆盖作物、作物轮作和农林复合经营措施可直接增加农田环境的生物多样性。例如覆盖作物可以为有益昆虫提供栖息地，增加种群多样性，从而进一步控制害虫的种群数量。覆盖作物也有助于吸引传粉昆虫以提高作物田间的授粉率，而免耕少耕可通过减少对土壤的扰动使土壤微生物群落免受或减少其破坏。覆盖作物、农牧结合、放牧管理可快速增加土壤有机质，进而提高土壤真菌生物量的丰度，以提高土壤的固碳稳定性。另有研究证实，富含碳的土壤也往往更能抵抗病虫害等。再生农业中的轮作与覆盖作物措施也可有效抑制杂草的生长。再生农业不仅可显著促进土壤健康，也是极具减缓全球变暖潜力的农业模式；免耕少耕、覆盖作物和整体放牧都是稳定和提高碳封存的有效措施。研究表明，如果所有现有的农田（总面积约15亿公顷）都能采用覆盖作物措施，那么土壤有望封存约4%的二氧化碳；如果再生农业措施与覆盖作物相结合，将会大大提高碳封存量。

（二）经济效益

为核实再生农业对农作物产量的影响，由英国牛津大学牵头多国参与的对近200份研究结果（跨度15年）的元分析表明，其措施（免耕少耕、覆盖作物）不会降低作物产量。为探明再生农业可带来的经济效益，美国进行的模拟研究结果表明：美国玉米、大豆或小麦农田每增加1%的再生农业措施实践（仅涵盖了免耕少耕、作物轮作、覆盖作物）面积，将产生非农经济效益，包括温室气体排放减少、营养损失减少、土壤侵蚀降低、节水净水，分别为0.297亿美元、0.901亿美元、0.758亿美元、0.306亿美元，共2.262亿美元，而若将推广面积增加到50%则可产生74.35亿美元经济效益，推广到100%的农田则有187.44亿美元的潜在社会效益。针对再生农业可带来的巨大效益，大自然保护协会联合美国农业部、美国能源部等政府机构以及土壤健康合作伙伴和土壤健康研究所等实践再生农业措施，目标是到2025年，减少2500万吨的温室气体排放，减少15.6万吨养分损失，减少1.16亿吨的土壤侵蚀和在农田土壤中创造44.4亿立方米的可用水。

1. 南达科他州立大学针对玉米的农业模式进行对比研究

玉米作为一种重要的粮食作物，在世界上占有重要地位，其种植面积占所有作物面积的39.9%。为了探究再生农业这一农业模式对玉米地的多重影响，克莱儿等在美国北部平原区10个农场的40块田地开展了再生农业试验，其措施包括免耕、播种多种覆盖作物（2~40种），不使用杀虫剂，并在农田放牧牲畜。相比之下，传统农业模式（包括8个农场的36块田地）采取的措施包括每年连续耕作、施用杀虫剂以及在种植空闲期将土地裸露。研究人员对再生和传统玉米生产系统对害虫、土壤和农民利润等方面的相对影响进行了评估，发现施用杀虫剂的玉米田中害虫的数量是未使用杀虫剂的再生农场的10倍。这表明再生农场丰富的生物多样性对害虫的抑制起到了明显的作用。传统农业模式下的农场所需的种子和肥料金额占到了总收入的32%，而再生农业模式下该投入只占12%，由于再生农业的肥料等资金投入大大减少，且肉产品等的收入增加，最后的净利润相比传统农业提高了78%，可见再生农业的重要经济效益。同时，利润大小和土壤有机质含量呈显著正相关。有机质的增加（主要通过覆盖作物和整体放牧）可提高水的渗透率，促进生物多样性，进而抑制单一害虫的繁殖，促进土壤健康。

2. 湖南农业大学针对稻田的农业模式进行对比研究

湖南农业大学学者在其大学的冬闲—双季稻田里（亚热带季风湿润型气候）试验种植覆盖作物和农田养鸡（种养结合），取得了理想成效（见表5）。覆盖作物选于早稻和晚稻生长收割之后的冬季农闲期种植。覆盖作物选用紫云英和黑麦草，考虑其具有很高的营养价值（如高蛋白），可以形成优质的养鸡牧场。在中等放牧强度下，覆盖作物可继续生长，为土壤提供足够的生物量和有机质。鸡在分别种有两种覆盖作物的田地里自由放养，降低了人工成本，鸡粪还田也进一步提升了土壤肥力，从而减少双季稻种植化肥用量。成鸡在主要作物成熟之前就被出售，以增加经济收入。研究发现，覆盖作物结合或者不结合养鸡均能增加硝态氮、铵态氮、溶解有机氮和总氮含量，但在养鸡的情况下更为明显。与对照相比，覆盖作物放养或不放养鸡均增加了双季稻的秸秆生产量和籽粒产量。至于净收益，除了单独种植黑麦草，其他措施均提高了总体的净收益。试验中的成本项目包括鸡、稻谷和覆盖作物种子、肥料、杀虫剂、耕作和劳动力。紫云英结合养鸡的总产出（成鸡和稻谷）最高达到了27万元/公顷，即1.8万元/亩①，是空白组的7倍。

表5　冬闲—双季稻田覆盖作物结合/不结合田地原位养鸡的效益

研究项目	紫云英结合养鸡（%）	黑麦草结合养鸡（%）	紫云英（%）	黑麦草（%）	空白组（%）
投入	451.34	446.65	11.42	6.74	0
利润	101.72	104.12	5.19	–1.86	0
氮积累	480.56	612.98	356.74	267.65	0

① 1 亩 =666.67 平方米。

续表

研究项目	紫云英结合养鸡（%）	黑麦草结合养鸡（%）	紫云英（%）	黑麦草（%）	空白组（%）
秸秆生产量	早稻20.41 晚稻39.89	早稻21.52 晚稻33.24	早稻13.15 晚稻31.36	早稻17.25 晚稻23.90	0 0
水稻产量	早稻12.41 晚稻17.21	早稻9.75 晚稻15.41	早稻7.45 晚稻12.95	早稻9.40 晚稻9.84	0 0

资料来源：*Integrating cover crops with chicken grazing to improve soil nitrogen in rice fields and increase economic output.*

四、中国再生农业的发展探讨

我国耕地资源的稀缺性日益突出，已成为我国农业生产和国民经济可持续发展的瓶颈。我国2004年的人均耕地面积不足世界平均水平的40%，其中72%的耕地质量较差、产量不高。我国北方粮食主产区更是用全国19%的水资源灌溉着62%的耕地。近些年，随着我国对可持续发展农业模式不断研究和优化，目前全国6个农业生产区域基于其自然资源禀赋、农业生产现状及存在问题，发展出其各自可持续发展模式及特征。针对这6个区域，我们进一步按它们的特点划分为4类区域，并提出了初步的研究建议和提升路径。

1. 东北地区

黑土被公认为世界上最肥沃的土壤。我国东北地区的黑土地是我国的核心商品粮基地，更是全球四大黑土区之一。由于多年高强度开发利用，我国东北多地每年春耕季节掀起铺天盖地的沙尘暴，农田的珍贵表土大量流失，再加上用养失衡，黑土地土壤有机质含量显著下降，这严重威胁着国家粮食安全基础的稳固，因此黑土地保护刻不容缓。在一些农作物种植模式，如马铃薯和花生，以及全株收割的青贮玉米等优势产区，可通过种植覆盖作物来解决冬季长达7个月的地表裸露引发的风蚀和土壤退化问题。这种种植模式有望保障农户的长期经济收益，并改善土壤健康状况。

近些年，我国东北区域（辽宁、吉林、黑龙江以及内蒙古东部）已发展出“玉米青贮—奶牛、肉牛生态养殖—粪污处理还田”的现代种养循环模式。在东北西部的风沙盐碱地区，推广并进一步完善覆盖作物的种植模式，特别是保持高留茬，将为再生农业模式的推广奠定良好基础。对农牧业结合理念的重视为覆盖作物模式的推广提供了有利条件。未来的研究和试验应考虑综合效益和可行性，以探索区域差异性的种养结合方式。内蒙古某些地区长期以来过度放牧已造成草地严重退化，使得草地的可持续利用难以为继，为了促进草地的恢复和修复地的可持续管理，已尝试采用整体放牧措施。

2. 黄淮海平原地区

作为粮食主产区的黄淮海平原地区则面临着气候干旱和水资源缺乏、耕地质量下降、生产资源代价提高等不利于农业可持续发展的问题。另外，随着全球气候变暖和降雨不足的问题日益加剧，北方干湿空间分布格局的变化对农业需水、作物布局和种植制度产生了重大影响。贾艳青等通过对中国1981—2010年的干湿气候状况进行区划，分析了干湿气候界线的移动变化及干湿区域差异特征，发现干旱化趋势主要发生在华北和东北的部分地区，在半干旱加剧的区域进行水分高效利用的再生农业的推广更具有深远意义。黄淮海地区与中部平原区以夏玉米—冬小麦一年两熟的农业模式为主，因此秸秆还田相对于覆盖作物可能更适宜于该地区的农户。研究发现免耕和秸秆覆盖的联合举措对半干旱气候下的雨养农业生态系统作物产量的提升颇有效果，并且可增加土壤水稳定团聚体24.2%，大大提高土壤持水能力和土壤水分利用率，从而起到抗旱节水效果。在滨海或黄河三角洲地区，应采取农牧结合或整体放牧的方式进行盐渍化土地的开发利用。

3. 西北灌区

我国西北地区生态环境脆弱，荒漠区面积占全国荒漠区总面积的63.7%，是一个资源性缺水大区，水资源开发中的生态与经济矛盾十分突出，该地区大部分干旱区年降水量在200毫米以下，且土地瘠薄。农业生产的精华地在绿洲，农田灌溉用水占总用水量接近70%，部分地区农业用水比例达到了90%以上。在西北绿洲灌溉地区，作物大多在秋季收割，冬季农田裸露时间长达7个月，大风加剧了表土的流失。为了保护土壤结构，防止水土流失、土地沙化和土壤盐渍化，可以采用秸秆覆盖免耕的方式。覆盖作物的种植有助于减轻冬季表层土壤的流失，增强土壤的持水能力，但也需要考虑其对水资源的消耗。因此，需要在有限水资源的条件下探索绿洲再生农业模式的可持续利用。

4. 长江中下游、华南和西南地区

我国南方地区水资源丰富，但由于长期以来化肥、农药等投入量较高，南方土壤污染情况较北方更为严重。特别是长江中下游地区面临严重的水体面源污染和江河湖水体富营养化问题，这引发了人们的担忧。而南方的红壤地区更是水土流失和土壤酸化严重地区。我国根据南方各地区的特殊情况发展了各具特色的可持续发展农业模式，如长江中下游的“鱼虾—水稻田”综合种养模式，“猪—沼肥—作物—猪”的生态循环农业模式；华南区的蚕桑循环种养模式等。考虑到南方农户耕地面积较小，且其自然生态环境情况特殊，以上种养模式相较于整体放牧更适合当地的农业发展。为了有效解决水污染、水土流失和土壤酸化等问题，可以在现有绿肥种植的基础上，引入多种覆盖作物，并发展创新红壤旱作农区再生农业模式。这一模式旨在防止水土流失，提高和稳定土壤有机质含量，减少化肥施用，从而真正解决土壤退化问题，促进旱作红壤的地力再生。由于覆盖作物需要一定资金投入（主要是作物种子和除草剂），在南方高经济价值的水果种植区（可接受额外资金投入）应用覆盖作物将有可观收益。我国部分地区已经开始采用覆盖作物这一农业实践，例如四川绵竹猕猴桃产业园区、河南丹江水库樱桃种植区、浙江千岛湖水源保护区坡地茶园等地。此外，值得一提的是，由于南方地区的水热资源十分丰富，推广覆盖作物将进一步发挥草牧业的发展优势，有望实现整体放牧模式的广泛实施。

参考文献

［1］杨光.先正达与大自然保护协会合作推进以自然环境为导向的创新.农药市场信息,2019（10）.

［2］李子双,廉晓娟,王薇,等.我国绿肥的研究进展.草业科学,2013（7）.

［3］曹卫东,包兴国,徐昌旭,等.中国绿肥科研60年回顾与未来展望.植物营养与肥料学报,2017（6）.

［4］艾伦・雪柏利,克里斯多佛・派克,吴立金.整体管理助推可持续发展.环境,2007（11）.

［5］刘芳,金美艳,何丽,等.饲草作物对土壤健康与农业可持续发展的作用.中国饲料,2020（1）.

［6］赵其国,周生路,吴绍华,等.中国耕地资源变化及其可持续利用与保护对策.土壤学报,2006（4）.

［7］张士功.中国耕地资源的基本态势及其近年来数量变化研究.中国农学通报,2005（6）.

［8］胡钰,王莉.中国可持续农业发展模式的区域比较和启示.中国农业资源与区划,2020（1）.

［9］孟凡杰,于晓芳,高聚林,等.黑土地保护性耕作发展的制约瓶颈和突破路径.农业经济问题,2020（2）.

［10］李秀军,田春杰,徐尚起,等.我国农田生态环境质量现状及发展对策.土壤与作物,2018（3）.

［11］贾艳青,张勃.近57年中国北方气候干湿变化及与太平洋年代际振荡的关系.土壤学报,2019（5）.

［12］陈亚宁,陈亚鹏,朱成刚,等.西北干旱荒漠区生态系统可持续管理理念与模式.生态学

报,2019（20）.

［13］南纪琴,王景雷,陶国通,等.西北旱区农业水土资源匹配格局研究.灌溉排水学报,2015（5）.

［14］王玉宝,刘显,史利洁,等.西北地区水资源与食物安全可持续发展研究.中国工程科学,2019（5）.

［15］肖书兴,白福臣.长江中下游粮食主产区农业面源污染对粮食经济的生态压力研究.生态经济,2019（7）.

［16］黄国勤.中国南方农业生态系统可持续发展面临的问题及对策.中国生态农业学报,2017（1）.

［17］王敬国,林杉,李保国.氮循环与中国农业氮管理.中国农业科学,2016（3）.

［18］朱先波,潘亮,王华玲,等.十堰猕猴桃果园生草生态效应的分析.农业资源与环境学报,2020（3）.

［19］Rhodes C.J..The Imperative for Regenerative Agriculture.Science Progress,2019（1）.

［20］Al-Kaisi M.M.,Lal R..Aligning science and policy of regenerative agriculture.Soil Science Society of America Journal,2020（6）.

［21］Lal R..Regenerative agriculture for food and climate.Journal of Soil and Water Conservation,2020（5）.

［22］Rehberger E.,West P.C.,Spillane C.,Mckeown P.C..What climate and environmental benefits of regenerative agriculture practices? an evidence review.Environmental Research Communications,2023（5）.

［23］Al-Kaisi M.M.,Kwaw-Mensah D..Quantifying soil carbon change in a long-term tillage and crop rotation study across Iowa landscapes.Soil Science Society of America Journal,2020（1）.

［24］Mcdaniel M.D.,Tiemann L.K.,Grandy A.S..Does agricultural crop diversity enhance soil microbial biomass and organic matter dynamics? A meta analysis.Ecological Applications,2014（3）.

［25］West T.O.,Post W.M..Soil Organic Carbon Sequestration Rates by Tillage and Crop Rotation:

A Global Data Analysis.Soil Science Society of America Journal,2002（6）.

[26] Myers R.,Watts C..Progress and perspectives with cover crops: Interpreting three years of farmer surveys on cover crops.Journal of Soil and Water Conservation,2015（6）.

[27] Delgado J.A.,Dillon M.A.,Sparks R.T.,Essah S.Y.C..A decade of advances in cover crops. Journal of Soil and Water Conservation,2007（5）.

[28] Williams J.D.,Gollany H.T.,Siemens M.C.,Wuest S.B.,Long D.S..Comparison of runoff,soil erosion,and winter wheat yields from no-till and inversion tillage production systems in northeastern Oregon.Journal of Soil and Water Conservation,2009（1）.

[29] Kaye J.P.,Quemada M..Using cover crops to mitigate and adapt to climate change.A review. Agronomy for Sustainable Development,2017（1）.

[30] Blanco-Canqui H..Cover crops and water quality.Agronomy Journal,2018（5）.

[31] Basche A.D.,Kaspar T.C.,Archontoulis S.V.,Jaynes D.B.,Sauer T.J.,Parkin T.B.,Miguez F.E.. Soil water improvements with the long-term use of a winter rye cover crop.Agricultural Water Management,2016,172.

[32] Sharma P.,Singh A.,Kahlon C.S.,Brar A.S.,Grover K.K.,Dia M.,Steiner R.L..The role of cover crops towards sustainable soil health and agriculture—A review paper.American Journal of Plant Sciences,2018（9）.

[33] Morgan,Elnagheeb.An economic analysis of cover crop use in Georgia to protect groundwater quality.Research Bulletin,1994,419.

[34] Ball B.C.,Bingham I.,Rees R.M.,Watson C.A.,Litterick A..The role of crop rotations in determining soil structure and crop growth conditions.Canadian Journal of Soil Science,2005（5）.

[35] Zablotowicz R.M.,Locke M.A.,Gaston L.A..Tillage and cover effects on soil microbial properties and fluometuron degradation.Biology and Fertility of Soils,2007（1）.

[36] De Vries F.T.,Thébault E.,Liiri M.,Birkhofer K.,Tsiafouli M.A.,Bjørnlund L.,Bracht Jørgensen H.,Brady M.V.,Christensen S.,De Ruiter P.C.,et al.Soil food web properties explain ecosystem

services across European land use systems.Proceedings of the National Academy of Sciences,2013（35）.

［37］Rhodes C.J..Feeding and Healing the World：Through Regenerative Agriculture and Permaculture.Science Progress,2012（4）.

［38］Lal R..Soil carbon sequestration impacts on global climate change and food security. Science,2004（5677）.

［39］Jordon M.W.,Willis K.J.,Bürkner P –C,Haddaway N.R.,Smith P.,Petrokofsky G..Temperate Regenerative Agriculture practices increase soil carbon but not crop yield—a meta-analysis. Environmental Research Letters,2022（9）.

［40］Lacanne C.E.,Lundgren J.G..Regenerative agriculture：merging farming and natural resource conservation profitably.Peerj,2018（6）.

［41］Zhang L.,Zhou L.,Wei J.,Xu H.,Tang Q.,Tang J..Integrating cover crops with chicken grazing to improve soil nitrogen in rice fields and increase economic output.Science of the Total Environment,2020,713.

［42］Smil V..Who will feed China ?.The China Quarterly,1995（143）.

［43］Huang F.,Liu Z.,Ridoutt B.G.,Huang J.,Li B..China's water for food under growing water scarcity.Food Security,2015（5）.

［44］Skaalsveen K.,Ingram J.,Clarke L.E..The effect of no–till farming on the soil functions of water purification and retention in north–western Europe：A literature review.Soil and Tillage Research,2019,189.

［45］Zhu W.,Cao M..Effects of saving water and bettering land fertility by the stubble mulching no–till and its future utilization.Agricultural Research in the Arid Areas,1988（4）.

发展再生农业　促进“双碳”目标实现

中国发展研究基金会　朱美丽　范振婷　何伟　程会强

在我国“双碳”目标进程中，农业减排固碳既是重要举措，也是潜力所在。一方面，农业是主要的温室气体排放源之一；另一方面，农林生态系统又是巨大的碳汇系统，固碳减排潜力巨大。当前，我国农业发展面临耕地面积相对少且耕地长期处于高强度利用的问题。耕地基础地力对粮食生产的贡献率为52%左右，比发达国家低 20~30 个百分点。因此，亟须探索从土地可持续利用或保护性利用为基础出发实现农业自身可持续发展的农业集约化模式。再生农业作为一种以解决土壤危机为起源的农业生产模式，自20世纪80年代被提出后，近期再次得到各界关注。特别是2019年以来，再生农业不仅引起更多讨论，而且在实践中也已出现很多卓有成效的进展。

一、再生农业的概念辨析

20世纪80年代，农业学家罗伯特·罗代尔（Robert Rodale）针对土壤污染带来的粮食危机，提出了再生农业的概念。再生农业试图在减少机械作业和化学品投入的基础上，不仅提高作物产出，还能改善土壤健康状况，实现最大化的生物多样性。

虽然罗代尔提出了再生农业的概念，但由于农业生产的复杂性和多样性，在实践中产生了多样化的再生农业理念与实践。大自然保护协会认为，再生农业是一种基于土地可持续利用，以实现农业可自我再生为目标的系统性农业生产管理模式。这种模式以“土壤健康”为核心，主要目的是最大化发挥光合作用，提高土壤有机质（有机碳）含量，将空气中的碳固定到土壤里。大自然保护协会提出再生农业的五大核心原则是：最小化土壤扰动，最大化生物多样性，保持土壤覆盖，保持全年活根，引入牲畜。在这种定义中，土壤被视作一个完整的生态系统，是活的、复杂的、多功能的、多效益的。其核心操作是让植物的根系深扎土壤，保护土壤和水资源，喂养土壤微生物，提高生物多样性，再生新的土壤以及固碳减排。

在一些企业的实践中，再生农业是一种旨在保护、恢复农田和生态系统的耕作方式。它惠及农户、环境和社会，主要支柱分为4个方面：一是生物多样性，提高地上和地下植物的多样性；二是土壤，推广有助于保护土壤健康和增加土壤有机物质的农耕实践；三是水，减少化学品投入（化肥、农药），增加有机肥应用、生物防治虫害，以及改良灌溉技术；四是畜牧，在可行的情况下，在养殖系统中整合优化畜禽和放牧。

还有部分企业将再生农业定义为一种结果导向的农业生产系统，它可以让土壤恢复健康，促进生物多样性，减少气候影响，保护水资源，提高农业生产力和农民盈利能力。原则包括5个方面：一是最少的土壤扰动，采用免耕少耕技术；二是农田全年覆盖作物，种植覆盖作物以保护土壤免遭侵蚀并增加土壤碳含量；三是在时间和空间上使作物多样化，拓展轮作作物种类和采用间作种植方式；四是精准施用生物和化学投入品，数字化的种子精准播种、植保产品和作物营养产品精确施用；五是种养结合，作物残茬及覆盖作物的饲料利用、粪肥或堆肥。

从目前理论与实践中对于再生农业差异化的概念定义中，可以看出现有的再生农业概念一种侧重于以土壤为核心的耕作方式，另一种侧重于农业生产系统。我们认为，再生本质上意味着恢复与重新产生的能力，再生农业是以提升土壤健康水平为核心的，通过免耕少耕、增加有机肥、保护生物多样性，恢复土壤自身的能力。不同于深耕、旋耕等技术方法，再生农业采用基于自然的解决方案去恢复土壤健康，提升土壤健康水平，其原则是最大程度地减少土壤的扰动、提升生物多样性、维持土壤的覆盖范围、确保全年都能保持活根并引进家畜。其措施包括免耕少耕（或积极地在耕作后恢复土壤生态平衡）、覆盖作物、培育田地里的植物多样性（如实施多作物轮作策略）、将畜牧业与种植业有机结合（如采用整体放牧的方式）。其目的在于强化土壤的肥力和健康；改善水分渗透性，降低地表径流，从而达到净化水源的效果；丰富生物多样性，提高生态系统的整体健康和恢复能力；将农业产生的碳排放转化为显著的土壤碳封存。

二、再生农业与其他农业模式的区别

再生农业并非提出一种全新的农业生产替代模式，也并非适用于所有区域，它的侧重点与其他农业模式有所差异。我们对再生农业与其他农业生产模式之间的异同进行比较与分析，以明确再生农业真正的效果和适用区域。

（一）再生农业与可持续农业

可持续农业，是指采用合理的方式来利用和保护自然资源并进行技术和机制性革新，以确保现代人类及其后代对农业产品的需求能够实现可持续发展的一种农业系统。可持续农业是一种通过管理、保护和持续利用自然资源，调整农作制度和技术，不断满足现代人类对农业产品的数量和品质的需求，不以牺牲后代利益为代价的农业。它是一种既能保护和合理使用土地、水资源和动植物资源，又不会导致环境恶化的农业方式，在技术上切实可行、经济上充满活力、社会上广泛接受。

可持续农业是在总结有机农业、生态农业、石油农业、生物农业这些替代性农业模式后，基于农业生产实践中对可持续理念的坚持而孕育出来的。它强调农业发展必须合理地利用自然资源，保护和改善生态环境，并在此基础上不断提高农业的生产水平和农民的收入水平，降低农村贫困比例，以使农业和农村经济得到持续、稳定、全面的发展。从理念上来说，再生农业是基于土地保护性利用的可持续农业。

（二）再生农业与循环农业

循环农业，即在整个农业生态系统内部推动各类作物资源进行反复、多级和高效的流动，旨在实现节能减排和提高收入的目标，进而推动农村及现代农业的可持续发展。简而言之，循环农业是利用物质循环再生方法和多元化的物质技术，减少产出废弃物并提高资源的使用效果的农业生产实践。

发展循环农业是实现农业可持续发展战略的重要途径。循环农业采用可持续发展思维、循环经济理念和生态工程学方法，在确保农业生态环境的保护和最大化高新技术应用的前提下，调整并完善农业生态系统的内部和产业构架。该模式旨在提高农业物质能量的多级循环再利用，严控外界有害物质的使用及农业废物的产出，尽可能减少环境污染。这一模式确保了农业生产和经济活动能够完全融入农业生态系统的循环中，实现生态良性循环和农业可持续发展，以资源高效与循环利用为重点，遵循“减量化、再利用、资源化”的原则，以“低耗、低排、高效”为核心特质，是一种符合经济可持续发展理念的模式。

再生农业利用自然界存在的某种自我治疗和恢复力，使农业自然资源不断再生利用，以保护土地、作物和人类环境的健康发展。循环农业是一种在农业系统内推动各类农业资源进行多层次、多流动的方法，以实现节能减排和增加收入，从而推动现代农业和农村的可持续发展。前者旨在促进农业自然资源的不断再生利用，后者推动农业资源高效流动。

（三）有机农业、绿色农业与生态农业

1. 有机农业

有机农业是指在农业生产过程中，完全或几乎不使用人工合成的农药、肥料、生长调节剂和畜禽饲料添加剂，而选择使用有机肥以满足作物营养需求的种植业，或使用有机饲料以满足畜禽营养需求的养殖业。有机农业的进步有助于应对现代农业带来的众多挑战，例如严重的土地侵蚀、土地质量的降低、农药和化肥的过度使用等问题；此外，也有助于增加农民的收益，推动农村经济的增长，并具有巨大的发展前景。

再生农业是在有机农业思想的基础上进一步发展形成的。罗代尔在1972年创建拥有305英亩[①]土地的罗代尔再生农业研究中心，研究方向是降低投入，使土壤肥力自然恢复，保护环境和生产卫生并高产的食物，以产生国际影响力。这一生产形式生物稳定性很高，较少甚至不影响农场或耕地外的环境。不用农药或其他农用化学品，试图最低限度地依靠转化不可更新资源并向不断增长的人口提供充足食物。因此，再生农业是有机农业的延续和发展。

2. 绿色农业

绿色农业，即广义上的“大农业”，包括绿色动植物农业、菌类农业、园艺农业和环保农业等多种农业形式，是以生产和加工出售绿色食品为主的一种农业生产经营方式。绿色食品是遵循可持续发展原则，按特定途径生产并经过专业机构认定、许可使用绿色标志的无污染优质营养类的食品。现实中绿色农

① 1英亩＝4046.86平方米。

业是一个较为广泛的概念，通常把生产无公害农产品、有机食品、绿色食品的农业方式统称为绿色农业。

绿色农业以绿色技术、环境和产品为主体，推动过度依赖化肥农药的化学农业转向以生物内在机制为主的生态农业。绿色农业本质上是新一轮产业与技术革命，标志着人类步入绿色文明时代。大力发展绿色农业如今已成为应对国际挑战的战略举措。

3. 生态农业

生态农业，是遵从生态学和经济学原理，综合运用现代科学技术成果、现代管理手段和传统农业中行之有效的经验，兼具较高的经济、生态与社会效益的现代化农业。生态农业是在生态经济系统原理指导下，集资源、环境、效率和效益于一体的综合农业生产系统。它既严禁使用杀虫剂、除草剂及化肥等，保证土壤、水源及空气免受化学污染，又重视农业生态循环，采取良种培育、农地轮作和合理种植养殖等措施，借助农地生态循环和动植物天然能力，预防农地贫瘠化并防治动植物疫病，实现农业可持续发展。

通过增加太阳能固定率、利用率、生物能转化率和废弃物再循环利用率以推动农业生态系统内物质循环反复利用，生态农业取得最大限度的投入产出比，同时寻求兼顾生产发展、能源再利用、生态环境保护和经济效益的综合效果，从而使农业生产走上良性循环之路。

生态农业与一般农业不同，既消除了石油农业的缺点，又发挥了自身的优点。它打破了传统农业的局限，适当增施化肥及低毒高效农药的同时也保留了精耕细作、间作套种、施用有机肥等优良传统。它不仅是集有机农业和无机农业于一体的集合体，而且是一项巨大的综合系统工程，是一个高效复杂的人工生态系统和先进的农业生产体系。

生态农业的概念是相对于石油农业概念而提出来的，是一种原则性模式而非严格的标准。生态农业是一种农业生产模式，而绿色食品本身有严格的界定标准，比如绿色食品生态环境质量标准、绿色生产操作规程、绿色食品包装贮运标准等。所以，生态农业生产出来的产品还需要经过一系列标准认定才是绿色食品。

4. 生态农业、绿色农业和有机农业的联系和区别

生态农业、绿色农业、有机农业，三者都属农业范畴，而且都是为人类社会发展提供生活资料的，这是其共同点。三者相辅相成，不可分割。生态农业生产过程中既要促进生态保护，又要依赖生态的有效支撑，针对的是农业生产体系；绿色农业主要讲防污染，也就是整个生产过程都是无污染、无公害的过程，针对的是农业生产经营方式；有机农业针对的是农业生产方式。

绿色农业和生态农业等概念的提出，表明人类社会生产从基础上已经进入了一个新的发展阶段，转变经济发展方式、改变传统掠夺式开发发展模式、转入绿色生活方式、与大自然协调发展，正在日益深刻地成为当代人类社会生产和社会生活方式发生根本性变革的主要特征。

（四）再生农业与低碳农业、有机农业、保护性农业

虽然现在国内外学者提出了很多以实现可持续农业为目的的农业模式，如低碳农业、有机农业、保护性农业等，但从几个关键方面评估可持续农业发展，它们优缺点各异。

1. 低碳农业

低碳农业旨在减少大气中温室气体的含量，以减少碳排放、增加碳固定以及采用适应气候变化的技术作为手段。相较于传统农业，低碳农业的优势体现在减少化石能源使用以缓解气候变暖，通过土壤固碳措施增强土壤碳固定能力，以及在一定程度上减轻水污染。然而，其产量、净收益和生物多样性的提升尚不显著。

2. 有机农业

有机农业不依赖化学肥料、杀虫剂等农业化学物质，而是基于当地的生态过程和生物多样性来开展。有机农业通过施用有机肥料替代化学肥料，从而提高土壤中的有机物含量并增强农田的生物多样性。有机农产品的质量和安全性得到保证，导致其售价的上涨和收益的增加。然而，由于过分追求产品质量而忽视产量，并没有达到满足全体人口粮食安全需求的目标，同时也未能有效地解决温室气体排放和水质污染的问题。

3. 保护性农业

保护性农业，亦称保护性耕作，是一种将最小程度的土壤扰动（如免耕少耕）、永久性的土壤覆盖（如覆盖物）与轮作制度相融合的农业系统。与传统农业相比，通过减少土壤的扰动，秸秆还田不仅能保护生物多样性，还能为土壤提供更多的有机质，从而有助于促进土壤的健康状况。保护性农业的核心目标是促进土壤的健康状况，因此短时间内产量的增长可能并不明显，但从长期看，尤其是在干旱地带的雨养作物中，其产量的增长效果尤为突出，这有助于提高水资源的使用效率。保护性农业能够通过减少机械操作来降低化石燃料的碳排放，同时采用保护性农业的免耕方法也有助于土壤的碳固定，从而在一定程度上减少温室气体的排放。虽然采用保护性耕作方法可以降低二氧化碳排放并促进土壤有机碳的增长，但这些措施也可能导致氧化亚氮排放的上升。

4. 再生农业与低碳农业、有机农业、保护性农业的联系和区别

不难看出，这4类农业都在致力于实现农业的可持续发展，并在某些场合能够达成农业可持续发展的部分目标。再生农业强调结合自然和土地可持续性的综合解决策略，其核心目标是通过有系统的合作来增强生态与经济的双重效益，从而推动农业走向可持续的发展道路。因此，再生农业被视为目前最接近可持续农业发展目标的农业模式。

无论是再生农业还是保护性农业，都是以追求可持续发展为核心目标的农业模式，并且在实施措施和基本原则上存在许多相似性。1930年，由于对土地的不当使用，美国经历了一场震撼全球的“黑风暴”灾害，导致3亿吨的土壤被卷走，从而引发了巨大的农业损失。自此美国开始积极推广如免耕等保护性农耕方式。从20世纪70年代开始，随着机械设备、除草剂及其他相关技术的进步，更多的土地开始实施保护性的耕作方式。采用保护性耕作带来了数个长期且递增的益处，其中最为显著的益处是土壤中有机物的积聚和水土流失的减少。然而，面对新出现的可持续发展问题（如人口激增、食品品质下滑和气候变化等），现有的策略和实施成果并不能有效地应对多重挑战。再生农业是在当前应对各种挑战的背景下提出的，它的措施和效益都更加全面，可以实现多个效益的同步提升，从而实现农业的可持续发展。

在化学投入品的使用上，保护性农业需要大量的化肥和农药。相反，再生农业通过种植覆盖作物和采取整体放牧策略，能显著提升土壤的有机质和氮含量，从而减少化学肥料的需求。此外，在土壤健康改善方面，再生农业的覆盖作物使得大量植物根系深植地下，这不仅增加了土壤的孔隙度，改善了土壤的物理性质，还提高了水的渗透性和土壤微生物的多样性，从而有效管理养分和水分，显著减少了土壤侵蚀。

此外，覆盖作物有助于控制早期杂草，并能抑制作物的地上及地下病虫害。除对土壤有益外，再生农业还能显著减少生产成本，提升作物产量，实现成本降低与效率提高。该方法增加了生物固碳，减少了碳排放，有助于缓解气候变暖并提高农民抵御气候变化的能力。与保护性农业相比，再生农业在减少温室气体排放方面更为有效。与此同时，再生农业注重动物福利，并在此基础上提高了畜牧业的产量与质量。

三、再生农业的国内外实践

通过不同农业生产模式的比较，可以看出再生农业并非一种颠覆性农业生产模式，而是具有以恢复和提升土壤健康水平为重要立足点，但同时与其他农业生产模式又有较多交叉共同点的生产模式。在实践中，美国和欧洲多个国家近10年来已在积极推动与实践再生农业。近年来，我国东北、黄淮海平原等区域的多个地区也已开始积极探索再生农业生产。

（一）再生农业的国外实践

国外已有研究机构开展超过10年的再生农业实践追踪研究。例如，罗代尔研究所联合全球各地的科研人员，已经进行了超过30年的再生农业实践效果监测，重点覆盖了美国中西部以及哥斯达黎加等热带农业区域。再生农业的核心技术包括免耕轮作、多样化轮作（8年内轮种7种作物）、种植覆盖作物以及施用有机粪肥（区别于传统放牧方式）。相较之下，传统农业则主要依赖连续耕作、杀虫剂使用和种植空闲期的土地裸露。经过实践验证，再生农业显著提高了土壤有机质含量，迅速改善了土壤健康状况。在不牺牲产量的前提下，该地区的农民能够减少28.5%的能量投入，实现近两倍的利润增长，并有效减少35.3%的温室气体排放。

2019年，联合国开发计划署将再生农业认定为一种基于自然的解决方案，有助于在全球变暖的严峻挑战下，解决生态脆弱地区的农业可持续发展问题。世界各国纷纷响应，美国农业部向全国15个保护项目投入7500万美元，帮助它们减少温室气体排放并提供其他环境效益。再生农业成为全球农业的热点。

跨国企业也纷纷采取行动。到2030年，雀巢集团承诺50%的关键原料采用再生农业技术。嘉吉公司计划在北美1000万英亩土地上推进再生农业实践。通用磨坊食品公司计划在100万英亩土地上推进再生农业，与供应商合作，扩大再生农业实践，协助管理至少5000万英亩土地。麦凯恩食品公司承诺所有的马铃薯种植均采用可再生农业实践。百事集团计划在700万英亩土地上进行再生农业实践。

（二）再生农业的中国实践

再生农业在国外逐渐形成一些较为成熟的模式，在国内也有很多探索。我们调研了先正达集团在山东省淄博市桓台县开展再生小麦种植的实践与黑龙江省哈尔滨市双城区青贮—种养结合实践。

1. 山东桓台再生农业实践

雀巢中国与先正达集团中国签署合作备忘录，就推动农业可持续发展开展深入合作。合作内容包括：共建再生农业示范基地、建立再生农业规范、推广再生农业实践、再生农业宣传推广、低碳农产品商业合作等。雀巢中国提出再生农业种植要求：参与再生农业实践培训；一年内80%以上的时间覆盖作物；超过30%的农田在2年内种植3种不同作物；完成再生农业评估。

先正达集团中国在山东桓台基于雀巢中国提出的再生农业种植要求开展再生农业实践，探索了与中国传统农业耕作方式相融合的再生农业种植方案（见表6）。桓台农场再生农业实践包括玉米、大豆、小麦和油葵4种作物类型，涵盖了种植模式、耕作栽培、综合养分管理、综合虫害管理、生物多样性等。

表6　再生农场方案与传统农户方案比较

类别	传统农户方案	再生农场方案	优势或创新点
作物规划	一年两季两种作物（小麦、玉米）	一年两季四种作物（小麦、玉米、大豆、油葵）	生物多样性
农机作业	小麦：翻耕、旋耕 玉米：免耕	小麦：秸秆覆盖+免耕播种 玉米、大豆、油葵：免耕	降低投入，减少土壤扰动，固碳减排

续表

类别	传统农户方案	再生农场方案	优势或创新点
营养	小麦：底肥，平衡肥（15–15–15），40~50千克；追肥：尿素40千克 玉米：平衡肥（15–15–15），40~50千克	小麦：配方肥（核心母粒），40千克；追肥，优金麦道（氮调控）40千克 玉米：配方肥（核心母粒、包膜尿素），25千克 大豆：配方肥（核心母粒、包膜尿素），15千克	减肥增效、增加肥料利用效率，减少碳排放
植保	常规产品，常规方案	专属产品，定制配方，防治高效	—
水分管理	漫灌	喷灌	每次节水约15~20立方米

资料来源：先正达集团。

雀巢中国与先正达集团中国的合作实践还提出了示范性的再生农业种植标准：超过50%的农田进行了少耕；超过30%的农田进行了绿色作物覆盖；超过50%的农田种植模式为两年3种不同的作物；综合养分管理4R原则应用至少3项，4R原则是指正确的肥料类型、施肥量、施肥时间、施肥位置；综合虫害管理5A原则应用至少3项，5A原则是指合适的病虫监测、干预措施、农药剂量、施用时间、施用位置；至少5%的农业面积为生物多样性栖息地或农林系统。

2. 黑龙江再生农业实践

雀巢集团在黑龙江省哈尔滨市双城区建设了谷物能力中心，通过田间试验进行农业技术研发与示范，在黑土地保护技术、节水技术、种养结合模式、青贮玉米种植等方面进行试验探索，同时开展农业种植技术培训，提高农户能力。其结合黑土地特征，探索出了一套再生农业方案。

一是生物多样性：在院内种植多个品种的树木；耕种多个品种玉米、多种蔬菜、饲用高粱、燕麦、大豆；宿舍前种植多年生百合；主楼周围种植草坪。

二是恢复土壤健康：2022 年种植冬小麦作为覆盖作物。玉米、大豆间种和玉米、芸豆套种试验。通过牛粪还田，改善土壤肥力和有机质含量。

三是改善水循环：通过喷洒液体牛粪，增加土壤水分；部分采用苗后一次性除草方案，减少用水量。

四是种养结合：通过每年秋收之后和春天播种前的液体牛粪还田，补充土壤中的氮磷钾、有机质含量；通过测土配方减少化肥的使用量。

在调研中，可以看到再生农业生产模式已逐渐被当地农户接受，并显现出长期提升产出、降低成本、提升土壤健康水平、固碳减排的作用。

国内外的再生农业实践显示：再生农业在实践中是逐步得到验证的，但同时也强调应采用适合不同区域的具体生产耕作方式，不是对其他农业模式的替代。

在调研中，我们也发现，在我国推广再生农业仍面临不少困难。例如，再生农业本身尚缺乏结合中国实践的共识性概念及操作指南；耕地质量并不等同于土壤健康的概念；再生农业概念尚未出现在现有的农业政策体系中；在农业补贴中，保护性耕作补贴与深松补贴存在一定的冲突性，需要明确适用范围；再生农业的实施原则在中国对相应的落地措施研究不深，技术支持不够，农机配套缺乏等。

四、政策建议

在农业农村减排固碳与粮食安全、乡村振兴、农业农村现代化统筹推进的背景下，探索一种既绿色低碳又效益高的农业发展模式具有重要的现实意义。应重视再生农业在提升土壤健康水平、固碳减排、保障粮食安全、改善生态环境等方面的综合效益，进一步发挥再生农业对“双碳”目标的作用。

（一）加强对再生农业的重视与研究

一方面，研究再生农业对于实现我国农业生产方式绿色转型具有现实紧迫性。与化学农业生产模式不同，再生农业提倡一种绿色可持续的农业发展模式。传统的化学农业等农业生产模式虽然带来农业产量的大幅增加，但这是建立在高能耗、高投资的生产基础之上，石油、化肥、农药、地膜、催生素等产品无节制的使用，不仅导致土壤退化、加剧生态系统污染，还使农产品安全问题越来越突出，各种矛盾显示出化学农业生产方式的不可持续性。再生农业是针对化学农业的负面影响而提出来的一种新型农业发展方案，它改变以往过度依赖化肥实现农业增长的状况，强调构建以土壤为中心的自我滋养的生态系统，可以有效解决污染、农产品安全等问题。因此，从推进农业农村生产方式变革、保障经济社会全面绿色转型的角度，应加大对再生农业的研究力度。

另一方面，“双碳”目标背景下，与人民群众对绿色农业发展的需求相比，目前我国再生农业实践和研究还相对不足，加大对再生农业的研究力度具有现实紧迫性。再生农业虽然提出了绿色可持续的方案，但理论和实践中有许多待解决的挑战和问题。这些挑战有技术层面的，例如，我国地域辽阔，各地农业发展情况差异大，如何在不同地区推进再生农业实践就是一个大问题；也有社会层面的，例如，当下社会公众对发展绿色农业的认知还需进一步提升等。为推进再生农业实践，促进农业农村减排固碳，应加强对再生农业相关理论和实践问题的研究。

（二）推动不同农业生产模式优势互补，分区域探索再生农业示范试点

再生农业工作重点是通过改变农业耕作方式，防治土壤侵蚀，阻控或恢复已退化的土壤，重建土壤的生态活力，促进形成更健康的农田生态系统。可以结合再生农业目前在不同区域已有的探索，推动不同类型的再生农业实践试

点。例如，在东北实施高质量保护性耕作—覆盖作物—种养结合的再生农业方式；在黄淮海平原实施免耕少耕和秸秆覆盖联合—种养结合的再生农业方式；在西北灌区实施节水抑盐—秸秆覆盖免耕—种养结合的再生农业方式；在长江以南及长江中下游地区引入多种覆盖作物（绿肥作物），创新发展红壤旱作区的再生农业。

总体上，再生农业作为一个既老又新的概念，其对提升土壤健康水平的有效性在实践中已经逐渐得到验证。应充分挖掘土壤固碳减排潜力，发展再生农业，助力“双碳”目标实现。

欠发达地区农业绿色发展的潜力与路径研究

中国社会科学院农村发展研究所　杨沫

全面建设社会主义现代化国家，最艰巨最繁重的任务仍然在农村。加快农业生产方式的绿色转型、坚持农业的低碳发展是农村在“十四五”期间发展的新趋势，也是欠发达地区[①]农村实现跨越式发展的有效路径。从我国整体发展不平衡的情况来看，与东部地区相比，中部和西部地区为欠发达地区，832个原国家级贫困县（区）中绝大多数位于我国的中西部地区。特别是西部地区处于我国江河源区及长江、黄河和珠江流域的中上游，既是大江大河水源涵养区，又是生态脆弱区和环境敏感区，是维护全国生态环境安全的重要生态屏障和维持生态平衡的关键“源头”。从欠发达地区的特殊性出发，深入分析欠发达地区在农业绿色发展上面临的主要问题，并深入挖掘其发展潜力，对于促进欠发达地区农村绿色可持续发展十分重要。

一、新时期农业绿色发展的重要内涵

我国农业绿色发展与转型过程具有特定的时代背景，其内涵也随着时代的演进而不断丰富，既一脉相承又与时俱进。根据时代的发展和政策的演进过

① 欠发达地区是一个相对概念，指那些有一定经济实力和潜力但与发达地区还有一定差距，生产力发展不平衡、科技还不发达的区域。

程，我国农业绿色发展从低到高经历了3个阶段。第一个阶段是去污。该阶段以减少污染物的排放为目标，通过控制化学物品的使用、减少资源投入、综合利用农业废弃物等方式减少农业生产过程中的环境污染和资源消耗。第二阶段是农业绿色投入价值转换。该阶段主要是产地绿色化和产品的优质化，在减少环境污染的同时，通过提高农业投入要素质量提升农产品质量，并利用绿色农产品市场溢价实现农业绿色投入价值。第三阶段是增效。该阶段以农业高质量发展为特征，将“绿色”内化在农业生产函数中实现环境保护和产出增加、质量提高，让“绿水青山”真正具备转化为“金山银山”的内在动力和潜在能力，成为驱动农业发展的内生动力。

2021年8月，农业农村部、国家发展和改革委员会、科技部、自然资源部、生态环境部、国家林业和草原局联合印发《“十四五”全国农业绿色发展规划》，从资源利用、产地环境、农业生态系统、绿色产品供应以及减排固碳4个方面提出了2025年农业绿色发展的具体目标。2023年中央一号文件从农业投入品减量增效、农业废弃物利用、耕地休耕轮作、土壤保护、长江禁渔、草原保护等方面提出了推进农业绿色发展的具体政策措施。根据农业绿色发展的演进，结合“十四五”期间农业绿色发展的具体目标和当前农业绿色发展的重点任务，新时期农业绿色发展的重要内涵主要体现在以下4个方面。

（一）农业绿色发展是资源高效利用的集约式发展

虽然我国耕地面积总数大，但人均耕地面积相对较小，只有世界人均耕地面积的1/4左右。与此同时，我国的人均水资源仅为世界平均水平的1/4，而传统的农业灌溉以“大水漫灌”为主，灌溉用水的利用率低下。对农业生产而言，耕地资源、水资源是最根本的生态要素，资源高效利用制度有助于提高土地产出率、资源利用率、劳动生产率，实现农业降本增效、节约增收。因此，资源节约、高效利用是农业绿色发展的重要内涵，这也是由我国的资源状况决定的。

（二）农业绿色发展是生产环境健康的可持续发展

农业生产主要是农作物的生长，确保农作物的健康生长，必须确保其生长环境是安全的，生态环境是健康的，即土壤、水分、空气等生态要素都应该是健康的。因此，农业生产环境健康，是农业绿色发展的重要内涵。控制农作物的生长环境，减少农药化肥使用，充分保障作物生长的土壤、水和空气等环境质量，确保农田生态系统的稳定，稳固并逐步增强森林、草原、湿地等生态功能，实际上是一种人与自然和谐发展的可持续发展模式。

（三）农业绿色发展是生产方式绿色化的创新发展

传统农业的生产方式过度依赖农药化肥，导致土壤板结、地下水污染等生态问题；粗放的灌溉方式导致水资源紧缺问题；为增加农产品供给的过度垦荒、森林砍伐等方式导致了水土流失和土壤沙化等问题，导致农业生产效率低下，资源环境约束日益增强，倒逼农业生产的绿色转型。引进新理念、新技术，加快培育形成绿色低碳、可循环的农业生产方式，是农业绿色发展的重要内容。

（四）农业绿色发展是生产产品优质的高质量发展

我国社会主要矛盾已经转化为人民日益增长的美好生活需要和不平衡不充分的发展之间的矛盾。推进农业绿色发展，就是要增加优质、安全、特色农产品供给，推动农产品供给由主要满足“量”的需求向更加注重“质”的需求转变。因此，农业产品提“质”是农业绿色发展的关键内涵。

二、欠发达地区农业绿色发展面临的主要问题

虽然欠发达地区的农业绿色发展水平不断提高，但受到自然禀赋、地理条

件、经济发展水平的限制，仍存在农业生产资源环境承载力有限、农业绿色转型发展动力不足、农业生产环境污染以及农产品市场竞争力不足等问题。

（一）生态环境脆弱，资源环境承载力制约性强

2011年发布的《中国农村扶贫开发纲要（2011—2020年）》，将14个连片特困地区确定为新时期脱贫攻坚的主战场。这14个地区是边境民族聚居区、高海拔地区、重点生态功能区、荒漠化严重地区和深山石山区等集中连片地区。虽然当前这些地区已经全面脱贫摘帽，但这类地理条件复杂、生态脆弱的欠发达地区的资源环境本底却无法轻易改变。周侃和樊杰（2015）的研究表明，大约77%的原贫困县受到资源环境的约束。其中，受到土地资源约束、水资源约束的占比分别为24.96%和20.44%，中国南方的贫困县主要受土地资源约束，而北方的贫困县则主要受水资源约束。以典型欠发达地区——贵州省的毕节市和甘肃省的西海固地区为例，毕节市地处乌蒙山腹地，位于川、滇、黔三省接合部，属于典型的喀斯特岩溶山区，生态环境脆弱，主要受到生态地质环境的约束，全市原国家级贫困县区占比达50%；西海固地区地处半干旱黄土高原向干旱风沙荒漠区过渡的地带，是中国旱灾发生最频繁、最严重的地区之一，受到水资源和生态地质资源的双重约束，9个县区中有7个为原国家级贫困县。

（二）农业产业薄弱，绿色转型发展动能不足

欠发达地区农村发展相对落后，除了受自身的自然资源环境限制外，与自身的产业发展基础薄弱有不可分割的关系。欠发达地区的农业生产多是以分散的个体小农户为主，依靠高投入、高消耗换取低产出的粗放型发展模式依旧存在。同时，欠发达地区农村还存在一二三产业融合程度不高的问题，目前已有的三产融合模式主要是产业园、乡村休闲观光等，各地区的同质化和模仿现象严重，特别是欠发达地区创新意识缺乏，对其他地区经验照搬现象

比较普遍。此外，欠发达地区存在农业产业数字信息化技术应用不足、设施农业总量不足和设施落后并存等问题。《中国数字乡村发展报告（2022）》显示，2021年全国数字乡村发展水平为39.1%，其中东部地区为42.9%，中部地区为42.5%，西部地区为33.6%。相比之下，西部地区的数字乡村发展水平显著偏低。

（三）农作物生长环境健康保障不足，农业环境污染依旧存在

据《中国农村统计年鉴》，全国农药使用量从2015年的178.30万吨，减少到2020年的123.92万吨，减少量为54.38万吨，减少了30.50%。2020年，单位农作物播种面积农药使用量为7.35千克/公顷，依然远高于发达国家相应指标的平均水平。虽然欠发达地区情况相对较好，西部的12个省份单位农作物播种面积农药使用量平均为3.99千克/公顷，但由于欠发达地区土壤污染防治相关的技术发展缓慢，长期的农药残留污染、不合理施肥导致的土壤酸化、板结、重金属污染等问题仍得不到有效的解决。农业废弃物，比如农作物秸秆、禽畜粪便、使用农膜等，若不进行及时有效处理，或仅简单进行焚烧，将会对水源和空气造成污染。针对农业废弃物资源化利用问题，农业农村部连续出台了多项政策措施[①]，取得了积极的成效。以农作物秸秆为例，根据《全国农作物秸秆综合利用情况报告》，2021年我国农作物秸秆综合利用率达88.1%，比2018年增长3.4个百分点。据张红丽和李洁艳（2022）估算，若将2018年西部地区焚烧的秸秆和畜禽粪污资源化利用，分别可最多减少温室气体排放6224.62万吨二氧化碳、19038.75万吨二氧化碳，表明欠发达地区的农业废弃物的资源化利用仍存在较大的不足。

---

① 此处本文仅列举农业农村部颁布的几项最为相关的政策文件：2016 年印发的《关于推进农业废弃物资源化利用试点的方案》；2020 年印发的《农药包装废弃物回收处理管理办法》；2023 年印发的《农业农村部办公厅关于做好 2023 年农作物秸秆综合利用工作的通知》。

（四）农业绿色产业链增值效应不强，产品市场竞争力较弱

相比发达地区，欠发达地区的农产品加工能力较为薄弱，农业品牌规模小且相对分散，规模化、市场化龙头企业较少，既影响了农业产业的带动能力，也限制了绿色农业技术及设备的大规模推广与合理使用，影响了农业产业的绿色化和链条化发展。同时，欠发达地区农业产业链短，绿色转型困难，产业链增值效果有限，产业链增值分配不均等问题也普遍存在。不仅如此，随着产业扶贫和乡村振兴的成果日益凸显，欠发达地区产业日渐兴盛，但由于市场信息不对称、电商人才缺乏、物流不发达等原因，农产品滞销的舆情频发，极大挫伤了农民生产的积极性，导致农民在农业生产中投入不足。此外，农产品缺乏绿色有机认证，对绿色技术、智慧设备的应用不足使得欠发达地区多数农产品都停留在初级阶段，缺乏市场竞争力。

三、欠发达地区农业绿色发展的主要潜力

在农业绿色发展上，欠发达地区虽然存在诸多问题，但其在生态资源价值、农村劳动力资源以及政策支持等方面仍存在一定的发展优势和潜力。

（一）存在巨大的生态资源优势

欠发达地区虽然存在生态脆弱、土地和水资源短缺问题，但相对发达地区，存在巨大的环境资源、特产资源和文化资源等生态资源优势，有助于农业绿色发展和生态价值开发。由于过去很长一段时间内，欠发达地区农业占比高，工业发展水平低，自然环境的工业污染破坏少，森林覆盖率高，对于实现碳达峰、碳中和具有十分重要的意义。同时，由于欠发达地区大多地形复杂，奇特的地形使得生产的农作物产品具有明显的稀缺性和差异化，比如神农架的中蜂蜂蜜、横断山脉的松茸、藏区的冬虫夏草等。这些农业特色产品大多数属

于农业绿色产品，稀缺的“土特产”不仅体现了其自身的生态价值，而且也极大促进了欠发达地区农业的绿色发展。此外，欠发达地区的乡村优秀传统文化也是一种重要的资源优势，为欠发达地区绿色生态产品的价值实现提供有力的平台。

（二）存在丰富的农业劳动力资源优势

当前我国整体农村人口老龄化问题严重，中国社会科学院农村发展研究所发布的《中国乡村振兴综合调查研究报告2021》显示，中国农村人口老龄化形势严峻，60岁及以上人口占比超20%。与东部和东北地区相比，中西部地区农村人口老龄化问题相对缓和，可以参与农业绿色发展和转型的农村劳动力资源相对丰富。调研发现，受到学历水平和技术的限制，欠发达地区到东部沿海城市务工的农业转移人口返乡年龄平均不超过40岁，这部分群体在失去年龄优势后，大多返回家乡，同时从事农业和非农生产活动。由于这部分群体相对年轻，对新技术、新设备的学习和使用能力较强，更容易接受并认同农业绿色发展的理念，是欠发达地区农业绿色发展重要的劳动力资源。

（三）存在农业绿色发展的政策优势

2020年脱贫攻坚取得全面胜利后，为有效巩固脱贫攻坚期间的成果，实现与乡村振兴的有效衔接，中央和地方出台了多项有关脱贫地区产业帮扶的政策措施，2021—2023年连续3年的中央一号文件都提出持续加大对产业的扶持力度。其中，2023年的中央一号文件明确提出，将中央财政衔接推进乡村振兴补助资金用于产业发展的比重力争提高到60%以上，重点支持补上技术、设施、营销等短板。虽然财政帮扶资金是针对脱贫地区的重点帮扶产业，但对于能直接提高农民收入水平，促进农民农村富裕，且涉及绿色发展与技术创新相关领域的农业绿色产业，财政资金可能会倾向性地投入。不仅如此，大多数少数民族自治州、自治县等都属于欠发达地区，这部分地区一方面可能受地理条件限制，耕地数量有限，受18亿亩耕地保护政策的限制较少；另一方面其可以根据自身的特点享有经济建设自主权，这为农业绿色发展提供了有利的基础条件。

四、欠发达地区农业绿色发展的政策建议

农业绿色发展是我国实现农业可持续发展的重要途径，也是欠发达地区实现弯道超车、跨越式发展的有效路径。虽然当前阶段受自然环境、产业基础以及技术创新等多方面的限制，欠发达地区的农业绿色发展面临诸多问题，但仍存在生态资源、技术人才以及政策扶持等多方面的优势和潜力。为促进欠发达地区农业绿色发展，本文提出如下政策建议：

（一）加强耕地质量管控，提高农业废弃物的资源利用率

加强耕地质量管控，通过有效的政策措施，采用扩大有机肥的使用、提高农药使用标准等方式，逐步改善农地土壤质量。对有机肥料生产企业采取减税等优惠政策、对向欠发达地区运送有机肥料提供相应的运输补贴，加强对农产品的农残物检测等。鼓励欠发达地区因地制宜，发展多种类型的种养结合生态循环农业生产模式，并探索种养结合的生态循环农业生产模式与第二、三产业有机融合的有效机制。提高秸秆等农业废弃物的资源化利用率，因地制宜选择秸秆还田方式，根据不同区域秸秆还田的模式、成本等，确定科学合理的补贴标准，以激发农业生产主体实施秸秆还田的积极性。

（二）整合零散的帮扶资金，支持农业绿色生产技术发展

充分发挥欠发达地区农村良好生态环境的优势，高效利用农用土地资源，推动农业绿色科技创新发展。整合各项零散帮扶资金，加大对欠发达地区农村的水利、数字等基础设施的投入，推动农业绿色生产技术的发展。充分发挥数

字经济在农业绿色转型中的积极作用，推动欠发达地区数字农业和智慧农业的绿色发展。与此同时，加快推进欠发达地区农业绿色发展，引进新技术、新品种、新装备，提高农业生产科技含量和农产品的附加值，完善利益联结机制，增加农民的农业经营和生产性收入。

（三）增强农产品生产流程管控，培育绿色农产品品牌

高品质的农产品是农业绿色发展的成果体现，也是农业绿色发展的重要评价指标。首先，对欠发达地区重要农产品的生产过程加强管控，推行化肥减施、农药减量等标准化生产技术，促进耕地、水资源保护。其次，建立绿色农产品的可溯源机制，利用区块链技术，实现所有绿色有机认证农产品全产业链溯源。最后，加大对欠发达地区“三品一标”认证力度，加大对区域特色农产品品牌的宣传力度，培育地区知名品牌。

（四）完善绿色农业金融服务体系，挖掘生态资产价值

以政府扶持、社会资本参与为途径，积极引导政策性银行、商业银行、村镇银行、农民资金互助合作社等机构的金融资金投入农业绿色发展中，形成多元化的投融资机制，拓宽绿色农业融资渠道。建立欠发达地区生态产品的价值实现机制，充分挖掘欠发达地区生态资产价值。鼓励欠发达地区优先建立交易平台、制定交易规则，逐步形成支撑生态产品价值实现的财税、信贷和产业政策体系；完善政府、市场主体、集体和农民的利益联结机制，推动欠发达地区农村的生态产品价值实现。

参考文献

[1] 金书秦,张哲晰,胡钰,等.中国农业绿色转型的历史逻辑、理论阐释与实践探索.农业经济问题,2024（3）.

[2] 王俊程,胡红霞.乡村振兴重点帮扶县农产品滞销问题研究.中州学刊,2023（9）.

[3] 孙学涛.大力延伸农业产业链.中国社会科学报,2022-09-06.

[4] 成德宁.我国农业产业链整合模式的比较与选择.经济学家,2012（8）.

[5] 张红丽,李洁艳.西部地区农业废弃物可利用潜力及环境效益研究.生态经济,2022（10）.

[6] 中国农村扶贫开发纲要（2011—2020年）.北京：人民出版社,2011.

全球新能源汽车产业政策对我国的影响及启示

国家新能源汽车技术创新中心　宗磊

一、全球新能源汽车产业发展趋势

随着全球气候变化问题日益严重，越来越多的国家积极寻求绿色低碳能源转型。从长远来看，新能源汽车替代传统燃油汽车是大势所趋。表7统计了各国家（地区）的禁售燃油车政策，计划将在未来数十年内禁止贩售部分或所有以汽油、液化石油和柴油等化石燃料为动力源的工具，进而达到改善空气质量、减缓全球变暖等目的。

表7　各国家（地区）禁售燃油车时间表

国家（地区）	计划禁售时间
中国海南	到2025年，公共服务领域和社会运营领域新增和更换车辆使用清洁能源比例达100%。到2030年，全岛全面禁止销售燃油车
美国加州	在2035年后全面禁售燃油车，将零排放汽车销量比例提升至100%
英国	从2030年开始，将禁止销售新的汽油和柴油车；到2035年，将禁止销售混合动力车
欧盟	从2035年起禁止销售新的汽油和柴油车
挪威	计划于2025年全面禁止销售新的汽油和柴油车
荷兰	计划在2030年之前停止销售新的燃油车

续表

国家（地区）	计划禁售时间
澳大利亚首都领地	2035年起将全面禁售燃油车，实施逐步淘汰所有燃油车的计划
泰国	泰国政府希望自2035年开始只出售纯电动汽车，同时还希望在2030年前，纯电动汽车在所有新车中占50%
新加坡	计划2040年禁售燃油车
日本东京	目前正在考虑在2030年禁止销售由内燃机驱动的汽车

资料来源：作者根据相关资料整理。

与传统燃油车相比，新能源汽车除了在节能环保方面有相对优势，智能化程度高、技术创新强也是促进其繁荣发展的主要原因。特别是随着人工智能、车载互联、5G通信等先进科技的应用，新能源汽车逐渐受到年轻消费者的青睐。事实上，2013年到2023年9月，全球新能源汽车销量一路高歌猛进，表8展示了全球新能源汽车销量及变化情况，2022年的汽车销量是2013年的50多倍，渗透率也从2013年的0.2%增长至2022年的13.0%，发展势头如日方升。

表8　全球新能源汽车销量及变化情况

年份	销量（万辆）	同比增长（%）	全球新能源汽车渗透率（%）
2013	20.8	66.4	0.2
2014	32.1	54.3	0.4
2015	54.3	69.2	0.6
2016	79.2	45.9	0.8
2017	126.3	59.5	1.3
2018	208.2	64.8	2.2
2019	226.4	8.7	2.5
2020	324.0	43.1	4.2
2021	676.8	108.9	8.3

续表

年份	销量（万辆）	同比增长（%）	全球新能源汽车渗透率（%）
2022	1052.2	55.5	13.0
2023（截至9月份）	984	42.0	16.6

资料来源：国际能源署，乘用车市场信息联席会。

二、全球新能源汽车产业政策分析

（一）节能减排政策

实施碳中和是全球应对气候变化、实现可持续发展的重要手段。目前，全球已有超过120个国家和地区提出了碳中和目标，其中芬兰希望在2035年实现碳中和，德国、瑞典通过法律规定将碳中和目标定在了2045年，多数国家将碳中和的目标定在2050年（见表9）。为了从真正意义上实现碳中和目标，除了各国在政策方面的导向，还需要从技术和产业方面作出全面系统的改变和提升，甚至需要推动颠覆性技术革命。大力发展新能源汽车产业，逐步取代化石燃料，建立工业制造、能源供给、报废回收等全流程低碳产业链，成为降低碳排放的有效手段。目前，各国纷纷通过相关政策来引导和鼓励交通领域的节能降碳工作。

表9　各国实现碳中和目标的时间与政策形式

分类	2035年	2040年	2045年	2050年
立法			德国、瑞典	英国、法国、日本、加拿大
法律草案				韩国、智利、爱尔兰、斐济
政策宣示	芬兰	奥地利、冰岛		美国、意大利、巴西、瑞士、阿根廷、葡萄牙

资料来源：田聿申，《全球典型国家碳中和目标实现路径对我国的启示》。

1. 法国

法国政府早在2015年就提出《国家低碳战略》，并于2019年进行了修订。2020年4月，法国政府以法令形式正式通过该战略。该文件主要阐述了碳中和目标的实现路径，在交通领域规定了与2013年相比，到第三次碳预算期（2024—2028年）减少29%的交通排放，到2050年至少减少70%的交通排放；在2023年建成10万个电动汽车充电站和100个氢补给站。

2. 英国

2020年，英国政府公布了《绿色工业革命十点计划》，计划投入约23.82亿英镑，并吸引约30亿英镑的私营部门投资，为购买电动汽车的消费者提供补贴、安装电动汽车充电桩、研发和批量生产电动汽车电池。2021年发布了《工业脱碳战略》和《英国氢能战略》，大力开发碳捕获利用和储存、氢燃料转换技术。

3. 美国

2021年美国政府宣布重返《巴黎协定》，并提出《清洁能源革命与环境正义计划》，在经济上政府计划在交通、建筑和清洁能源等领域投入两万亿美元。福特、通用和斯特兰蒂斯发表联合声明，将通过新产品、技术和投资等实现到2030年电动汽车的销量达到美国汽车年销量的40%~50%，以加强美国在清洁交通技术领域的领导地位。

4. 日本

2021年，日本经济产业省更新发布了《2050年碳中和绿色增长战略》，在氢能利用方面，规定氢能供应量到2050年达到2000万吨。在发电和交通运输等领域的氢能成本到2050年降至20日元/立方米。电动汽车方面规定，到21世纪30年代中期，新增车辆全部为纯电动汽车和混合动力汽车，实现汽车全生命周期碳中和。

5. 欧盟

欧盟在环保方面起步较早，碳中和发展指数综合排名前10的国家全部为西欧国家。欧盟的碳排放交易体系（EU-ETS）于2005年1月1日正式实施，是全球规模最大、运行时间最长的碳市场。2023年4月，最新的《关键原材料法案》中，欧盟就已经提出了对关键原材料全周期碳足迹的监管要求。

值得重点关注的是，2023年7月，欧盟理事会发布了《电池与废电池法规》，将对欧洲及中国的电池及储能相关企业产生重大影响。法规规定，工业可充电池和电动汽车电池需进行强制性碳足迹声明，2024年7月1日开始，只有已建立碳足迹声明的工业可充电池和电动汽车电池才能投放市场；对电池及其关键原材料的回收利用比例也提出了更高的强制要求，2027年1月1日起未满足原材料回收最低要求的电池将同样不允许进入欧盟市场。《电池与废电池法规》的颁布会给全球供应链带来新的挑战，尤其像中国这样的欧洲锂电池市场主要出口商，必须积极应对。

（二）补贴政策

为了推动新能源汽车产业的发展和普及，各国政府采取了各种不同的政策和措施，包括补贴、税收优惠等。这些政策不仅有助于促进新能源汽车的普及，还有助于保护环境、减少碳排放以及提高能源利用效率。各国政府制定的补贴政策，主要是根据自身的国情和市场发展阶段而定。下面介绍一些主要国家在新能源汽车补贴政策方面的具体情况。

1. 美国

美国政府通过制定《通胀削减法案》，为消费者购买在美国组装的电动车提供补贴。从2023年1月1日起，消费者购买满足特定本地化条件的电动车可获得高达3750美元的补贴。另外，美国政府还为二手电动汽车提供高达4000美元的税收抵免，同时供租赁用途的电动车也可取得每辆最高7500美元的抵税优惠。政策还对符合资格车辆的零售价格提出了新上限，轿车售价不超过55000美元，其他车型售价不超过80000美元。此外，美国政府还为国内电池生产提供高达每千瓦时35美元的补贴，并为模块组装提供每千瓦时10美元的补贴。

2. 德国

德国政府出台了多项政策以促进电动汽车的发展。纯电动汽车和氢燃料电池汽车在2025年12月31日前注册可获得10年税费减免。此外，二氧化碳排放量低于95克/公里（含）的车辆可免征年度流通税并减少BEV和PHEV车型所得税。购买环节也有限制，售价低于4万欧元（含）的新车将获得6750欧元补贴，售价在4万~6.5万欧元（含）的新车补贴4500欧元，从2023年9月1日起只有个人购买者才能申请，2024年1月1日起申报将更为严格。对于公司用车，纯电动车辆和插电式混合动力车辆可享受应纳税额减免优惠，对于总价格低于6万欧元的纯电动车辆应纳税额可进一步减少。

3. 法国

法国政府计划提高对低于4.7万欧元车型的购车补贴，个人补贴从6000欧元增加至7000欧元，企业补贴从4000欧元增加至5000欧元。此外，对于纯电动汽车和氢能源汽车，企业每购买一台价格低于4.5万欧元的车可获得4000欧元的补贴；对于价格为4.5万~6万欧元的汽车，补贴降至2000欧元；而超过6万欧元的汽车则没有补贴。这种分档次的补贴政策可以鼓励企业购买更环保、更节能的车型。另外，每购买一台插电式混合动力汽车的企业可获得1000欧元的补贴，鼓励企业购买新能源汽车，同时也可降低企业的运营成本。法国政府还将推出电动车租赁补贴计划，使电动车的月租金低至100欧元。这比许多传统燃油车用户在汽油上的花销更低，可以鼓励更多的人使用新能源汽车。在税收方面，电动、混动、CNG、LPG和E85车型免征全部或者50%税收费用，纯电、燃料电池和插混车（续航50千米以上）的车型大规模减税。同时，企业车辆中，每公里二氧化碳排放量低于60g的车辆（柴油车除外）免收二氧化碳税。

4. 英国

英国政府取消对纯电或插电混动汽车1500英镑的补贴政策，将现有补贴拨款转向充电网络等基础设施建设和其他类车型的电动化转型，如出租车、摩托车、货车、轮椅车等满足一定条件可以享受补贴。对于公司用车，如果将M1型车辆转换为无障碍通道车辆，可以享受35%的折扣，最高可达2500英镑。但是，转换后的车辆需要满足二氧化碳零排放、能够以无任何排放的方式行驶至少112公里和成本低于35000英镑（不包括转换成本）。在税收方面，对于电动车和超低排放车辆（二氧化碳排放量低于75克/公里），可以享受税收优惠。

5. 挪威

挪威是欧洲新能源汽车渗透率最高的国家。挪威政府采取了多种激励政策来促进新能源汽车的普及。这些政策包括对低排放汽车和零排放汽车的减税政策，豁免进口税以及免征25%的增值税（从2023年起仅适用于汽车价格的前50万挪威克朗）。同时，计划在2025年禁止销售燃油车，目标是成为最早淘汰燃油车的国家。

6. 日本

日本政府为了提高电动汽车的市场占有率，在2022年加大了对购买纯电动汽车和插电式混合动力汽车的补贴力度，最高分别达到了原来的2倍和2.5倍，纯电动车型最高补助额可达80万日元（约4万元人民币）。此外，新能源汽车的补贴延长至2023年底，同时对燃效好的车型提供优惠的环保车减税措施也延长至2023年底。购车时支付的“环境性能折扣”也从2023年3月底延长至2023年底。另外，购置和车检时征收的汽车重量税2次免税的优惠措施将延长至2026年4月底。这些政策旨在促进电动汽车的普及和应用。

7. 韩国

韩国在2023年1月推出了新的新能源汽车补贴政策，不再仅关注性能和续航，而更注重维护、安全性和充电基础设施等方面。调整了国家补贴金额和享受100%补贴的门槛，同时将燃油效率补贴和行驶里程补贴总和上限下调100万韩元，并按照是否运营用户服务中心、售后服务中心和零部件管理中心来给予补贴，若没有，只能获得一半的燃油效率、行驶里程补贴。新政策还对采用了V2L（车辆到负载）技术的电动汽车追加15万韩元补贴，并对最近3年安装100个以上快充桩的汽车制造商的电动汽车追加15万韩元补贴。新政策将促使韩国本土电动汽车的补贴增加250万韩元，可能有助于刺激用户购买韩国本土生产的纯电动汽车。

（三）产业发展促进政策

1. 美国

2021年生效的美国《基础设施投资与就业法案》，为公共交通提供了899亿美元的资金支持，以推动交通领域的减排行动，并投资75亿美元建立由50万个电动汽车充电装置组成的全国性网络，这将有助于推动电动汽车的普及和使用，并为充电基础设施的建设提供支持。2021年6月，由美国能源部、国防部、商务部和国务院领导的“联邦先进电池联盟”发布了《2021—2030年锂电池国家蓝图》，旨在引导投资国内锂电池产业链，并计划到2030年建立一个安全的电池材料和技术供应链，以提高国内电池技术的自主性和安全性，并为电动汽车产业的发展提供支持。此外，启动美国电池材料倡议旨在加强国内电池材料的生产和供应，减少对进口的依赖，提高国内供应链的竞争力。这些政策和计划的实施将有助于推动电动汽车产业的发展，提高国内电池技术的自主性和安全性，并为美国实现可持续能源和气候变化目标提供支持。

2. 欧盟

2020年，欧盟发布了《电池战略研究议程》，该议程明确了未来10年电池产业的关键绩效指标，包括电池应用、电池制造与材料、原材料循环经济和竞争优势。这些指标旨在推动欧盟电池产业的发展，提高其在全球市场中的竞争力，并实现可持续能源和应对气候变化目标。此外，该议程还强调了关键技术主题的紧迫性，并将这些主题作为未来研究创新的优先事项。这些政策和计划的实施将有助于推动欧盟电池产业的发展，并有助于实现可持续能源和应对气候变化目标。

3. 日本

日本发布《电池产业战略》，计划到2030年建立150GWh/年国内电池制造基地，日本电池厂商全球生产能力达600GWh/年，支撑日本实现2050年碳中和目标。制定电池产业三大目标，政府将大规模投资液态锂电池以支持产业链上游发展，保障国内制造基础，并以国内技术为基础，战略性开展海外扩张，加强标准化及国际影响力，到2030年实现全球市场份额20%以上，同时加快技术开发，率先实现全固态电池等下一代电池技术商业应用，到2030年左右实现全固态锂电池正式商业化应用。

4. 韩国

韩国2021年发布《2030二次电池产业发展战略》，明确了电池领域需要持续努力，增强全球领导力。该战略计划加大对电池技术和产业的投资，通过税收优惠和人才培养等措施来设立研发创新基金，以扶持中小型骨干企业电池研发，巩固和提高韩国电池的全球市场份额。韩国政府于2022年发布《充电电池产业革新战略》，旨在将韩国提升为“充电电池世界最强国”，并在2030年占据全球电池市场份额的40%，成为世界第一。为实现这一目标，韩国政府计划将电池提升为引领韩国新一代出口核心产业，并公私投资50万亿韩元以上，其中研发19.5万亿韩元，生产设施30.5万亿韩元。该战略指出韩国应将动力电池作为提升其出口竞争力的核心产业，并确定了通过在电池产业领域持续努力来增强全球领导力的路线。

（四）技术创新支持政策

回顾最近10年间的新能源汽车领域技术进展情况，首先电池技术有了显著的提升，例如磷酸铁锂电池系统的能量密度，从2015年的125Wh/kg，提高到了180Wh/kg，并且充电时间大为减少，已经有多家企业发布了20分钟左右充电至80%以上的技术。此外，自动驾驶技术也逐步应用到新能源汽车中，使驾驶更安全、更舒适。这些技术的进步，除了受市场的大力支持，各国家（地区）的激励政策也起到了关键作用，本文将各国家（地区）的重点政策汇总如下：

1. 欧盟

2020年，欧盟发布了“电池2030+”计划，提出了未来10年欧盟电池技术路线图，拟将能量密度和功率密度的实际性能和理论值间的差距缩小1/2，耐用性和可靠性至少提高3倍；生命周期碳足迹减少至少1/5，电池和关键原材料回收率分别达到75%和接近100%。2021年，又通过了“地平线欧洲”计划，提出了2021—2027年研究与创新蓝图。加快颠覆性技术的探索和应用，建立可持续的欧洲电池价值链。2022年，发布了欧盟共同利益（IPCEI）氢价值链第二批重要项目，项目涉及来自13个成员国的29家公司和35个项目。此外，创新基金、欧洲区域发展基金、欧洲投资银行，也纷纷拨款，支持电池技术的开发。

2. 美国

2016年，美国联合太平洋西北国家实验室等4所国家实验室、斯坦福大学等5所研究型大学以及汽车制造商特斯拉和科技公司IBM，共同成立了Battery 500联盟，着力研发可以延长电动汽车行驶里程、降低电动汽车造价的新型锂电池技术，固态电池技术是重要的研究方向之一，目标要达到500Wh/kg；

2021年，美国国防部高级研究计划局（DARPA）宣布启动MINT计划，通过材料界面改性，提升电化学系统的耐用性，最终挖掘高能量密度固态电池的应用潜力。

3. 日本

2021年，日本新能源产业技术综合开发机构（NEDO）宣布将在2021—2025年开展电动汽车创新电池开发项目，计划投入166亿日元开发氟化物电池和锌负极电池，其中氟化物电池拟实现质量能量密度超过500Wh/kg，体积能量密度超过1000Wh/L；锌负极电池拟实现质量能量密度超过200Wh/kg，体积能量密度超过500Wh/L。

4. 韩国

2023年，韩国发布了三大主力技术超级差距研发战略，目标是始终保持韩国在半导体、显示、电池等三大主力技术上的领先优势，计划投资160万亿韩元（约8352亿元），支持企业加强研发。其中，电池领域的研究内容主要包括锂金属、锂硫、全固态、钠离子等技术。同时，致力于开发使用锂负极的锂金属电池或不使用锂的全固态及氢系二次电池等。

（五）贸易保护政策

近年来，全球主要汽车生产大国纷纷强化政府政策支持，全球著名汽车企业积极布局，新能源汽车爆发式增长，全球性竞争日趋激烈。美国通过了《基础设施投资与就业法案》和《通胀削减法案》，实行贸易保护。《通胀削减法案》要求2025年起电池关键矿物质不得由《基础设施投资和就业法案》中所提到的“外国关注实体”提取、加工或回收；2024年起电池部件不得由“外国关注实体”制造或组装。而《基础设施投资与就业法案》所定义的“外国关注实体”是为中国等少数国家量身定做的标签。这限制了中国等少数国家在新能源汽车和电池制造方面的市场机会，意味着中国企业直接出口电池的渠道基本被堵死，而整车出口需要在没有补贴的情况下与美国本土车企竞争。美国政府试图通过限制关键矿物和电池材料的来源，以及要求在北美组装新能源汽车来控制整个供应链。这有助于确保美国在新能源产业领域的竞争优势，并为增加美国对全球电动汽车供应链的控制力创造基础。

欧盟同样实行贸易保护主义。2023年9月13日，欧盟委员会主席宣布，决定对原产于中国的新型电池电动汽车进口产品启动反补贴调查。此次反补贴调查由欧盟委员会依职权主动发起，所涉及的被调查产品为新型电池电动汽车。此次发布的通知标志着相关调查的正式启动。相关措施一旦落地，将不同程度影响中国出口企业的战略规划和经营活动。欧盟此举是在以“公平贸易”之名，行保护自身产业之实，不仅会扰乱电动汽车行业正常市场秩序，还会对全球碳中和进程造成不利影响。

三、各国政策对中国新能源汽车产业发展的影响

针对各国的补贴政策，全球主要的经济体和汽车产销大国均发布了各自的补贴政策，在碳达峰碳中和的背景下，各国均通过补贴激励新能源汽车行业的发展。各国近期的补贴政策也根据本国的产业发展情况更加精准和全面，及时根据本国的发展阶段调整补贴政策。然而有的国家在补贴政策中带有本地化壁垒要求，使得新能源汽车的全球普及进展受到影响。各国补贴的差异化也使中国企业面临复杂多变的海外市场环境。但是，这些政策作为借鉴同时也有助于中国进一步完善新能源汽车补贴体系，促进产业更好发展。

针对各国的产业发展促进政策，美国、欧盟、日本和韩国都制定了一系列促进电池产业发展的政策措施，通过加大研发投入和技术创新支持力度，以占领核心技术的制高点，并且保障本国新能源相关产业的完整性。中国在产业发

展促进的政策方面也在不断加大力度，加快电池技术迭代，并完善相关标准体系、提升产业链协调能力。在这种情况下，中国应进一步促进新能源产业链的协同发展，以增强产业核心竞争力。

针对各国的节能减排政策，最值得关注的是欧盟《新电池法》，这给中国电池企业带来多方面影响：第一，新法案要求电池企业提供详细的电池“护照”和碳足迹信息，这意味着中国企业需要推动绿色低碳转型，评估生产过程中的碳排放，采取措施降低碳足迹，以满足法案的绿色和环保要求。第二，新法案提高了电池的技术标准，要求电池具备更好的性能、质量和循环利用能力。这需要中国企业加大产品研发和创新力度，与欧洲合作伙伴加强交流合作，共同提升电池技术水平，以适应新法案的要求。中国企业也可以考虑扩大电池回收利用业务，为欧洲提供完整的电池生命周期管理解决方案。第三，新法案要求企业建立透明的供应链追溯系统，实时管理风险。这需要中国企业搭建信息披露平台，建立电池护照和碳足迹数据库，以及相关国家标准和行业标准，以确保电池材料可追溯且符合法案规定。当前中国在碳中和与环境、社会和治理（ESG）建设方面与欧盟还有差距，需要加快补短板。

针对各国的技术创新政策，欧盟制定电池技术路线图，大力支持下一代电池技术研发，加快商业化进程；美国通过成立技术联盟，最大程度上整合科研机构与行业龙头企业，使其能够充分发挥各自的优势，并支持固态电池技术的自主创新；韩国则以保持主力技术领先为目标，规划巨资支持电池等前沿技术开发。这些政策的实施，将使得新能源技术大国在电池化、电动化等新能源汽车技术上实现进一步发展，对中国形成了强大的技术竞争压力。

在贸易保护方面，当前美国和欧盟纷纷采取贸易保护主义政策，对中国新能源汽车产业形成冲击。美国通过立法限制中国企业在电池及关键矿物方面的产业链参与，而欧盟启动反补贴调查，目标指向中国电动车企，一旦落实将严重影响中国电动车对欧洲的出口。这些贸易保护政策将对中国新能源汽车产业的发展产生负面影响，损害中国企业的海外市场，阻碍中国新能源汽车产业的国际化进程，增加企业的经营风险。

综合来看，各国政策对中国新能源汽车产业参与国际竞争带来一定的竞争压力，但中国企业也可通过调整策略提升自身实力，保持产业发展势头。

四、中国新能源汽车产业持续发展的建议

面对当前复杂的国内外环境，为保持中国新能源汽车产业的持续领先发展，可以从以下几个方面提供建议：

第一，要继续提升产品的核心质量，持续优化新能源汽车在安全性、续航里程、动力和成本控制等方面的性能，提高整车的综合能效。这需要汽车企业和相关配套企业加强协同创新，以技术创新不断提升产品的核心竞争力。

第二，要持续加大关键核心技术的自主创新力度，锁定新一代电池技术如固态电池、先进燃料电池等前沿技术领域，通过加大研发投入、构建产学研深度协同的技术创新体系，争取在更多核心技术上实现突破，保持技术的领先。

第三，要保持政策的连续性、稳定性。政策对新能源汽车产业发展起关键支持作用，要继续完善充电基础设施建设、购置补贴、税收优惠等政策。另外，政策要根据产业发展的阶段不断调整优化，保持政策的精准性和全面性，优惠政策可以与碳中和的目标相衔接，形成政策合力。

第四，要鼓励企业“走出去”，通过参与国际竞争提升技术和管理水平。在拓展海外市场的同时，要坚持国内国际双循环，继续巩固扩大国内市场规模，保持产业发展活力。同时要高度重视碳中和和欧盟《新电池法》等相关政策法规，尽可能及时应对。国内企业“走出去”参与国际竞争的时候也要同步

重视标准化的输出，可以深度参与国际标准化的工作，将中国的技术和标准推向全球，掌握主动。

第五，要不断完善产业链布局，向上延伸到关键矿产等原材料，向下延伸到芯片、先进检测设备、先进开发软件和工具、人工智能、先进传感器技术和通信技术，使产业更加自主可控。通过引进相关产业链关键环节，降低对国外的依赖度，增强产业链的抗风险能力和协同创新能力。

参考文献

[1] 田丹宇.美国基础设施法案和通胀削减法案与我国“双碳”财税支持政策对比分析.世界环境,2023（3）.

[2] 孙海泳.拜登政府对华新能源产业竞争的导向、路径与前景.国际关系研究,2023.

[3] 刘红,郑晨笛.日本重振蓄电池产业竞争力的路径探析——基于对新版《蓄电池产业战略》的解读.现代日本经济,2023（5）.

[4] 史冬梅,邱俊,王晶.美国先进电池领域发展态势及启示.储能科学与技术,2022.

[5] 朱彤.美欧新能源汽车政策变化对我国的影响与应对.中国发展观察,2022（10）.

[6] 曾兴.欧盟对华实施电动车反补贴调查.汽车观察,2023.

[7] 李方生,赵世佳,胡友波.欧洲新能源汽车产业发展动向及对我国的启示.汽车工程学报,2021（3）.

[8] 付甜甜,任杰,万力,等.欧盟新电池法对我国锂离子电池行业制造和出口的启发.电源技术,2023（7）.

加快完善新能源汽车动力电池标准体系

中国电子信息产业发展研究院　王曦

动力电池是新能源汽车的核心零部件，对新能源汽车的动力性、安全性、续驶里程和使用寿命起着决定性作用。行业发展，标准先行，标准体系建设是动力电池行业高质量发展的一个重要环节，动力电池标准的制定和修订工作在国内外受到普遍重视，国际电工委员会（IEC）等国际标准制定组织很早就开展了动力电池标准体系建设工作。随着新能源汽车产业快速发展，动力电池产品技术进步加速，能量密度、循环性能等都得到显著提升，动力电池生命周期逐渐延长。目前我国动力电池安全标准要求及相关测试规程主要针对新产品，在用及退役产品相关标准有待进一步完善。

一、标准体系建设对动力电池产业发展的影响

（一）动力电池产业持续呈现高速增长的态势

工业和信息化部电子信息司统计数据显示，2023年我国锂离子电池产业将延续增长态势，全国锂电池总产量超过940GWh，同比增长25%，行业总产值超过1.4万亿元。电池环节，消费型、动力型、储能型锂电池产量分别为80GWh、675GWh、185GWh，锂电池装机量（含新能源汽车、新型储能）超过435GWh。出口贸易持续增长，全国锂电池出口总额达到4574亿元，同比增长

超过33%。一阶材料环节，正极材料、负极材料、隔膜、电解液产量分别达到230万吨、165万吨、150亿平方米、100万吨，增幅均在15%以上。二阶材料环节，碳酸锂、氢氧化锂产量分别约为46.3万吨、28.5万吨，电池级碳酸锂、电池级氢氧化锂（微粉级）均价分别为25.8万元/吨和27.3万元/吨。全年锂电池行业产品价格出现明显下降，2023年1—12月，电芯、电池级锂盐价格降幅分别超过50%、70%，我国锂电产业规模持续保持全球领先。

（二）高端化、智能化、绿色化是动力电池产业发展的必然趋势

深入推进新型工业化，强化产业基础再造和重大技术装备攻关，推动制造业高端化、智能化、绿色化发展是深入贯彻落实党中央重大决策部署的重要举措，也是推动我国从制造大国向制造强国跃升的重要抓手。欧阳明高院士指出，动力电池产业高端化发展需要瞄准高品质、高安全、高技术。不断提升制造水平，通过极限制造等先进制造手段，提升产品品质；从电池本征安全角度出发开发动力电池多维度安全保障技术体系；加大结构创新和材料体系创新力度，积极布局下一代电池产品，巩固我国产业竞争优势。智能化涉及材料和电芯设计与人工智能技术相结合，生产制造环节从数字化生产工艺仿真到数字化生产车间，再到工业互联网的高度融合，以及智慧电池产品的开发，全面提升产品智能化水平已成为动力电池产业发展确定性方向。绿色化转型与可持续发展已成为维持我国动力电池产业链国际竞争力的当务之急。低能耗、低碳排放技术和产品是影响未来市场占有率的决定因素。

（三）标准体系是支撑动力电池产业发展的技术基础和关键

标准化工作对促进产业高质量发展、提升产品品质和质量等方面均起到了重要作用。标准推动行业技术革新，可以有效缩短从基础研究到量产应用的过程，降低全行业产品研发和应用试验成本，加速新技术向产品服务的快速转化。标准体系能够支撑产业上下游高效融合发展，规范了规模化制造过

程中多工序有序衔接的基本技术原则。标准化提高产品质量和可靠性，规范了产品的技术要求、性能测试方法，为产品开展技术验证、提高质量和可靠性提供技术支撑，依据标准开展的符合性测试和认证为产品推广应用提供保障。

二、动力电池标准体系建设进展

（一）国际机构及相关标准情况

全球权威的动力电池相关标准制定组织主要有国际标准化组织（ISO）、美国机动车工程师学会（SAE）、美国保险商实验室（UL）、国际电工委员会（IEC）等。

ISO是联合国经社理事会的甲级咨询组织和贸发理事会综合级（即最高级）咨询组织，作为全球性的非政府组织，它是目前世界上最大、最具权威性的国际标准化专门机构。ISO关于动力电池发布的标准主要涉及ISO 12405-1-2011（电动道路车辆-锂离子牵引电池组和系统的试验规范 第1部分:大功率应用）、ISO 12405-2-2012（电动道路车辆-锂离子牵引电池组和系统的试验规范第2部分:高能量应用）和ISO 12405-3-2014（电动道路车辆-测试规范锂离子动力电池组和系统测试规程 第3部分：安全性能要求）等。

IEC是世界上成立最早的非政府性国际电工标准化机构，是由各国家委员会组成的国际范围的标准化组织，其下设与锂离子电池相关的技术组织主要有蓄电池和电池组技术委员会（IEC/TC21）、碱性和非酸性蓄电池分技术委员会（IEC/SC21A）、原电池技术委员会（IEC/TC35）、电子产品安全技术委员会（IEC/TC108）等，具体分工如下：IEC/TC21负责电动道路车辆锂离子电池芯性能和安全标准的制修订。IEC/SC21A负责除电动道路车辆用以外的所有锂离子电池芯和电池组的全部标准的制修订，包括便携式设备用、工业设备用、场地车辆用、UPS用锂离子电池芯和电池组的性能、规格、安全标准。IEC/TC35负责制定原电池的标准，与IEC/SC21A共同负责锂离子电池安全运输标准等。IEC/TC108负责制定电子产品用锂离子电池安全相关的补充安全要求，如电池组外壳阻燃等级、宿主设备充放电管理等。国际电工标准化机构关于动力电池的标准则有IEC 62660–1–2010和IEC 62660–2–2010等。

SAE作为国际上最大的汽车工程学术组织，在汽车领域拥有庞大、完善的标准体系，所以它的标准也非常有参考性。其所制定的关于动力电池的标准有2009年颁布的SAE J2464: 2009《电动和混合动力电动汽车可再充能量储存系统的安全和滥用性测试》，SAE J2929: 2011《电动和混合动力电池系统安全标准》，SAE J2380: 2013《电动车电池的振动测试》。

UL作为美国在世界上最有权威的民间安全检测机构，发布了多项锂电池相关标准。UL1642主要适用于一次（不可重复充电）和二次（可重复充电）锂电芯。UL2054标准主要针对锂电池或锂电池组，适用于一次（不可充电）和二次（可充电）电池。UL2056主要针对移动电源终端产品。UL1973适用于车用辅助电池（不包括动力电池）、轻型电轨或者固定电轨电能储存系统用电池。UL2580适用于电动车辆用电池，电动车辆驱动用电池包、电容系统、混合动力系统以及子系统或模块。

（二）我国标准体系建设情况

全国汽车标准化技术委员会电动车辆分技术委员会于1998年正式成立，负责电动车辆领域标准化工作和技术归口管理任务。在动力电池领域，我国已经构建了较为完善的动力电池标准体系，其中现行有效标准共计22项（国家标准15项、行业标准7项），在研标准共计8项（国家标准5项、行业标准3项），涵盖安全性、电性能、循环寿命以及回收利用等多方面内容，在规范安全性、促进新技术应用以及协调产业发展方面发挥了重要作用。

为进一步加强锂离子电池标准化工作的总体规划和顶层设计，加快产品安全等重点标准的制定与实施，完善和优化锂离子电池综合标准化技术体系，促进锂离子电池产业的健康持续发展，工业和信息化部于2016年发布锂离子电池综合标准化技术体系，2024年修订锂离子电池综合标准化体系建设指南，主要包括基础通用、材料与部件、设计与制程、制造与检测设备、电池产品等五大类18个小类，涵盖的标准项目共231项。电池产品标准按用途分为消费型锂离子电池、大动力型锂离子电池、小动力型锂离子电池和储能型锂离子电池，每类标准中包括安全、性能和寿命等。

以中国汽车工业协会、中国汽车工程学会等为代表的行业组织持续积极开展动力电池团体标准研制工作，标准内容涉及动力电池环境适应性、循环寿命、热管理系统性能、安全性以及回收利用等，成为现有动力电池标准体系的有益补充。

除了电化学性能外，电池尺寸名称类标准也随着技术发展而逐步更新。GB/T19596–2017（《电动汽车术语》）规定了车载储能系统的种类、结构及部件和性能相关的术语等。GB/T34014–2017（《汽车动力蓄电池编码规则》）规定了电池代码的组成方式、表达形式、标识符号。该标准中要求对梯次利用场景下动力电池重新编码，同时保留原产品编码，编码涵盖产品类型、规格和追溯信息等内容。GB/T34013–2017（《电动汽车用动力蓄电池产品规格尺寸》）等标准规范了电池单体、模组、系统规格和尺寸、分类等属性，实现了全流程下电池尺寸名称相关术语、编码的标准化。

三、我国动力电池标准体系存在的问题与挑战

（一）动力电池产品全生命周期管理体系亟待完善

我国锂电池全生命周期溯源按照上下游产业链可分为3个层次：生产环节、应用环节和再生环节，目前这3个层次相对孤立，其中应用环节数据信息管理体系较为完善，但生产和再生环节数据信息缺失，没有建立起共生共赢的产业链生态圈，3个层次的协同性不足，信息数据未能共享。从应用领域看，车用锂电池的溯源管理体系相对完善，消费类和储能类锂电池溯源管理体系尚未建立，尤其是在应用规模快速增长的储能领域，亟须建立统一完善的涵盖规范标识、数据管理、安全预警等功能的溯源管理平台。我国尚未将水电从国家层面纳入绿色电力证书范围，导致国际认可存在不确定性。锂电池产品生命周期层面的碳足迹方法学及排放因子尚处于空白阶段，尚未在国家层面发布统一的产品碳足迹标准体系，使得目前企业开展碳足迹核算大多参考国外相关标准。现阶段可供进行锂电池全生命周期碳足迹核算的数据信息仍然缺位，电池全生命周期数据难以获取。我国行业龙头企业的零碳工厂和园区认证主要依托瑞士通用公证行（SGS）等国际机构开展，亟须建立覆盖锂电池全产业链的全生命周期数据平台。

（二）回收和梯次利用等后端管理有待完善

鉴于电池产业的蓬勃发展，以及电池的整个生命周期对资源、能源和环境造成的巨大潜在影响，各国纷纷出台各项政策推进动力电池的碳中和。其中，以欧盟为代表的地区组织在最新电池法规草案中对电池供应企业的供应链管控、有害物质削减、再生材料使用、废旧电池收集和材料回收利用提出更高要求，我国相关标准尚不能完全满足全生命周期管理要求。梯次产品溯源和监管

难，标准约束力不足。梯次利用产品大量用于通信基站、备用电源、低速电动自行车、电动工具和家庭储能等多个领域，梯次利用或报废环节，采取自愿性公告的管理方式，依靠现有溯源系统很难有效管控。流入非正规渠道的大量废旧动力电池，经工人手工拆解后，拣选组装成不同规格的其他电池而埋下安全隐患，增加了梯次产品溯源成本和实施难度。我国对梯次利用行业没有强制性管理法规，梯次利用产品质量缺乏保障，不能有效规范和管理违规企业。欧盟电池护照明确要求出口欧洲的产品和企业需要将电池信息、材料信息、环境社会责任和公司治理信息、数据源信息等在更大范围内、以更为标准化的形式向公众披露，此环节我国相应标准目前尚未建立。

（三）动力电池智能制造标准化工作亟待推进

目前国际上尚无专门针对锂电池智能制造装备标准的管理归口机构，国际标准化组织（ISO）、国际电工委员会（IEC）、欧洲标准化委员会（CEN）发布的标准中，与锂电池智能制造装备相关的标准尚处于空白阶段。现行国家标准中有关锂电池生产环节智能制造的标准，仅有《锂离子电池生产设备通用技术要求》一项。从整个锂电池生产制造装备领域来看，引导性标准规范十分匮乏，亟须基于工艺环节和行业需求，尽快完善动力电池智能制造装备标准体系。

四、有关建议

（一）加强统筹协调，建立动力电池全生命周期绿色低碳标准体系

建立与国际接轨，涵盖动力电池原材料、产品设计、生产制造、合规使用、回收利用等各应用环节的标准体系，保障废旧锂电池回收利用的规范有序，实质性提升资源利用效率。完善动力电池项目准入及评价标准，重点推进

安全、质量与环保等标准的研制。开展锂电储能适应性检测技术研究，开发高精度、高可靠性的测试技术和专用测试设备，提升检测设备的智能化水平和测试效率。培育建设一批锂电储能综合检测平台和认证机构，强化服务功能，防范和化解各类风险问题，推动锂电储能产业健康可持续发展。树立全生命周期管理思想，构建锂电储能项目全生命周期管理体系。

（二）加快完善动力电池回收及梯次利用标准体系，引领产业链后端高质量发展

完善新能源汽车动力电池回收利用溯源管理体系和加强溯源管理平台建设，扩大管理范围，并进一步督促相关企业落实溯源履职责任。探索建立废旧动力电池产权所有者负有相关责任的管理机制，若其出售的废旧电池没有被安全环保处置，出现事故时需承担连带责任。编制兼顾回收利用的动力电池设计指南。要求在动力电池的设计开发阶段充分考虑退役后的梯次利用需求，设计电池从出厂应用到退役后的梯次利用，再到回收的整个过程，实现资源有效利用的最大化，打通上下游产业和数据资源交换、市场需求沟通的渠道。畅通数据链条，基于动力电池工作数据，对电池性能开展状态评估，并开展相关评估标准研制。

（三）依托数字化整合行业资源，完善动力电池产品全生命周期安全标准体系

现阶段国内外动力电池安全相关标准多为考虑产品最基本的安全性能要求以提供使用阶段对人身的安全保护，在生产、运输、维护和回收安全等方面均涉及较少。此外，国内外标准主要聚焦新品电池安全测试，暂无相关标准对在应用状态中动力电池安全性能作出相应规定和要求。建议在现有动力电池产品安全标准基础之上，进一步开展多维度全生命周期安全标准体系研究，启动动力电池在线检测、加速寿命试验、老化后安全性评价以及安全预警等方面标准

研制，拓展现有动力电池安全性评价维度和手段。

（四）多维度完善动力电池智能制造标准体系

目前我国国家标准、行业标准制定周期较长，而锂电池智能制造装备标准又十分匮乏，且为行业急需的标准，团体标准的立项流程灵活、制定周期短，能够弥补国家标准和行业标准在制定流程和周期方面的不足，建议加强行业协会等组织有关动力电池智能制造工艺和装备相关团体标准研制工作。同时加强标准体系的应用推广，智能制造装备标准体系建立后，需要组织行业内相关单位不断完善，并加强宣贯与推广。

参考文献

[1] 胡建,林春景,郝维健,等.动力电池标准体系建设现状及建议.储能科学与技术,2022（1）.

[2] 谭震,范茂松,赵光金,等.动力电池梯次利用国家标准体系分析.电池,2022（4）.

[3] 黄宏成,张英杰.我国动力电池回收利用标准体系分析.上海汽车,2023(12).

浅析解决塑料环境问题的方法论

中国合成树脂协会　王旺

一、塑料污染治理问题提出的背景

经济合作与发展组织（OECD）2022年发布的《全球塑料展望：到2060年的政策情景》中预测，在没有额外政策的情况下，到2060年全球塑料使用量将比2019年增长近3倍，再生塑料用量仅占塑料总用量的12%，河流和海洋中累积的塑料存量将从2019年的1.4亿吨增长到4.93亿吨，且所有地区的微塑料泄漏都将增加，塑料生命周期的温室气体（GHG）排放将增加1倍以上。

2022年经济合作与发展组织发布的《全球塑料展望：经济驱动因素、环境影响和政策选择》显示，最终只有9%的塑料垃圾被回收，19%被焚烧，近50%被废弃填埋，剩下的22%被丢弃在不受控制的垃圾场、露天焚烧或泄漏到环境中。

我国政府历来高度重视塑料污染治理工作，早在2007年就出台了限制生产销售使用塑料购物袋的政策措施，是国际上较早开展塑料污染治理的国家之一。2017年中国禁止进口废塑料，2020年全国人大常委会修订完成《中华人民共和国固体废物污染环境防治法》，对农用薄膜、包装物、一次性塑料制品的污染防治作出规定，明确相关违法行为的法律责任，大幅提高法律的约束力和震慑力。自2020年起，国家发展和改革委员会、生态环境部等部门联合印发

《关于进一步加强塑料污染治理的意见》《“十四五”塑料污染治理行动方案》《关于扎实推进塑料污染治理工作的通知》等文件，对加强塑料污染治理作出了总体部署，开展塑料污染治理专项行动，大力推进“无废城市”建设，并将快递绿色包装使用比例、地膜回收率等作为试点指标，指导重庆、深圳、三亚、绍兴等地在城市层面探索可复制可推广的塑料污染治理模式。

我国作为塑料生产和使用量均居世界首位的大国，治理塑料污染的行动备受世界关注。习近平总书记指出，加大力度推进生态文明建设、解决生态环境问题，坚决打好污染防治攻坚战，推动我国生态文明建设迈上新台阶①。塑料污染治理关系到我国生态文明建设总体进程，也关系到我国塑料产业的高质量发展。

第五届联合国环境大会2022年3月2日通过的《结束塑料污染：制定具有法律约束力的国际文书》（即第5/14号决议），着重指出需要进一步采取国际行动，制定一项关于塑料污染（包括海洋环境中的塑料污染）的具有法律约束力的国际文书。《结束塑料污染：制定具有法律约束力的国际文书》计划到2024年底，完成一份具有法律约束力的全球治理塑料污染协议草案。2022年底，塑料污染国际文书的政府间谈判委员会第一届会议（INC-1）召开，确定了全球治理塑料污染的基本共识，政府间谈判委员会第二届会议（INC-2）于2023年5月29日在法国巴黎召开并决定起草治理塑料公约的零草案，政府间谈判委员会第三届会议（INC-3）对零草案进行讨论并于会后形成《具有法律约束力的塑料污染（包括海洋环境中的塑料污染）国际文书的修订案文草案》。《结束塑料污染公约》正在以前所未有的速度制定中。

① 《习近平：坚决打好污染防治攻坚战 推动生态文明建设迈上新台阶》，《人民日报》2018 年 5 月 20 日。

二、塑料环境问题的探讨

（一）探讨塑料环境问题的 3 个维度

单独看待塑料环境问题容易陷入误区，需要系统、全面、综合地考虑，笔者从3个维度思考塑料环境问题：第一，关于人们日常熟知的塑料污染治理问题。这个问题是从环境污染治理的维度思考塑料的污染问题，是以末端治理的方式来看待塑料污染引发的环境问题。第二，关于塑料资源综合利用问题。这个问题是从提高塑料资源利用效率的维度，在塑料的全生命周期中把塑料当成一种资源，从实现塑料资源生产和使用过程中垃圾零排放的维度思考塑料环境问题，可以在提升塑料资源利用效率的同时避免污染问题的产生。第三，关于塑料污染与生态安全问题。这个问题是从人与自然和谐共生的维度，寻求控制塑料对自然生态的影响，像目前世界各国普遍关注的微塑料污染海洋生态，造成海洋生物大量死亡的问题，就是最典型的案例。从生态系统的维度来讲，塑料源自石油，钢铁源自矿石，棉麻等源自植物……塑料及其他材料均源自自然生态，废弃之后又都要不同程度地回到自然生态中。防范塑料对生态系统的破坏，要采取各种有效的措施，控制塑料向自然生态系统排放，并逐渐通过科技推动使排入自然生态中的塑料对生态系统造成最低程度的影响和破坏，这是从建立各类与自然和谐共生材料的角度，思考塑料环境问题。

从不同的维度看塑料环境问题得出的结论差别很大。现在大部分的研究聚焦在塑料污染治理的维度，在塑料环境问题日益突出的背景下，这个思考维度确实很重要。但塑料资源效率维度是比塑料污染治理更高一层的维度。现有的制度和手段都是围绕塑料污染治理进行的，目前缺乏一部针对资源高效综合利用的法律，尤其是针对塑料的法律，当然也包括塑料资源之外的其他材料。材料生态系统建设维度比资源效率维度又提高了一个认知层级，但是从现阶段发展的实际情况来讲，从塑料资源利用效率入手思考和改变塑料和人与自然的关系更切实可行。

（二）引发塑料环境问题的原因

大家经常讨论塑料对环境造成的影响，也会分析到底是什么原因造成了塑料的大规模使用、大规模泄漏。经过仔细分析，得出了以下9个原因：

第一，塑料使用成本低、废弃成本低；第二，塑料回收成本高、再生成本高；第三，塑料制品没有在源头进行可回收再生设计；第四，消费者对塑料的回收无责任，不强制消费者参与塑料垃圾的回收；第五，生产者对塑料回收的责任不明确；第六，对塑料废弃物的管控难度大，无明确的管理责任；第七，社会各界对塑料泄漏及解决方案的认知差异巨大；第八，再生材料的使用不是必须的；第九，缺乏废弃物回收机制和完善的回收设施。

实际上塑料材料的成本既没有包含回收和再生的成本，也没有包含其他环境成本，它的成本结构是不完整的，因为缺失了重要的成本项目，造成了塑料价格远低于实际应用成本。

当然塑料的低价还有其他因素，如更大规模的生产、炼化一体装置，效率更高的催化剂等。当我们在讨论环境问题的时候，就不得不考虑治理污染所投入的成本，塑料回收和再生的成本特别高。被随意丢弃的塑料回收时投入的大量人力、物力都是成本。塑料再生成本高，主要是因为绝大部分的塑料产品没有进行可回收再生设计。

以上谈到的成本、价格属于经济因素，塑料可回收再生设计属于技术性因素。

除此之外，还需要谈及塑料全生命周期中的各参与方所扮演的角色，以及各方所需承担的责任。目前，消费者只管使用塑料制品、参与回收，但对塑料垃圾的泄漏不承担责任。现行的法律即使要求消费者参与塑料废弃物的回收（如《中华人民共和国固体废物污染环境防治法》第四十九条规定，产生生活垃圾的单位、家庭和个人应当依法履行生活垃圾源头减量和分类投放义务，承担生活垃圾产生者责任。任何单位和个人都应当依法在指定的地点分类投放生活垃圾；《城市生活垃圾管理办法》会对乱扔垃圾行为进行惩罚），但对消费者行为的管控仍处于弱化的状态。

塑料制品的物权随其交易过程在生产者、消费者之间转移，塑料制品废弃之后形成的塑料垃圾就成了无主之物。废弃后塑料垃圾的物权归属目前尚无明确规定，这就造成了高价值塑料争相捡拾，低价值塑料无人问津，最终导致废塑料收集难、易泄漏，塑料的全生命周期管理无法形成闭环。当然也需要建立完善的回收系统和设施，创新塑料再生应用技术，共同实现塑料全生命周期管理闭环。

对于生产者的责任，早在2016年国务院办公厅就已印发《生产者责任延伸制度推行方案》，率先对电器电子、汽车、铅酸蓄电池和包装物等4类产品实施生产者责任延伸制度。生产者责任延伸制度是指将生产者对其产品承担的资源环境责任从生产环节延伸到产品设计、流通消费、回收利用、废物处置等全生命周期的制度，要求生产者通过开展产品生态设计、使用再生原料、保障废弃产品规范回收利用和安全处置、加强信息公开等，落实其全生命周期资源环境责任。2023年1月31日商务部第45次部务会议审议通过《商务领域经营者使用、报告一次性塑料制品管理办法》。该办法经国家发展和改革委员会同意，自2023年6月20日起施行，明确商品零售、电子商务、餐饮、住宿、展览5类经营者应当遵守国家有关禁止、限制使用不可降解塑料袋等一次性塑料制品的规定；鼓励引导消费者使用替代产品，减少一次性塑料制品的使用，鼓励各报告主体积极主动报告替代产品使用、回收情况；提出各报告主体报告一次性塑料制品使用情况时，口径必须前后保持一致。明确塑料全生命周期中各个参与方的责任，监管各方责任的履行情况，塑料制品使用行业全面实施生产者责任延伸制度是解决塑料污染问题的一项必要举措。

对于塑料全生命周期管理的闭环，还要对回收再生塑料的流向予以规划，这就涉及再生塑料材料使用，当前国外的一些法律强制使用再生材料，但我国法律还没有强制要求使用再生材料。

因为塑料产业链较长，塑料泄漏问题认知不同，造成无法确定责任，很难监管。另外，还有回收机制和设施的问题，哪怕是绿色塑料产品，如果没有回收机制和设施，也很难回收。

（三）引发塑料环境问题的 3 个因素

我们前面分析的9个原因包括经济因素、技术因素、管理因素、参与者因素、材料使用的因素等，各种因素交织在一起造成了塑料大规模使用、大规模泄漏的现状。再进行深入分析，我们可以将以上9个原因，归纳为3个深层次的驱动因素：错误的定价、不明确的物权和不明确的责任。塑料末端（塑料废弃物）物权不明、责任不清、利润低到没有回收价值，使得塑料循环链在消费后的环节断开了，无法形成闭环。低廉的价格、废弃零成本导致了塑料大规模使用和大规模废弃，不明确的物权也导致了不明确的责任，微薄的利润使得低值塑料废弃物无法回收再利用和再生利用。当我们把塑料全生命周期都视为塑料资源，让塑料的价格能够和真实的使用成本相当，使它的责任和物权清晰化之后，就可以把塑料污染问题转换为塑料资源高效利用的成果，对此进一步深化，就可以建立负责任的塑料利用管理的制度体系。

（四）建立负责任的使用塑料的制度体系

建立负责任的使用塑料的制度体系有3个要点，与造成污染的3个驱动因素相互对应。

首先是改变错误的定价。塑料从原料生产到制品使用终端的数量是指数级增长的，从全球约200家聚合物公司到全球80亿消费者以及各个机构都使用塑料。因此，改变错误的定价从源头开始最简捷。2022年4月1日起，英国对生产或进口的一次性塑料包装征收塑料包装税（PPT），税率为每公斤0.2英镑（约合1.7元人民币）。这是在原料之后的产品层次进行征税，可以起到部分改变错误价格的作用，解决不合理行政成本问题和一次性产品的属性确认困难的问题。那么理论上需要向聚合物公司征收多少环境费用，并通过聚合物公司向塑料全产业链传递？这需要测算真实的塑料使用的环境成本并将其折算到聚合物的产量上。有人认为改变错误的定价方式会增加整体的社会成本，笔者认为避免塑料成为垃圾的管理成本，一定会远低于让塑料泄漏入环境然后再去治理的成本。

其余两点是要明确物权、明确责任。可通过数字化技术让使用与责任相互匹配。政策供给先行，聚合物巨头、品牌商、制品生产厂、流通平台、消费者等各个参与方的权责要一一匹配，这样才能建立起负责任的使用塑料的制度体系。

实现塑料的循环利用可通过3个具体的措施，打通现存的3个明显断点。第一，通过可回收再生设计的制度体系，打通原材料、塑料制品到回收的断点。第二，通过按比例使用再生材料，打通回收、再生和应用的断点，尤其是原级回收再生的断点。第三，因为产品不会自动回收，所以要建立押金、以旧换新、租赁、塑料信用等各种制度，完善回收设施打通废弃与回收的断点，确保用后的塑料制品回收率。

当前3种治理塑料污染的最重要的方式，即把一次性使用的塑料转变成反复使用的、把不可回收的转变成可回收再生的、把大规模使用的转变为审慎进行的塑料替代，表面上看起来特别有道理，但是仔细探究之后就会发现这3种方式是把治理塑料污染之后产生的结果当作了治理的手段。其实，一次使用与反复使用如果最终不能实现回收再生，用后即弃，对环境造成的结果是一样的。只有在建立了负责任的使用塑料体系之后，形成塑料的全生命周期闭环，塑料才会被反复使用。塑料的回收率低，也是由于没有建立负责任的使用塑料的制度体系造成的。只有建立了完善的负责任的使用塑料的制度体系之后才可能实现塑料资源的高效利用，而不是依赖回收再生去解决塑料污染的问题。

（五）降解塑料解决塑料环境问题的探讨

治理塑料污染的结果与手段是不同的，尤其对塑料替代的问题，治理起来就更加复杂，我们经常谈到的是降解塑料的问题。降解塑料是材料替代的一种思路，一般认为降解塑料能解决塑料污染问题是建立在两个假设基础之上的，第一是塑料污染是材料本身的问题；第二是人使用塑料后造成的环境污染问题，自然环境自身可以解决。显然这两个假设是错误的，是对塑料环境问题本质认知的错误，最终导致了通过使用降解塑料来解决塑料造成的环境污染这个似是而非的解决方案的提出。

塑料进入环境之后不易降解，可降解塑料的使用会使消费者走向可以随意向环境中丢弃塑料废弃物的误区，实际上更优的解决方案是在使用之后，不要让塑料进入环境，而不是塑料进入环境之后，让材料的特性发挥作用。这其实是对塑料环境问题没有进行深入思考的典型案例。

其实塑料材料本身具有很高的性能，它的特性是可塑性好、廉价耐用、不易发生分子键的断裂，自然降解的周期很长。如果为了解决塑料污染问题，硬要将高稳定性的塑料材料变成降解性特别高的材料，实际上是违背自然规律的。

降解塑料的逻辑本质也是一次性使用塑料，是对材料资源的巨大浪费，同时，使用后的处置方式和传统塑料的处置方式一样都是焚烧，降解塑料与高效率使用塑料的思想是违背的，林林总总的原因，让降解塑料解决塑料环境问题，从一开始就充满争议。

（六）塑料价格的秘密

治理塑料污染背后存在一个塑料价格的秘密。为了方便计算，我们假设塑料材料的价格是每吨1万元，即每克1分钱，18克的饮料瓶直接材料成本是1角8分钱，但是在回收过程中饮料瓶的价格只有4分钱，4分钱的收益（或回收成本）可以使得饮料瓶的回收率达到90%以上。根据这个实际情况，试想假如每一个独立的塑料包装，如果能有4分钱的收益（或回收成本），是不是有可能实现与饮料瓶一样的回收率。当然，这只是提出思路，用经济手段建立循环，具体处理还涉及塑料包装后期的回收再生工艺、再生技术等问题。

三、塑料环境问题的研究结论

塑料价格便宜，使得塑料大规模使用；废弃的成本几乎为零，使得塑料大规模废弃；部分塑料垃圾回收经济价值低、物权不明、责任不明，造成塑料大规模泄漏。因此需要通过改变定价、明确责任、确定物权来解决塑料环境污染问题。通过征收塑料税等方法提高塑料价格，会一定程度上降低塑料的生产和消费量；通过法律、法规等制度明确塑料垃圾的物权，明确责任主体，建立负责任的使用塑料的制度体系；建立再生塑料的应用市场，让回收再生有利可图，强制使用再生塑料，保证全社会对回收机制、回收设施的长期投入，建立完善的塑料垃圾回收体系和设施，为塑料全生命周期的闭环管理保驾护航。

塑料变为微塑料之后，对环境和生物的影响，目前仍处于科学研究阶段，目前的科技水平对一些作用机理研究得还不是很透彻。但塑料作为以石油为原料的碳基材料，会分解为碳元素和其他元素，循环往复、生生不息。自然界的生态系统是处于动态平衡发展过程中的，不能超过它所能承受的最大阈值，自然界可以承载塑料的最大阈值是多少，可能还需要科学家的进一步研究。

经过数十年的发展，中国的塑料循环产业已经形成了较为完善的以市场机制为驱动的价值传导物质链，由于中国塑料终端市场规模巨大且终端需求多样，不同等级的再生塑料均能找到应用场景，可为全球各地治理塑料污染提供中国版参考方案。在没有承担环境治理成本的价格里把环境成本加进去，给没有承担责任的地方加上责任，把没有明确物权的地方明确物权，这就是中国传统文化思维吸纳西方绿色经济学思维所提出的解决塑料环境污染问题之道。中华文化已经深深印在了中国制造体系里，所以中国现在能够达到全球领先的塑料回收利用率。我们也乐观地设想，塑料引发的环境问题，在中华文化中不会成为问题，中国会为人类社会找到最佳的治理塑料污染的手段和方案。

ESG金融与绿色金融最新法律和实务比较研究

上海市锦天城律师事务所　邹梦涵　林辰仪

自联合国环境规划署（UNEP）在2004年首次正式提出ESG理念以来，ESG在全球范围内产生了广泛影响并得到认同。而绿色金融的国际概念则始于其在2008年所发布的《联合国环境规划署2008年度报告》，提到了绿色金融有助于解决气候变化、能源危机和环境污染等全球性问题，同时也提供了推动经济增长和减少贫困的机会。

对比欧美等发达国家，我国绿色金融与ESG业务虽然起步较晚，但我国把碳达峰、碳中和纳入生态文明建设整体布局后，就进入迅速发展的阶段。2024年2月2日，由国家发展和改革委员会同工业和信息化部、自然资源部、生态环境部、住房和城乡建设部、交通运输部、中国人民银行、金融监管总局、中国证监会、国家能源局在《绿色产业指导目录（2019年版）》的基础上，结合绿色发展新形势、新任务、新要求，修订形成《绿色低碳转型产业指导目录（2024年版）》，目录名称不仅由“绿色产业指导目录”调整为“绿色低碳转型产业指导目录”，更新增了“低碳转型相关产业”，与绿色金融、转型金融工作更好衔接，为可持续发展提供助力依据。

本文将结合行业发展现状分析以及ESG项目推进中的实务经验，对ESG金融与绿色金融在法律和实务两方面进行比较研究。

一、ESG金融与绿色金融的概念与立法发展

众所周知，ESG概念是由联合国环境规划署在2004年发布的报告《在乎者赢》（*Who Cares Wins*）中首次提出，即与公司业务相关的环境（Environmental）、社会（Social）和治理（Governance）主题的英文首字母缩写。与ESG概念相对应的ESG金融概念，则由国际资本市场协会（ICMA）在2020年《可持续金融概要释义》的第六章明确提出，是指将环境、社会和治理原则纳入商业决策、经济发展和投资战略中。

如前所述，绿色金融的国际概念始于联合国环境规划署于2008年所发布的《联合国环境规划署2008年度报告》，但作为规范定义则是由我国《关于构建绿色金融体系的指导意见》正式提出。绿色金融是指为支持环境改善、应对气候变化和资源节约高效利用等经济活动，即对环保、节能、清洁能源、绿色交通、绿色建筑等领域的项目投融资、项目运营、风险管理等所提供的金融服务。

由此可见，ESG金融与绿色金融二者在一定程度上有关联，但在概念和实际运用场景中也存在诸多不同。绿色金融更多的是从金融的角度来强调绿色发展的理念责任。而ESG起源于社会责任投资（SRI），通过投资来实现社会责任的投资理念，故更多的是可供实际操作的评价体系和框架，特别是ESG具有其相关信息的系统性、全面性、定量可比性的特征，因此ESG金融也被称为可持续金融。从概念划分，绿色金融实质上属于可持续金融的子集，而气候金融则属于绿色金融项下的细分领域。近些年的转型债券、绿色债券、绿色信贷，都与绿色金融及气候金融存在交叉之处。

（一）国外 ESG 金融与绿色金融的发展各有侧重

国际上，早在2018年3月，贷款市场协会和亚太贷款市场协会就联合发布了

《绿色贷款原则》；2019年3月，贷款市场协会、亚太贷款市场协会和银团与交易协会联合发布了《可持续发展关联贷款原则》，进一步规范了可持续发展挂钩贷款市场，为整个可持续发展挂钩贷款市场提供统一评价的框架，对绿色贷款的资金使用、项目评估和筛选、资金管理、信息披露以及可持续发展挂钩贷款的借款人的整体企业社会责任战略关系、目标设定、信息披露、审核作出了具体的指引。上述两个规则是国际金融针对绿色金融和ESG金融的两个里程碑文件。

绿色贷款关注的是贷款资金应当用于合格绿色项目（包括研发等其他相关支出），这是绿色金融的核心。《绿色贷款原则指引》明确指出，绿色贷款包括为新增及/或现有合格绿色项目提供部分/全额融资或再融资的各类型贷款工具，绿色贷款必须符合《绿色贷款原则》确定的4个核心要求。具体而言，核心四要素要求贷款资金必须用于绿色项目（包括研发在内的其他相关支出和配套费用）；借款方应明确告知贷款方项目的环境可持续性目标及判断相关目标是否符合项目整体要求的评估和准入标准，包括且不限于负面清单和其他用于识别和管理与项目相关的潜在环境重大风险的流程；借款资金应贷记至指定账户或由借款方以适当方式监测贷款资金的使用情况，确保资金用途透明合理。此外，按照信息披露原则，借款方还应每年向贷款方如实报告资金用途，直至贷款资金全部提取完毕。

可持续发展挂钩贷款是激励借款人实现可持续发展绩效的各种类型贷款工具和/或金融工具（如担保、信用证）。其关注的是借款人本身的可持续性，而非项目本身——可持续发展挂钩贷款可用于一般企业用途。借款人的可持续性则需要用可持续发展绩效指标（SPTs）来衡量，其中包括关键绩效指标、外部评级和（或）其他等效指标。

在ESG金融领域，2024年欧盟将制定新规，增强企业对气候和ESG的信息披露，同时许多国际组织先后成立并提供了多种可持续相关报告的标准和框架。

2023年4月，我国香港地区由香港交易所发布《优化环境、社会及管制框架下的气候信息披露（咨询文件）》，宣布参考气候相关财务信息披露工作组和ISSB的气候相关要求完善香港ESG信息披露要求。

从过去几年国际金融市场的实践来看，上述绿色贷款及可持续发展挂钩贷款，客观上能满足责任投资人的投资需要。相比于借款融资手段而言，绿色贷款及可持续发展挂钩贷款因具有严格的信息披露要求及外部第三方的持续审查，从而使机构投资者可以用一种低风险的方式把资金投到"可持续发展"事务上，更满足了责任企业多样化的融资需求。以跨国公司的信贷为例，可持续发展挂钩银团贷款在近几年得到了广泛运用。

（二）中国律师视角下的中资企业对 ESG 金融与绿色金融的运用

国内市场上没有针对ESG金融的特殊规定。中国人民银行发布的《2021年金融机构贷款投向统计报告》指出，绿色贷款是指金融机构为支持环境改善、应对气候变化和资源节约高效利用等经济活动，发放给企（事）业法人、国家规定可以作为借款人的其他组织或个人，用于投向节能环保、清洁生产、清洁能源、生态环境、基础设施绿色升级和绿色服务等领域的贷款。

首先，国有企业关注的是ESG管理类考核。主要规范性文件有：国务院国有资产监督管理委员会《关于中央企业履行社会责任的指导意见》《关于国有企业更好履行社会责任的指导意见》《提高央企控股上市公司质量工作方案》。符合此类规定的国有企业，在企业发债、项目融资等涉及ESG金融和绿色金融工具运用层面，具有较多的机会，表现为融资金额大、周期长、金融工具转换灵活的特点。

其次，上市公司应符合近年来中国证券监督管理委员会、深圳证券交易所、上海证券交易所等监管机构、交易所的ESG信息披露考核与规范要求。对国有上市公司而言，如果其对外投资项目满足《绿色投资指引（试行）》《绿色产业指导目录》《中国证监会关于支持绿色债券发展的指导意见》等产业要求的，就可以按绿色金融的标准获得较低成本的融资，如绿色债券、绿色债券支持项目、特定品种公司债券等。而对民营上市公司而言，在其履行依法合规披露义务后，则有机会参与成本合理的可持续发展挂钩贷款业务，一定程度上解决了融资难问题。

从中国内地的金融机构角度来看，则更倾向于精准地遵守《关于构建绿色金融体系的指导意见》，在信贷投放和银行间市场上，优先选择《绿色产业指导目录》内的标的企业，发放绿色贷款、绿色债券等支持产品。涉及目录外的产业，可考虑可持续发展挂钩贷款产品，而后者一般不纳入评估银行保险机构绿色金融成效的监管指标。

二、ESG金融与绿色金融业务现状概述

目前我国企业愈发重视其ESG表现，其原因在于可持续发展要求、投资人偏好、监管和政策趋势要求以及供应链风险管理。第一，对于可持续发展而言，ESG能够预防环境风险、安全生产风险，提高信用和品牌效应以及提升商业价值、降低融资成本。第二，就投资人偏好而言，ESG能加强企业竞争力和抗风险能力，使投资人能够规避投资风险，获得稳定收益。第三，关于监管和政策趋势要求，ESG使得企业有更严格的安全环保监管、绿色投融资要求以及信息披露标准政策。第四，就供应链风险管理，ESG使得上下游业务具有可持续性，并降低供应链合规风险。在此基础上，为进一步实现企业ESG价值，我国着力推动ESG金融与绿色金融业务蓬勃发展。

（一）ESG 金融与绿色金融相关法律法规对于借款人的影响力增强

随着国际组织准则及标准的出台，以及各国国内规定的出台，ESG政策也

将成为“绿色壁垒”、贸易保护的手段，影响着国际国内市场和责任企业的经营。

无论国内或国外，目前ESG金融与绿色金融在司法实践中的运用均已进入了实质性探索和实践阶段，对企业作为借款主体提出更高的要求和挑战。

（二）金融机构不断推出新 ESG 金融产品和绿色信贷产品

除准则、标准的制定者和各国监管机构在持续探索外，各国的金融机构也不断推出新ESG金融产品和绿色信贷产品。

目前巴黎银行、星展银行、汇丰银行以及法国农业信贷银行等全球多家银行发布了对于转型债券的定义、转型标签的应用及关注的领域。

德勤在其公布的《中国上市银行绿色金融洞察与展望（2022）》报告中指出，目前国有大型银行已100%制定了单独的绿色金融战略规划、发展规划。例如，在管理创新板块，中国银行已开展第一阶段气候风险压力测试，针对火电、钢铁、水泥3个高碳行业，分析在引入碳排放付费机制的情况下，贷款违约概率的变动情况；中国工商银行则完善ESG风险分级及升级管理标准，引入负面舆情触发机制。而在产品创新领域，中国太平洋财产保险落地全国首笔碳排放配额质押贷款保证保险业务；中国农业银行、大华银行及华侨永亨银行均落地可持续发展挂钩银团贷款。

（三）ESG 金融业务的最新实践：可持续发展挂钩贷款

可持续发展挂钩贷款是2019年以来国际市场快速增长的新型绿色题材贷款。2019年的《可持续发展关联贷款原则》以及《可持续发展关联贷款原则指南》，为贷款人、借款人、第三方的可持续发展挂钩贷款实践提供指导和框架。贷款结构中有5个核心要素，分别为关键绩效指标、可持续发展绩效目标、激励机制、信息披露和审查。ESG贷款将利率价格与借款人自身的KPI动态挂钩，借款人存续期内如达到预先商定的可持续发展绩效目标，则贷款行予以一定利率价格折让，旨在通过财务激励的市场化手段驱动借款人持续提升自身的可持续发展水平。相比于普通贷款和绿色贷款，可持续发展挂钩贷款从特征上存在诸多不同，与此同时也有其特殊的监管要求及流程合规。

（1）贷款用途：根据《可持续发展关联贷款原则指引》规定，贷款可用于资助借款人正在从事的任何类型的商业活动，比如基于项目、基于收购等；而绿色贷款的用途则应投向新增及/或现有合格绿色项目，即符合现行有效的绿色产业指导目录内的绿色项目。

（2）借款人要求：根据《可持续发展关联贷款原则指引》规定，可持续发展挂钩贷款需要借款人能够提供必要的战略要素，使其结构与《可持续发展关联贷款原则》的5个核心组成部分保持一致；而绿色贷款则没有明确要求。

（3）贷款条件：根据《可持续发展关联贷款原则指引》规定，可持续发展挂钩贷款通常考虑借款人的整体ESG概况的质量和借款人更广泛的行为，以评估所选择的关键绩效指标及其借款人实现可持续发展绩效目标的可能性；而绿色贷款除对绿色项目有评估与筛选要求外，也更加注重借款人的还款能力和信用等方面。

（4）风险管理：可持续发展挂钩贷款的风险管理更加注重对ESG风险的识别、评估和控制，例如对于环境、社会和治理风险的评估和管控；绿色贷款的风险管理则更加注重对借款人的资金管理、还款风险的管控。

（5）利率：可持续发展挂钩贷款中贷款利率与借款人关键绩效指标和可持续性绩效目标根据评估结果的具体表现进行调整；绿色贷款则采取固定利率或浮动利率。

除上述基本特征外，可持续发展挂钩贷款中第三方评估机构扮演着极为重要的角色。虽然我国目前未对该类贷款作出具体的强制性规定，但是据了解，第三方评估机构在出具评估报告时通常会明确其适用常规的《可持续发展关联贷款原则》（2023年2月版）、《绿色贷款、社会责任贷款和可持续发展关联贷款外部评审指引》等。与此同时，各机构也存在其内部的ESG评级方法以及贷款评估方法。近年的可持续发展挂钩银团贷款业务中，由于银团贷款文件如贷款协议、先决条件确认函、提款通知书等与评估报告相挂钩，故在贷款存续期间的年度信贷审核中，多由外部第三方进行年审，各金融机构在业务推进过程中的审核重点略有不同。

（四）以绿色信贷、绿色债券为主的绿色金融业务增长显著

2021年人民银行印发的《银行业金融机构绿色金融评价方案》中规定，银行业金融机构法人开展的各项符合绿色金融标准及相关规定业务，包括但不限于绿色贷款、绿色证券、绿色股权投资、绿色租赁、绿色信托、绿色理财等。目前，绿色金融业务整体呈现出以绿色信贷产品为核心，绿色债券为辅的特征，并在资产管理中布局绿色投资，开拓并积极参与碳市场的融资和交易活动。

1. 绿色信贷扩大了担保品的范围

绿色信贷作为商业银行的核心业务，包括公司信贷业务、个人信贷业务、票据业务以及综合融资服务。根据德勤关于59家上市银行近3年披露报告统计，近3年各类上市银行的绿色信贷余额规模均呈上升趋势。从增速来看，国有大型银行增速较缓，年平均在30%左右；股份制银行在2020年增速较快，高达94%；城商行与农商行中，农商行在绿色金融领域表现积极，其中2021年绿色信贷增幅高达77%。

就常规的公司信贷业务创新点而言，专项贷款最常见的创新要素集中在具有地域特征和行业特色的项目中，比如土地复垦绿色贷款、热电联产项目贷款、流域治理贷款等。或是抵质押品贷款中尝试突破《中华人民共和国民法典》规定的抵质押品范围，如环境权益中的排污权、用能权、水权和碳排放权

等；在碳资产中，除了碳排放配额可以当作质押物以外，碳汇和国家核证自愿减排量的未来收益权同样是质押品。

而重大项目服务方案中诸如政府和社会资本合作、生态环境导向项目等大型基础设施建设类项目，采用银团贷款、“银行—租赁”、“银行—投资”联动模式获取融资服务。

2. 绿色债券及可持续发展债券与可持续发展挂钩债券逐步推出

如前所述，绿色债券是绿色金融的重要手段之一，作为金融实体、公司或公共实体发行的一种债务证券，其募集资金须用于绿色项目和资产融资。国际资本市场协会是通用《绿色债券原则》的制定方，同时也为广义的绿色债券即绿色、社会与可持续主题所需的债券发行和目标提供完备的原则制定和手册指引，即《社会责任债券原则》《可持续发展债券指引》《可持续发展挂钩债券原则》。

具体而言，绿色债券即募集资金用于对环境有明显效益的项目。专门用于支持符合规定条件的绿色产业、绿色项目或者绿色经济活动。社会责任债券则募集资金用于对社会有明显效益的项目，如可负担的基础生活设施、卫生健康教育医疗、食品安全等。可持续发展挂钩债券对募集资金用途没有特定要求，将债券条款与企业的可持续发展目标挂钩，通过例如未达到减排目标债券票面调升等方式来形成约束。可持续发展挂钩债券会设置关键绩效指标和可持续发展绩效目标，债券会因关键绩效指标是否达到可持续发展绩效目标而产生相应的触发事件挂钩债券设计。2021年4月，中国银行间市场交易商协会推出可持续发展挂钩债券。2021年，中国银行间市场交易商协会宣布推出社会责任债券，针对境外发行人开展业务试点。同年又推出可持续发展债券，针对境外发行人开展业务试点。可持续发展债券为募集资金用于对环境和对社会有明显效益的项目。远东宏信有限公司以债券通熊猫债的方式落地我国境内首单可持续发展债券。可持续发展挂钩债券与可持续发展挂钩贷款存在类似之处。

2022年绿色债券、社会责任债券、可持续发展债券、可持续发展挂钩债券和转型债券的累计发行量达8565亿美元；而截至2022年12月，转型债券的累计发行量达到3.7万亿美元。尽管转型债券比绿色债券、社会责任债券和可持续发展债券出现的时间要晚，但其发展势头强劲。而我国也已经成为全球最大的绿色债券、气候债券市场，2022年在岸绿色债券发行量大部分来自首次发行人，他们主要来自金融、工业和公用事业等行业，因此绿色债券市场有可能成为实现经济弹性复苏的有效工具。

（五）特殊种类——海洋导向型蓝色金融的探索尝试

蓝色债券金融同样是近年来国际上兴起的一种新型海洋投融资工具，实质上作为绿色金融的分支，旨在通过银行间、交易所债券市场向投资者筹集资金，专门用于蓝色经济、海洋可持续发展等领域，在推动蓝色经济项目落地方面具有独特优势。

2022年9月20日，在上海证券交易所的大力支持下，上海振华重工（集团）股份有限公司2022年面向专业投资者非公开发行公司债券（蓝色债券）（第一期）发行工作完成，其募集资金符合海洋导向型，用于支付海上风电项目相关费用。

2023年3月，青岛银行顺利实现与世界银行集团国际金融公司、亚洲开发银行、德国投资与开发有限公司及法国开发署经合投资公司合作的1.5亿美元3年期蓝色银团贷款落地，系全球首个“蓝色金融”试点。据悉，2020年11月，青岛银行获得联合国环境规划署批准，成为可持续蓝色经济金融倡议会员，签署并承诺遵守《可持续蓝色经济金融原则》。2021年，青岛银行与国际金融公司共同制定全球首个蓝色资产分类标准，成为海内外金融机构学习的实践之一。

蓝色债券同样也是近年来国际上兴起的一种新型海洋投融资工具，实质上作为绿色债券的分支，旨在通过中国银行间市场交易商协会、交易所债券市场向投资者筹集资金，专门用于蓝色经济、海洋可持续发展等领域，在推动蓝色经济项目落地方面具有独特优势。

三、我国ESG金融与绿色金融发展面临的挑战

（一）多重风险：行政处罚风险、连带环境责任及担保物风险

对于以银行业作为代表的金融机构深度参与ESG或绿色金融项目时，审慎关注行政处罚风险、连带环境责任及担保物风险。

1. 行政处罚风险

在参与ESG金融与绿色金融相关的融资活动中，通常而言，银行金融机构若违反监管要求，首先就可能需要承担行政责任并受到行政处罚。此外，《银行业保险业绿色金融指引》还要求监管机构对银行金融机构的绿色金融成效进行评估，评估结果会对机构监管评级、机构准入、业务准入、高管人员履职评价产生重要影响。

2. 连带环境责任

2023年2月，最高人民法院发布《关于完整准确全面贯彻新发展理念为积极稳妥推进碳达峰碳中和提供司法服务的意见》进一步规定，审理绿色股权投资、绿色保险、绿色股票指数、绿色基金等纠纷案件，投资者以相关责任主体违反绿色金融管理规定或擅自改变资金绿色用途、致其遭受损失为由主张损害赔偿责任的，依法予以支持，有效保护投资者合法权益，鼓励更多资本和机构参与气候投融资。

而在此前，2022年6月1日中国银保监会发布的《银行业保险业绿色金融指引》也明确了法院判断银行等金融机构是否“违反绿色金融管理规定”的根

据，以及判断是否需要承担民事赔偿责任、何种责任及多少责任的衡量标准。

尽管有上述规定，结合相关司法案例，2018年前后我国绿色金融仍处于起步阶段，银行虽未承担民事赔偿责任，但随着各项新规的出台，现在或是未来金融机构的环境侵权风险将显著增加。

3. 担保物风险

实务中担保物在一定程度上具有创新性的特征，例如碳配额抵质押、排污权质押以及林权质押等。以碳配额质押为例，从银行作为实际的担保权人的角度而言，碳配额作为担保物相较于传统担保物来说价格波动幅度较大。碳配额在担保权实现时的价值可能远不及同种碳配额在担保协议签订时的价值，也可能远低于担保权人的预期。这将会导致担保物价值难以覆盖全部主债权的额度，使得担保权人的利益受损。为避免这种情况的出现给担保权人带来较大的损失，建议担保权人不要轻易接受碳配额作为唯一的担保物，应要求担保人提供其他具有稳定价值的资产作为共同担保物。

（二）制度及标准层面

从我国目前的ESG金融和绿色金融立法现状来看，由于尚未正式出台由最高国家权力机关制定的专门性法律，政策实施主要依靠部门制定的政策性文件，因此，存在法律效力层级低、缺少上位法支撑、权威性不足、约束力不够的问题。同时，现有的政策文件偏向于政策指导宣传，非强制性规范，实际落实与应用的效果不佳。

而且，缺乏系统性与整体性。由于ESG金融和绿色金融本身具有跨领域、跨部门的特性，因此，绿色金融法律及政策零散地存在于各职能部门政策体系中，尚未形成一个有机整体。

落实到实践层面，就上海浦东新区而言，因其享有自贸区立法权，实质上享有较大的改革自主权，能够让上海在金融制度方面先行先试、与国际接轨，推进更高水平的金融开放，包括但不限于提高国际机构在上海市可持续金融工作中的参与度等。

（三）ESG信息披露层面

根据《全球ESG 2023年展望》，采用国际ESG信息披露标准应是我国未来长期目标，这可能有利于我国实现ESG信息的强制披露。同时，报告中指出存在亟待解决的问题，如缺乏成熟的高质量ESG数据收集流程，以及第三方评级机构对ESG覆盖不够。根据中国上市公司协会、中证指数有限公司联合发布的《中国上市公司ESG发展白皮书2021》，2009—2021年，披露ESG相关报告的A股上市公司从371家增至1112家。随着监管和市场的驱动，ESG标准逐渐变成一个被企业接受的治理原则。

1. 客观层面：ESG信息披露缺乏统一标准指引，未与国际接轨

统一ESG信息披露标准对实现ESG信息披露的充分性、可比性等均具有重要价值。但我国在标准制定方面，行业自律组织、专业财会及法律机构等参与程度较低。欧盟最新立法采用了统一披露标准，新加坡的立法趋势也在朝着统一披露标准大幅靠近。然而对于参与ESG与绿色金融业务的各方角色而言，由于我国暂未建立统一的ESG信息披露标准，标准的不同将导致信息披露的差异性。

此外，就评级主体而言，目前在多元金融机构排名中，仅香港交易所排名前列，其他头部金融企业尚未实现全球评级领先的目标。

2. 主观层面：ESG信息虚假披露

（1）财务指标和非财务指标的平衡：对于企业的投资者而言，其投资行为追求的是财务回报，非财务指标最终要通过影响财务指标来影响其投资业绩，所以如何平衡财务指标和ESG披露信息的非财务指标是非常重要的问题。

（2）短期回报和中长期绩效之间的差异：ESG表现好的公司，中长期会

带来比较好的投资回报，即重视社会责任、重视与自然和谐是公司的长期发展战略；长期来看，这类公司是具有长期价值的，会给投资者带来更好回报。但是，这种回报在短期内可能无法实现，造成短期回报和长期绩效之间的不平衡。

由于ESG信息披露与短期获利目标存在差异和出入，为满足融资需求，企业作为借款人存在虚假披露的可能性，将会给企业带来相应的法律风险，所涉及的主体包括上市公司以及负有依法披露环境信息义务的企业。

四、对ESG金融与绿色金融的未来展望及建议

无论是ESG金融还是绿色金融的发展实质上均是一种对长远利益的追求。鉴于ESG和绿色金融服务体系在逐步完善，服务领域也在逐步扩大。在全球应对气候变化以及实现我国“双碳”目标的背景下，各行各业都面临多重机遇和挑战，金融赋能无疑是实现碳中和目标的关键之一。因此，结合上述我国现有的发展困境，笔者提出如下3个方面的建议。

（一）紧跟国际立法前沿，完善现有立法体系

目前全球社会各界对可持续发展，尤其是气候变化的关注，除现在发展较为迅速的欧盟与美国外，许多组织先后成立并提供了多种可持续相关报告的标准和框架。美国证券交易委员会正在就气候风险和可持续金融产品的披露规则制定方案；而欧盟对于可持续金融制定了《欧盟绿色债券标准》，为应对气候变化则通过了《欧盟可持续金融分类气候授权法案》。

除前文提到的2023年4月香港交易所发布《优化环境、社会及管制框架下的气候信息披露（咨询文件）》外，宣布参考气候相关财务信息披露工作组和ISSB的气候相关要求完善香港ESG信息披露要求。而新加坡可持续发展报告咨

询委员会发布了题为“将气候雄心转化为行动”的咨询文件，就新加坡市场采纳IFRS S2准则公开征集意见。

因此，我国应尽早完善境内现有ESG金融和绿色金融的体系，从发行人、借款人的主体资格角度，以及产业、项目角度，双轨并行，提出符合中国特色的国际国内前沿立法观点与主张。

（二）明确第三方行业主管部门及行业规范

我国现阶段对于公司ESG评价业务以及提供ESG评价工具业务，尚未出台国家层面的强制性法律法规。基于此，针对提供ESG相关业务的市场主体所需资质及执业评价准则，目前也未有法律法规出台统一的标准。

在国家层面，2022年11月26日，《企业ESG报告编制指南》正式发布，该标准与《企业ESG披露指南》《企业ESG评价体系》一起，构成支撑中国企业ESG发展的系列团体标准。同时，我国部分地区开始对ESG评价业务加以初步规范。例如，2021年，中国（天津）自由贸易试验区管理委员会发布了《企业ESG评价指南（试行版）》。尽管指南提及相关企业利用该指南进行ESG评价时仅为鼓励性质，但其已对应用指南开展ESG评价工作的组织需满足设立至少3名成员组成的评价小组等要求进行了规定。又如，2022年，上海市发布了《上海市浦东新区绿色金融发展若干规定》，较为原则性地对提供绿色认证、环境咨询、资信评级或数据服务等的第三方机构应当勤勉尽责以及遵守数据安全要求等事宜进行了规定。

（三）发展未来律师行业

2024年发布的《绿色低碳转型产业指导目录（2024年版）》及配套解释说明中提出环境损害法律咨询服务、环境影响法律咨询、水土保持法律咨询服务、碳交易咨询与法律服务、用能权交易法律咨询、用水权交易法律服务、排污权交易法律服务、林权交易法律服务等内容，充分体现了法律工作在环境保护和可持续发展领域的重要性和不可替代性，但具体操作准则仍有待进一步明确。

ESG金融与绿色金融作为一个新兴焦点问题，涉及企业风险管理、企业声誉、企业法律合规和诉讼工作，是一个多维法律的交叉问题，因此要求律师更应当具备多样化背景。具体而言：第一，律师应具备环境法背景，尤其对企业碳排放交易、绿色建筑等专业方面有一定涉猎；第二，律师还应具有跨境交易知识，如上述的可持续发展挂钩贷款、债券等，对金融知识有较高的储备要求；第三，不同行业的ESG治理差异较大，律师更需在某个行业领域深耕，对特定行业痛点、难点准确地把握。从律师展业角度来看，还可以组织行业先锋企业访谈、总结先进经验便于服务未来客户，同时以外部专家、业内专家的身份积极参与，对ESG金融和绿色金融的产品设计与评价内容提出建设性意见，并发挥律师行业协会的资源链接优势，做好诉求对接、经验共享和优秀实践案例的传播。

ESG金融与绿色金融发展离不开多元化的命题，既需要信息鉴证、评级机构、专业财会及法律机构的参与，支持企业规避内控风险，也可帮助鉴证信息的使用者避免洗绿、漂绿风险；更需要加强对全球通用标准的拆解与融入，探索建立与国际标准更为接轨的支持工具。对法律服务机构从业者和行业而言，ESG金融和绿色金融所带来的挑战是多方面、多层次的。尽管我国当前立法层面尚未形成系统性、体系性的架构，信息披露和第三方行业仍缺乏统一的标准，但在具体金融业务操作层面，我国市场正蓬勃发展，且不论传统的绿色信贷，还是具有创新意义的可持续发展挂钩贷款以及蓝色债券等纷纷被纳入实践领域。因此，无论是ESG金融还是绿色金融，都应是协助塑造企业品牌形象的“软实力”，更是推动企业践行长期主义的“硬准则”。只有积极探索适合我国自身特征的ESG治理体系，才能让ESG融入金融发展的脉络，融入助力现代企业高质量发展的底色。

实践篇

百威亚太：引领全价值链低碳转型

百威亚太控股有限公司　汪燕敏

一、引言

习近平主席在第七十五届联合国大会一般性辩论上提出，二氧化碳排放力争于2030年前达到峰值，努力争取2060年前实现碳中和[①]。此为“双碳”政策的核心，而“双碳”也成为履行全球气候承诺和减少碳排放而采取的一系列政策和行动的综合称呼。中国的“双碳”政策旨在将碳排放减少与经济增长和可持续发展相结合，以履行国际气候承诺并应对气候变化挑战。

企业是践行绿色低碳循环发展的关键主体，而“双碳”目标的达成事关人类命运共同体的构建，是一场广泛而深刻的经济社会变革。作为绿色转型和产业链创新的关键——企业，百威亚太控股有限公司（以下简称百威亚太）积极响应国家政策和应对气候变化的要求。在战略层面，百威亚太以四大可持续发展目标为核心和主要出发点，以可持续发展举措作为重要推手，用于制定后续的商业计划和发展纲要。百威亚太在运营活动中一直以积极的姿态应对气候变化问题所带来的挑战，并期望通过最佳实践为行业中的可持续发展和环保创新举措发挥关键作

① 《习近平在第七十五届联合国大会一般性辩论上的讲话》，《人民日报》，2020 年 9 月 23 日。

用，承担企业社会责任。

二、研究背景

绿色低碳转型是当前的关键任务，是扭转经济效益与过量资源消耗矛盾点的重要突破口。企业在“双碳”的大背景下应当尽力完成减少能量消耗、减少含碳物质燃烧和二氧化碳排放的绿色低碳转型。同时绿色低碳转型不应当是短期性的改革目标与政策导向，更牵涉到经济发展方式和目标选择的全方位根本性转变，是一种挖掘新能源结构优化、创新产业升级和探寻技术进步的长期系统工程。其宗旨是构筑涵盖多方面因素的经济发展系统，在提升经济效益的情况下以达成减缓生态恶化、降低能耗污染、减少大气污染、降低温室效应为基础目标的永续高质量发展。

百威集团基于国内外发展基础环境和未来前瞻研判，提出了2025年四大可持续发展目标以及长期发展战略，百威亚太深知绿色低碳转型不仅关系到环境保护，更关系到对于产业架构及经济发展的高质量永续追求。绿色低碳转型是一场持久战，是无法一蹴而就的。转型不仅需要从传统模式转换到低碳绿色模式，也涉及传统能源与新能源调整与优化的最优解。同时，百威亚太认为如何将绿色低碳转型的落实工作下沉细分到链条中各运营类别（农业、原材料、包装、酿造运营、物流、产品冷却、生命周期完结）是当前的最大挑战。以此为基础，百威亚太为每个运营类别分别制定了清晰的减碳目标及路线，提高能源效率，以求达成最优的能源结构和最小的生态影响。

更为重要的是，在应对可持续发展相关的各种挑战时，企业之间并不是竞争关系，因为可持续发展不是单家企业就可以完成的，更是涉及产业链、供应链、创新链与价值链等整个产业结构体系的巨大转型和调整再造。百威亚太在逐步迈向低碳绿色的同时也期待通过自己的影响力，促成更多的上下游伙伴及行业伙伴加入和发掘更多的可能性。任何一家企业都很难提出一个完美的解决方案去应对所有问题，所以与上下游伙伴、全行业伙伴的携手是至关重要的。

三、绿色转型策略及实践

可持续发展不是百威集团业务的一部分，而是业务本身。我们提出2025年可持续发展目标，并从气候行动、守护水源、智慧农业和循环包装四大核心板块入手，制定可持续发展战略：到2025年百威亚太购买的电力将全部来自可再生能源，价值链（范围1、范围2和范围3）较2017年减少25%的碳排放强度，范围1和范围2绝对排放量较2017年降低35%；2025年高风险用水地区全部社区水资源供应和水质切实改善，百威亚太平均酿酒用水率降至2.0百升/百升；到2025年直接种植者技艺娴熟，全部获得资金资助；到2025年所有产品使用可回收或由大多数再生物料制成的包装。在2021年底，一个更具雄心的计划出炉——百威集团将于2040年在全球范围内实现全价值链净零排放。

（一）气候行动

随着全球气温上升和极端天气事件增多，气候变化将以不同方式影响我们的业务、价值链和社区。自然环境尤其如此：我们的业务与农业生产力和水资源供应密切相关——这两者都将受到气候变化的严重影响。除了我们所有产品中最重要和在不同地区变得越来越稀缺的成分——水，我们还依赖许多其他天然材料。这些农产品，如玉米、小麦、大麦、啤酒花和各种水果，都极易受到天气变化、干旱和植物病害的影响。作为亚太最大的啤酒公司，大力利用我们在行业及市场的影响力来支持执行及实施有效的气候变化缓和及适应措施。百威亚太的《气候政策》在网站上公开披露，描述我们对气候行动的立场和做法。该政策由可持续发展采购总监批准，并根据立法、公共政策和组织变革以及可持续发展最佳做法的要求定期审查，或至少每3年审查一次。该政策的更新将提交给环境、社会及管治委员会批准。百威亚太的目标是到2040年实现整个价值链的净零排放，并将2025年作为近期目标和气候行动计划的考核年份。近期目标设定如下：从2017年基准年起，将范围1+范围2的温室气体绝对排放量减少35%，每百升啤酒的温室气体排放（范围1+范围2+范围3）减少25%，作为我们科学碳目标的一部分，这个承诺的重点是最大限度地减少我们运营中的温室气体排放，同时积极应对与气候相关的风险和机遇。此外，作为“可再生能源100”的黄金会员，百威亚太承诺将本公司运营过渡到100%使用可再生电力，并设定了到2025年确保其所有购买的电力都来自可再生能源的目标。35%的绝对减碳量，25%的相对排放量和100%可再生电力，符合基于科学碳目标近期1.5℃的温升目标，并已于2018年得到科学碳目标倡议组织（SBTi）的验证和批准。同时，我们将范围3总排放量的66%以上纳入我们的科学减排目标，符合科学碳目标倡议组织要求的2/3的纳入门槛。目前核算的范围3排放有原材料及其加工处理，包装材料，物流运输，产品冷藏以及废弃物处理处置。我们遵循100%可再生电力的技术指南，通过现场安装和直接采购实现100%可再生电力。与此同时，我们正在探索一个可行的创新方案来减少碳排放，例如包装中的减量化、物流中的电动卡车以及产品冷却中的环保冷却剂。截至2022年底，与2017年的基线相比，我们整个价值链的碳排放强度降低了21%。

（二）循环包装

随着世界面临日益严重的资源短缺问题，我们致力于改进包装物料并减少浪费。循环包装方法有助于减少对世界有限资源的影响，并带来长期的财务成本效益。循环包装进一步帮助我们应对气候变化，因为包装占整体温室气体排放的一大部分（将近50%）。解决包装和废弃物的问题，需要跨境、跨行业的创新、合作。我们致力于减少包装生命周期中每个阶段所产生的废弃物，在网站上公开了《包装及废弃物政策》，指导我们在运营过程中避免不必要的消耗、选择可持续的替代品及正确地重复利用和处置物料。该政策由可持续发展采购总监批准，并根据立法、公共政策和组织变革，以及可持续性最佳实践的发展定期审查，或至少每3年审查一次。该政策的更新将提交给环境、社会及管治委员会批准。百威亚太认识到推广循环和消除废弃物的重要性。作为其中的一部分，我们承诺到2025年确保所有产品采用可回收的包装，或由大部分（>50%）回收材料制成的包装。截至2022年，百威亚太包装的63.2%是由可回收或大部分由回收材料制成，51.3%的主要包装由回收材料制成。

（三）智慧农业

健康的生物多样性支持独特的生态系统服务，对环境健康、水质和农业实践有利，以维持人类活动和健康。由于气候变化、栖息地退化、过度使用农地及开发与经济活动相关的天然资源，全球的生物多样性正以前所未有的速度急剧下降，生物多样性的丧失被列为未来10年全球层面的前三大风险之一。因此，我们必须与农业供应商共同推广可持续农业实践，以促进建立健康的生态系统和自给自足的农业供应链。我们采取以种植者为中心的方法，利用在中国20年的育种经验，旨在提高种植者的技能并改善他们的财务状况，以大规模改善农业。通过我们在网站上的《生物多样性政策》中概述的承诺和行动，可以发现我们一直致力于减少环境足迹及尽可能把握机会保护生态系统。该政策由可持续发展采购总监批准，并根据立法、公共政策和组织变革，以及可持续性最佳实践的发展定期审查，或至少每3年审查一次。该政策的更新将提交给环境、社会及管治委员会批准。我们的目标是确保百威亚太的业务在未来的可持续发展，因此必须保护重要的生态系统，以及确保在生产和营运中极为依赖的原材料和自然资源的稳定供应，如大麦、啤酒花和水。

（四）守护水源

水资源是啤酒生产的必要元素。人口增长、经济发展及气候变化带来的综合影响，导致全球水资源压力不断增加。需求更加迫切，同时污染日益严重，加上气候及水循环变化不定，将持续影响水源供应。我们采购的农产品依赖优质的水源供应。我们的《水资源政策》在网站公开阅览，内容描述了我们的水资源承诺，包括最大限度地减少排水量、降低用水强度以及提高水的可用性和质量。考虑到立法、公共政策和组织变革以及可持续性最佳实践的发展，我们至少每3年一次定期审查此政策。此政策的更新将提交给环境、社会及管治委员会批准。我们有 5 家酿酒厂位于 3 个水资源高风险地区。截至2022年，百威亚太地区酿酒厂每生产百升啤酒的用水量已降至2.20百升。南宁工厂的水耗更降至1.11百升/百升，在百威集团全球170多家酿酒厂中位居第一。

四、减碳措施

（一）减碳系统 / 平台

对于衡量和监测整个价值链的温室气体排放，百威亚太每季度会通过Anaplan系统跟踪自身工厂以及整个价值链的温室气体排放，其计算方法遵循温室气体协议、ISO 14064和ISO 14067标准。将能耗、商品的采购量等活动数据输入系统，系统根据咨询公司认证过的计算逻辑及排放因子进行自动计算，将不同的活动数据与相应的排放因子进行匹配，可得出每个工厂每季度的碳排放数值，然后汇总所有的排放源，相加得到总体排放量。同时，系统将对数据进行自动分析和核对，异常数据将显示为红色，提醒员工进行数据核对和更新。百威亚太的碳足迹管理不仅在公司内部严格按照流程进行数据上传和核对，同时每年邀请第三方审计公司对随机工厂的碳排放数据进行现场审计，确保数据的准确性。

同时，百威亚太携手奕碳科技搭建了供应链碳管理平台，该企业也是百威中国100+创新中心的创业公司孵化项目中脱颖而出的一家企业。供应链碳管理平台可以为供应商提供全流程指导，从温室气体核算能力建设、现场辅导、制定温室气体排放清单、设定基准年、规划碳中和及净零排放路径图到跟踪进度，该模式以中国为主要试点并将推广至百威亚太其他市场。此外，百威亚太在2022年启动了一项新的可持续发展项目——“日食计划”碳基准线项目，以减少范围3的排放。碳基准线旨在促进我们对承诺的履行，使价值链合作伙伴能够实现低碳转型。

（二）减碳途径与历程

通过Anaplan系统分析，可从不同范围（范围 1、范围 2、范围 3），不同工厂间找到机会点，加快碳减排的步伐。为此我们与相关方工厂合作设计开展了一系列具体措施：

在中国，昆明酿酒厂通过现场太阳能电池板自行发电160万千瓦时，并从经过认证的风能供应商处购买剩余所需电力。昆明酿酒厂为支持绿色物流运输，在停车场安装了电动车充电站。温州酿酒厂建立首个并网分布式储能系统，储存来自太阳能板的170万千瓦时自给供电。在武汉和南通酿酒厂的发酵罐上安装了新的轻型可弯曲太阳能电池板，减轻了60%~70%的重量。这项新技术使43%的签约电力来自可再生能源，这减少了百威亚太约36%范围1和范围2的碳排放量。

百威亚太在中国的物流合作伙伴启用310辆液化天然气（LNG）卡车、55辆电动汽车（EV）重型卡车和4辆氢动力卡车。此外，继续实施绿色物流计划，不断评估物流供应链的温室气体排放量。作为执行风险评估流程的一部分，每月通过绿色物流平台进行分析，评估行驶的距离、使用的车辆类型和使用的燃料。每3个月与上一年的关键绩效指标进行比较，以评估效率和对温室气体排放的影响。还通过优化路线、改变运输方式和更换配送中心的照明，最大限度地减少物流排放。因此，相比柴油车，绿色物流计划每年为中国减少高达20%的尾气排放。在物流领域（包括所有的分销中心），我们将碳排放强度降低了11.4%（与2017年基线相比），还将节能项目拓展至各个分销中心，以下沉的方式，减少链条中的碳排放。

在亚太范围内我们还启动了既要有利于环境，也要有利于公司业务方针的100%沼气回收项目以及营利性废水处理项目，其主要针对酒厂废水处理，在降低运行成本的同时把沼气回收利用最大化。2022年，共回收沼气1250万立方米，比2020年基准年增加23%；还实现了360万千克二氧化碳的温室气体减排。

百威亚太南通的酿酒厂热泵系统针对特定的啤酒酿造工艺，采用“冷热双效”模式。通过充分回收低品质废物余热，利用高温热泵机组将水加热至90℃以上，尽可能替代外购蒸汽。热泵系统帮助我们达到全球标杆水平，全年每百升啤酒的热耗降低40%。我们将在各家酿酒厂推广此热泵系统。热泵系统与太阳能电池板项目相结合，预计每年可减排770万千克二氧化碳，每百升碳排放强度降低50%以上。

在产品冷却方面，百威亚太在销售点安装高能效且对环境影响较低的冷却器、冰柜及制冷剂，以减少温室气体排放。2022年，以节能型号替代了许多现有的冷水机和冷却器。我们所有的制冷剂都有环保认证，所有冰箱都通过了一级或更高的能效认证。

百威亚太通过制订详细计划落实上文提到的“日食计划”碳基准线项目，通过多元化的措施以减少范围3的排放。在碳基准线项目中，百威亚太将提供一系列碳核算、碳披露培训，并向我们的供应商介绍科学碳目标等重要概念。截至2022年，我们已帮助26家供应商、48家工厂建立了碳基准线。这将涵盖大麦和包装（一级和二级包装）支出的50%，覆盖整个价值链中32%的碳排放足迹。在

“日食计划”碳基准线项目中，百威亚太正式将供应链碳管理平台投入使用，截至2023年6月，该平台一共协同60家百威亚太供应链生态的合作伙伴工厂，定位的碳排放超过了800万吨。

在农业方面，百威亚太正在建立一个土壤健康框架，以通过健康的土壤和种植园促进碳封存。我们正在利用我们的内部专家和全球合作伙伴来加强我们在农业发展计划中的土壤再生方法。作为气候行动的业界领导者，2022年，加入了农业与食品应对气候变化企业联盟。为实现2040年的全价值链净零排放的目标，我们计划侧重自然解决方案和再生实践。

在包装材料上，百威亚太一直以减少使用新材料为核心，同时加大回收材料比例，这有助于大大减少温室气体排放。使用回收材料制造新产品减少了对新材料的需求并降低整体能源消耗。同时开发轻质包装材料，这意味着减轻玻璃瓶、罐及二次包装材料的重量。2022年，节约了包装材料8473吨。通过与经销商合作回收玻璃瓶，直接将玻璃瓶退还给我们的玻璃瓶供应商，缩短了国内的玻璃瓶回收流程。这不仅为供应商提供了稳定的回收瓶来源，也创造了一个更可持续的闭环回收系统。我们的供应商在2022年收集了31824吨碎玻璃用于循环利用。

在铝罐回用方面，百威亚太已推出一个循环利用的新系统Can-to-Can，为我们的铝罐供应商提供一个直接从社区收集来的、可靠的可循环铝罐来源。2022年，百威亚太在中国莆田、佛山、武汉的工厂与易拉罐供应商、回收商达成了百威亚太生产线废罐再循环使用的合作，在百威亚太工厂易拉罐生产线损耗不断降低的情况下，打造完整的Can-to-Can闭环回收路径。至今，百威亚太已实现约6000吨废铝罐料的同级利用。同时百威亚太从设计端出发，在满足使用安全的前提下，通过优化罐体设计以及使用轻量盖型降低罐重，打造轻便低碳的“轻量罐”，至今共减少使用约2700吨铝。庞大的原料节省背后，离不开百威亚太对每一克重量、每一毫米厚度的细节钻研。通过不断的设计与打磨，百威中国佛山工厂的330毫升“最轻罐”罐身铝卷厚度由0.265毫米成功“瘦身”到0.250毫米，重量仅为9.57克，较行业平均水平低4%。2023年，330毫升轻量罐平均碳排量仅为185克/罐，较2017年基准年单罐排放减少约90克，并有望在2030年达到仅137克的更低单罐碳排目标。罐盖方面，百威亚太于2022年首次使用CDL型超薄罐盖料，引领行业罐盖减重之旅。目前，CDL盖已在武汉、佛山、哈尔滨等工厂应用，相较原本使用的B64盖在耐压强度增强的同时厚度减少0.016毫米，单盖节约了8%的用铝。经过持续探索，百威亚太铝包装已实现超过4万吨碳减排量，单罐碳排放更减少了30%以上。此外，百威亚太与上游伙伴协作配合，推出全供应链绿色减碳、清洁节能的“绿色罐”。一方面，氧化铝的电解过程依靠水力发电，相比传统的火电铝更加清洁减排；另一方面，从铝卷到易拉罐的进程中，百威亚太易拉罐供应商采用太阳能生产、空压机余热回收利用、蓄热式焚烧系统（RTO）热能回收再利用、“双碳”双控平台等方式，更有效地推进供应链的多元减碳布局。

一直以来，百威亚太践行社会责任，稳步推进可持续发展各项工作，将可持续发展落实在全价值链的每一个环节。未来，在2025年的短期目标之上，百威亚太也会努力实现2040年全价值链净零愿景，利用自身领先的经验携手全价值链合作伙伴共创可持续发展平台，从而助力国家“双碳”目标早日实现。

五、减碳成效

在成果方面，百威亚太已推出一项新的可持续发展项目，以减少范围3排放，尽快实现我们对促进价值链合作伙伴低碳转型的承诺，这是2040年前实现自身价值链净零目标的关键一步。在该项目下，我们计划提供温室气体核算体系、气候相关财务信息披露工作组框架（TCFD）、全球环境信息研究中心（CPD）披露、PAS 2060碳中和规范等方面的培训，并向该批供应商介绍科学碳目标的设定概念。截至2023年6月30日，我们已在26家供应商的48个生产基地完成该计划，帮助他们制定场所特定的碳足迹地图。始于中国，我们将逐步把这个项目扩展到其他亚太市场的供应商。

在用水效率和可再生电力覆盖率方面也取得了进一步的进展。截至2023年上半年，亚太区生产啤酒的平均用水量为2.03百升/百升，较2017年基准年减少32.1%。能源方面，我们加快了可再生电力的扩张，截至2023年上半年，已有10家酿酒厂获得资格，覆盖范围比2022年增加了1倍多。在中国，昆明、锦州、佛山和资阳酿酒厂于2022年底前已实现了全部使用可再生电力。

继武汉酿酒厂之后，锦州酿酒厂已成为百威亚太的第二家碳中和酿酒厂，也是辽宁省的第一家碳中和工厂。锦州的“碳中和酿酒厂”是百威亚太的又一个里程碑。锦州酿酒厂碳中和由全球独立机构TUV按照国际碳中和体系标准（PAS 2060）认证。推动锦州酿酒厂实现碳中和的主要项目包括：（1）已投资生物质转化以取代天然气的使用；（2）通过购电协议（PPA）从风能供应商处购买100%的电力；（3）建造了分布式光伏项目，配备20000平方米的太阳能电池，产生直接用于营运的445600千瓦时电力；（4）改用电动班车，取代汽油或柴油动力车辆；（5）改用100%电动叉车并安装现场充电设施；（6）二氧化碳自给自足；（7）制冷剂零购买；（8）抵消剩余的碳排放。

安利（中国）：探寻可持续的绿色发展之路

安利（中国）日用品有限公司　彭翔

一、安利（中国）低碳发展理念

自然和人类社会正在面临由气候变化、生物多样性变化及其相互作用带来的多重危机。全球气温上升带来更频繁和强烈的极端天气，威胁着农业、粮食安全、经济发展和人类的健康福祉。联合国政府间气候变化专门委员会（IPCC）的报告指出，全球变暖已经使地球气候发生了前所未有的变化，健康、生计、粮食安全、水供应、人类安全和经济增长的气候相关风险亟待更积极的气候应对。气候变化也已经改变了全世界的海洋、陆地和淡水生态系统，生态系统的破坏、退化和破碎不断升级，生态系统的复原力、稳定性及碳储存能力降低，不仅加剧了生物多样性的下降，也使气候变化危机更具挑战性。

为有效应对气候变化带来的风险，需要推动经济社会发展全方位绿色转型。作为经济活动的基本单位，企业在减缓气候变化中扮演着重要角色，企业的减碳战略、行动至关重要，通过形成节约资源和保护环境的生产方式，助力实现“双碳”目标。

那么，不同行业的企业应当如何规划自己的减碳战略与路径、践行低碳发展理念？根据由中国国际商会可持续发展委员会、北京市节能低碳环保产业服务协会和商道咨询共同编制的《2023中国企业低碳转型与高质量发展报告》，企业所属行业的不同决定了其应当采取的低碳转型策略的不同。对于商业消费板块而言，因大多企业自身碳排放不高，可以通过绿色电力、应用可再生资源等方式快速实现零碳增长。此外，相较于能源生产、工业制造等其他板块，在放大“碳手印”方面，商业消费板块在倡导可持续、环保消费方面具有巨大潜力，通过赋能绿色生活方式，拉动上下游共同实现价值链低碳发展。

以“帮助人们过上更健康、更美好的生活”为愿景，安利（中国）日用品有限公司［以下简称安利（中国）］不仅致力于提供优质的产品和服务来满足消费者的健康需求，在制定了明确的低碳发展战略及路径的基础上，也致力于通过采取植物基产品线、有机种植方案、物流减碳、能源低碳化、低碳行动倡导等措施，探寻在生产中维护土壤、环境、生态系统健康发展的可持续绿色健康之路，是商业消费行业企业践行低碳发展的优秀范本。

二、安利（中国）低碳发展实践及成效

1. 以顶层设计牵引绿色发展之路

企业推动绿色转型是一场“持久战”。明确的低碳战略及路径可以为企业提供明确的发展方向，确保各个阶段目标的连贯性、执行力，有助于企业合理配置资源，以实现高效减排。系统化推进减排工作也能够帮助企业在应对气候变化挑战的同时探索新的发展机遇，以期实现可持续的商业成功。此外，明确的低碳战略还能够向社会、公众彰显决心，提升品牌影响力。

为了更好地统筹推进可持续发展工作，安利（中国）建立了“可持续发展委员会—可持续发展秘书处—各部门ESG对接人”的多级可持续发展管理体系。2022年10月，安利（中国）召开第一次可持续发展战略委员会会议。会议讨论确定了安利（中国）可持续发展战略愿景，并讨论确定了安利（中国）可

持续发展战略路径和规划、碳中和目标和路径。

基于“帮助人们过上更健康，更美好的生活”的企业愿景，安利（中国）立足环境、伙伴、社会，形成了三大可持续发展战略支柱——“可持续的绿色健康之路”“有价值的大健康共享平台”“更美好的全面健康社会”，并构建了“HOPE”可持续发展战略框架（见图17），以“让未来更有希望”为目标，通过与各利益相关方深度合作，为中国经济社会的可持续发展贡献力量。

图17　安利（中国）“HOPE”可持续发展战略框架

资料来源：2022安利（中国）可持续发展报告。

可持续的绿色健康之路（Health）：通过为消费者提供可以满足个性化需要的绿色健康解决方案、全产业链的绿色生产及负责任的绿色消费创造出中国的绿色健康之路。

有价值的大健康共享平台（Opportunity）：安利（中国）为创业伙伴、员工和合作伙伴均提供了全面的发展机遇，安利（中国）搭建的大健康创业平台、持续成长平台和赋能平台助力人人发展。

更美好的全面健康社会（People）：安利（中国）关注每一个人的健康福祉，希望通过建立美好生活社群、健康素养提升、帮助弱势群体等行动让生活更美好。

高效协作的生态系统（Eco-system）：安利（中国）通过设立可持续发展委员会，明确落地举措和实施路径；通过建立长效沟通机制，落实组织与管控，构建一个高效协作的生态系统，以确保以上可持续发展目标的实现。

在可持续发展战略的指导下，2023年，基于碳排查结果以及安利（中国）的现有产品规划、减碳与可持续改善的重点方向，经过周密测算和科学部署，安利（中国）制定了至2038年实现企业碳中和的目标，并制定了五步走的碳中和路线图（见图18）：

图18　安利（中国）碳中和路线图

资料来源：2022安利（中国）可持续发展报告。

2023年，率先实现蛋白粉全线产品碳中和，目前在售的8款产品全部达成“零碳”；

2025年，中草药保健品实现全线产品碳中和，同时实现（相对基准年）二氧化碳绝对排放量减少30%的目标；

2030年，在中国建成安利全球首家“零碳工厂”，构建一套国际领先、清洁高效的能源体系，同时驱动产业链上下游合作伙伴低碳转型；

2035年，实现（相对基准年）二氧化碳绝对排放量减少75%的目标；

2038年，实现安利（中国）企业运营的全面碳中和目标。

安利（中国）的碳中和路径不仅关注自身生产、物流、销售的全生命周期减碳，构建以植物基产品线和有机种植方案为基石的低碳发展之路，还将行动的覆盖面扩大到全价值链，逐步推动物流环节减碳，陆续实现用地集约化、生产洁净化、能源低碳化全方位的企业碳中和。

2. 以绿色生产奠定绿色发展基石

生产过程往往是企业践行绿色发展的第一步，也是最关键的环节。通过采用清洁高效的生产工艺、节能设备和技术，企业可以减少生产环节中的能源消耗、温室气体排放及污染物排放，这是实现低碳发展、环境改善的直接途径。

安利（中国）持续优化生产流程，践行用地集约化、原料无害化、生产洁净化、废物资源化、能源低碳化的绿色制造模式，从设计阶段就开始发掘工厂所在地和生产模式中蕴含的减碳潜力。

安利（中国）广州生产基地于2003年获得环境管理体系认证证书，并于2016年获得ISO50001能源管理体系认证证书。2017年，安利（中国）入选国家首批绿色工厂示范名单。自2022年9月起，广州生产基地一期办公区和餐厅空调开启时间每天缩减2小时，据估算每天可减少耗电量280千瓦时。此外，广州生产基地还对员工班车路线进行了优化，并将其中12条线路的班车更换为新能源车，2022年柴油使用量减少7.6万升，二氧化碳减排量约72吨。

针对生产过程，安利（中国）通过改善工序的现场管理、优化设备、落地自动化项目，不断提升生产效率。通过优化生产流程和现场管理，生产过程中每年减少约30万个食品级塑料袋的使用；通过使用可降解材料替换不能降解的PVC膜，预计每年减少96300平方米不可降解膜的使用；生产岗位的生产过程记录在生产信息管理系统上进行，取代了纸质版记录，每年节省超过27万张纸；采用减少湿式清洁次数、取消设备的重复冲洗清洁、使用自动在线清洁消毒系统等措施优化清洁消毒流程，每年节省超过24560吨水和超过7000千克的化学品；引入新材料、新工艺，大幅提高模具使用寿命，使模具报废数量减少56%，减少生产物料浪费。

安利（中国）湖北工厂厂区照明全部使用LED节能灯，比传统照明节能80%以上。仓库照明力争最大限度利用自然光，每天可减少开灯时间约8小时。湖北工厂还充分利用湖北冬天气温低的特点，在冬天采取间歇性开启冷水主机的运行模式，每天可节省用电约4000千瓦时；通过在停产时间将车间风柜停机或降频运行，每月可节省用电约7万千瓦时。未来，湖北工厂还将引进光伏项目，光伏项目建成后预计年均发电量300万千瓦时，可实现湖北工厂内日间100%清洁供电，将湖北工厂逐步打造成为零碳工厂。

3. 以绿色产品落实绿色发展行动

作为直接面对消费者的载体，绿色产品不仅仅是实体的产品，也能够成为企业与消费者沟通绿色发展理念和落实行动措施的窗口，能够直观、有效地让消费者感知企业的绿色发展行动和成果。绿色产品的推出体现了企业在产品创新和业务模式方面将可持续发展置于核心地位，企业可以通过量化数据、认证标签等方式明确产品的环境效益，使企业绿色发展成果可视、可信。商道咨询与界面新闻合作推出的《2023中国可持续消费报告》指出，难以辨别其是不是低碳产品是阻碍消费者购买低碳产品的最主要原因，提供清晰的、可靠的、可量化的低碳产品信息最能够打动消费者。

2023年，通标标准技术服务有限公司（SGS）审核了安利纽崔莱8款蛋白粉产品的碳排查数据以及碳抵消方案的设定与执行方案，认证8款蛋白粉产品全部达成碳中和并符合PAS2060：2014标准要求。这也是中国首款零碳蛋白粉产品认证。安利（中国）十分注重通过“碳标签”传播、倡导负责任的消费理念，通过精心设计的标签彰显低碳成果，回应绿色消费趋势，倡导消费者使用零碳、低碳产品。

人类饮食结构与地球环境息息相关，相较于动物蛋白，植物蛋白能够减少高达90%的温室气体排放。纽崔莱的蛋白粉以大豆、豌豆、小麦为原料，满足人们对低碳蛋白质的需求。

在生长过程中，安利纽崔莱零碳蛋白粉所使用的原料能够通过光合作用吸收大气中的二氧化碳，储存并转化为土壤中储存的有机物（见图19）。在种植过程中，安利合理使用有机肥代替化肥，每亩土地每年施加有机肥3吨，相当于给土壤碳库增加3.19吨二氧化碳。对于收割后的作物，安利（中国）以堆肥还田取代燃烧，不仅能将作物中的二氧化碳固定到土壤中，还能促进土地恢复。通过这样的方式，安利（中国）位于无锡的安利植物研发中心科研农场8年来固碳8887吨。

图19　安利纽崔莱的低碳基因

资料来源：安利纽崔莱微信公众号。

在包装环节，零碳蛋白粉设计了使用“HDPE”材料制作的轻量化包装罐和环保标签，通过减少原生塑料的使用，每年减少碳排放46.5吨。物流环节中，零碳蛋白粉使用的循环利用纸箱每年能帮助节省约420万个纸箱，每辆运输零碳蛋白粉的氢能源物流卡车每年可减少碳排放12吨。

与此同时，安利（中国）还着力通过有机种植和土地的可持续管理实现土地恢复，为恢复生态系统、减缓气候变化作出贡献。土地不仅是生物多样性的主要来源，也是在气候系统中发挥关键作用的重要碳汇。全球土地使用（森林采伐与农业）产生的温室气体占所有温室气体排放的13%~21%，改善土地使用和额外的二氧化碳封存对实现气候目标至关重要。

1948年，安利纽崔莱开始在自有土地上实践有机种植，通过使用自然原料，采用土地轮作、覆盖种植和综合虫害管理等措施保护农场范围内的天然生态区域，补充土壤中的有机质、优化土壤生物群落和结构，以保持原生动植物物种的多样性。有机种植被认为是环境友好的种植方式，它通过逐步改善土壤生物、理化性质来提高土壤肥力，达到改良作物品质，减小环境风险，维护土壤、环境、生态系统健康发展的目的。迄今，安利纽崔莱已在全球有机耕种37900亩自有农场，积累了因地制宜、环境友好的有机种植经验和成熟方案。

安利将自有农场的有机种植经验向全球推广。安利纽崔莱建立了全球统一的有机农场认证标准NutriCert™，并对全球非自有农场进行严格把关和有机耕种指导，对所种植的植物开展从种子到营养补充剂的全生命周期追踪，确保安利能够稳定获取生态可持续的负责任原材料。2022年，安利（中国）累计完成认证基地达到25个，其中具有国内外有机认证的基地达到13个。

4. 以绿色倡导传递绿色发展理念

联合国环境规划署《2020排放差距报告》显示，家庭消费温室气体排放量约占全球排放总量的2/3；联合国政府间气候变化专门委员会《气候变化2022：

减缓气候变化》显示，公众改变日常生活方式，至2050年可使温室气体排放量减少40%~70%。为助力“双碳”目标实现，既需要能源结构和生产方式的转型，也需要社会公众实现向低碳生活方式的转变，树立绿色低碳可持续的消费理念，践行简约、适度、健康、负责任的生活方式。这也是商业消费行业放大碳手印、拉动上下游共同实现价值链低碳发展的重要途径。

自2002年起，安利连续22年为极地科考人员提供符合环保要求、适合南极使用的家居护理用品和部分个人护理用品，在提高南北极现场工作人员身体素质及营养水平的同时，也积极倡导大众的环境保护和健康生活意识，连续多年邀请极地专家开展“极地科考 安利相随”全国巡讲项目，积极投身极地科普，传递极地知识及环保理念。

以消费者的日常生活为着力点，为带动更多个人和家庭树立低碳意识、践行低碳生活方式，2023年，安利公益基金会发起了“我的零碳生活——安利低碳嘉年华活动”，覆盖广州、北京、武汉、天津、重庆、昆明等10个城市。活动通过游戏互动方式，设计1天中21个低碳生活场景，涵盖衣食住行，包括家庭、社区、办公场所等各种城市环境，参与者可亲身感受和体验绿色低碳生活，通过沉浸式互动体验低碳场景，加强低碳行为普及力度。此外，活动还利用网络科技手段，推出个人碳账本微信小程序，帮助参与者对日常生活中的低碳行为做到轻松量化记录和可视化管理，并根据个人的碳足迹获得个性化减碳建议，通过21天的坚持打卡和持续改善，最终养成低碳生活好习惯，践行低碳生活方式。

青少年是塑造低碳未来的生力军。2023年1月15日，安利（中国）宣布联合公益伙伴发起国内首个青少年“双碳”素质教育公益项目——“零碳未来——中国社区/校园低碳生活行动”，意将“双碳”目标与青少年素质教育相结合，开发针对青少年群体的社区、校园低碳教育课程，培养以青少年为主体的“低碳推广大使”群体。这一项目计划推广超过15省1000所学校，打造示范效应，推动全民逐步形成绿色低碳的生产生活方式。

实际上，自安利（中国）植物研发中心成立以来，安利（中国）就积极投身于自然科普教育活动。2015年10月，安利（中国）植物研发中心在无锡成立。作为安利（中国）研发的对外窗口，丰富的植物资源与场地优势、扎实的科研基础与人才储备为安利（中国）植物研发中心科普工作的开展提供了坚实的基础。员工与科学家志愿者们携手传播有机种植、药用植物、未来农业等方面的知识，为社会各界提供了近距离感受安利（中国）科研力量、了解植物奥秘的体验通道。自成立以来，中心接待学校科普学习以及组织小学生自然教育、农耕教育夏令营、冬令营活动1500多次，接待了全国14个省份45个城市的孩子3500余人次，其他各界参观人员8万多人。数字时代的科普教育需要有新的窗口和模式，安利（中国）植物研发中心的科学家们还不断开辟科普教育的新阵地，在公众号发表各类科普文章240多篇，通过视频号传播植物科普作品近百个。2022年，安利（中国）植物研发中心取得了中国科协2021—2025年度第一批全国科普教育基地的认定。

在通过形式多样的公益活动推动普及低碳生活方式、低碳环保知识的过程中，安利（中国）还赋能广大营销人员带动大健康社群积极参与社区和城市的环保公益活动与低碳生活实践，践行绿色消费和低碳生活，推动身体健康、心理健康、良好关系、绿色和谐与活力生活的全面发展，助力公众享受丰富多彩的美好生活，为整个社会的可持续发展贡献力量。

英特尔：以科技创新实现绿色可持续发展

英特尔（中国）有限公司　易明　徐倞

2022年，联合国多家机构联合发布了题为《团结在科学之中》的年度报告，系统研究了气候变化和极端天气对可持续发展目标的影响，并指出距离2030年可持续发展目标的最后期限已经过半，世界却远远偏离了实现其气候目标的轨道，这破坏了全球为解决饥饿、贫困和不健康问题，为清洁水和能源的获取以及可持续发展的许多其他方面所作的努力。该报告同时指出，科学是解决方案的核心，并阐述了与天气、气候和水有关的科学如何推动粮食和水安全、清洁能源、更好的健康、可持续的海洋和具复原力的城市等目标的实现。

人类正处于历史的关键节点，我们面临着可持续和数字化这两大发展力量的相互融合。随着2030年的临近，越来越大的气候变化压力需要企业作出更加积极的贡献。与此同时，人工智能、云计算、边缘计算、高级自动化、物联网等颠覆性技术发展迅猛，导致计算需求呈指数级增长。如何平衡气候行动和数字增长战略，做到在促进全球经济发展的同时保护好社会环境，是企业必须面对的挑战和亟待解决的问题。

英特尔公司（以下简称英特尔）作为全球半导体行业的创新者，坚持做负责任的企业公民，肩负着以科技推动可持续发展的使命。英特尔既强调科技创新，也强调执行力，其在可持续发展方面一直秉持着长期的承诺。早在1994年，英特尔就发布了第一份企业责任报告，设立了可持续发展的目标，并持续追踪。在我们看来，ESG并非一个短暂的机遇，也不是品牌传播的话题，而是一个基本的价值观，应该融入企业的发展战略，贯穿到公司整体的运营中。2020年，我们提出了面向未来的2030 RISE战略及目标，从多个维度出发，努力创造更有责任、更包容、更可持续的未来。

一、全生命周期践行可持续发展

英特尔是科技企业，也是制造企业，所以当我们谈到“可持续”这个概念时，首先想到的是在设计、制造、使用、回收整个生命周期中体现出可持续的概念，减少对环境的影响，尽可能减少碳足迹。

1. 促进水资源有效利用

制造半导体需要大量的水，在全世界对半导体的需求持续增长的情况下，水资源管理对于推进绿色半导体可持续发展是重中之重。2012—2022年，经过不懈努力，英特尔共节约用水约520亿加仑[①]，足以维持约47万户美国家庭一年的用水。2021年，英特尔在现场水回收设施的运营上取得了重大进展。这些新型水处理厂能够在冷却塔和洗涤器等系统中对工厂的运营用水进行处理和再利用，从而大大增加节水量。2022年，英特尔的淡水绝对用量与2021年相比降低了23%，通过高效管理水资源、实施水资源再利用，以及资助当地流域的水资源恢复项目，2022年，英特尔共节约96亿加仑的水，在2020年的基线基础上累计节水260多亿加仑，并通过流域恢复项目，恢复了30亿加仑水资源。2023年，英特尔有望在业务运营、社区合作和流域恢复项目中节约和恢复水资源共计120亿加仑。

① 1加仑（英）=4.54609升。

2. 推动绿色可再生能源使用

降低运营能耗是英特尔整体气候战略和2030年实现全球业务100%使用绿色可再生能源目标的核心所在。英特尔在全球的22个园区拥有110多个替代性电力和可再生电力设施，总装机容量超过5万千瓦，另外还有15个发电设施正在建设中。这些设施使用了22种不同的技术应用方案，如太阳能热水和冷却水系统、太阳能光伏棚停车场、太阳能窗、微型生物能源、运动电源、地热能和微型风力涡轮机阵列系统等。2019年，英特尔在上海紫竹办公区布设了英特尔在中国的第一个项目，同时也是当时最大的立体车库楼顶太阳能光伏项目，该项目每年可提供约30万千瓦时的绿色电能。英特尔成都工厂实现了100%使用水电，并通过在2020年实现的LED智能光照项目，每年节电约170万千瓦时。成都工厂还计划通过优化生产辅助设备，实现年节电量270万千瓦时的目标。

3. 减少碳排放和碳足迹

英特尔承诺，2040年将在全球运营中实现温室气体净零排放。2012—2022年英特尔避免了近80%的范围1和范围2累积排放。自2000年以来，尽管英特尔扩充了制造能力，英特尔的范围1和范围2绝对排放量仍减少约19%。2022年，英特尔的范围1和范围2排放量较2019年基线水平又下降了4%。2023年，英特尔继续推进项目实施路线，削减范围1和范围2温室气体排放。英特尔预计，通过在运营中开展有针对性的项目和使用可再生电力，每年减排量将达到近13万吨二氧化碳当量。英特尔力争在2040年兑现净零排放承诺，并且只在穷尽可行的减排方案后才会购买碳补偿或碳移除额度。

4. 优化废弃物管理

自20世纪90年代中期以来，英特尔将全球无害废弃物回收率从25%提高到89%。2020—2021年，虽然制造复杂性增加、公司加速成长，英特尔产生的废弃物总量却减少了17%。英特尔进一步承诺实现零废弃物填埋，同时更加关注将循环经济战略应用于英特尔制造流程管理。2022年，英特尔成都工厂实现危险废弃物零填埋处理，无害废弃物回收利用率达到99%，进一步推进废弃物循环利用。2022年，英特尔对67%（约11.2万吨）的工业废物进行了重复利用、回收或再循环利用。2023年，英特尔继续关注对废弃物进行循环利用的机会，进一步开展废液分流实践，并与供应商合作评估废弃物回收和重复使用方面的新技术。英特尔还通过与供应商合作，开发了一种可重复使用的精密热成型托盘，用于接收材料并向客户运送成品，同时淘汰了以往需要用后填埋的零件托盘。保守估计，自2009年以来，通过这些举措，英特尔弃用了超过2.26万吨塑料材料。为了取得进一步进展，英特尔设定了两个2025年可持续包装目标：第一，新产品包装设计中采用的可循环或可重复利用材料达到95%以上（按重量计算）；第二，英特尔现有的设计包装和新瓦楞纤维板包装所使用的原生木纤维需100%来自经认证的负责任受控来源。

二、技术驱动可持续发展

随着数字化的发展，技术在可持续发展议程中成为一个矛盾体。全球不断增加的算力需求，无疑增加了碳排放和电子垃圾的产生，技术正是解决问题的钥匙。关键就在于我们如何可持续地满足不断增长的计算性能需求。更重要的是，我们如何利用技术实现整个企业和商业模式的可持续转型，创造更清洁、更环保、自然向好的未来。作为计算领域的创新推动者，英特尔不断提高产品能效，推动价值链向可持续计算发展。

1. 协作打造可持续、绿色电脑

数字经济的高速发展产生了巨大的数字终端设备的需求，个人电脑（PC）作为重要的生产力工具和人们获取信息的重要来源，在我们的日常生活和工作中有着广泛的应用。有关数据显示，中国PC的装机量已经超过2.25亿台，这是一个非常惊人的数字。台式机和笔记本电脑全生命周期的二氧化碳排放量更是不容小觑，也使PC成为绿色计算需求驱动下的转型先锋。对于用户来说，性能已不再是PC的唯一选择标准。在节能减排意识和绿色低碳生活方式成为主流的今天，人们越来越偏向于选择对环境和生态友好的绿色产品。

通过对PC在各个生命阶段的碳排放分析，我们发现其碳排放贯穿于整个生命周期且均有分布，所以英特尔提出了从“摇篮”回到“摇篮”覆盖产品全生命周期的可持续绿色PC理念。英特尔关注全生命周期的四大关键环节，即设计、制造、使用、回收。绿色计算驱动着厂商推出或采用更为绿色环保的产品和零部件，切实做到产品在各个环节的减排降耗。

英特尔的每一代新产品在性能和能效上都优于上一代。提高产品能效不仅减少了英特尔的范围3温室气体排放，还使我们有机会帮助客户降低范围2温室气体排放、削减能源用量并减少整体环境影响，从而为客户创造价值。2022年，英特尔按电子产品环境评价工具金级标准打造了3个先进的支持平台，聚焦全生命周期的关键领域，即生产过程中组件和材料选择的可持续性、高能效的运营过程，以及增加可维修的模块化设计。

与此同时，英特尔还牵头打造绿色电脑行业标准，联合产业合作伙伴，打造可量产的绿色电脑并使之服务于中国企业及行业：与产业合作伙伴协同共创，形成“绿色、低碳、共赢”的绿色产业链联盟；与PCB板材厂商和加工制造商、产品方案商和结构件及系统厂商、IC方案商、电源制造厂商、显示器和传感器方案厂商、软件服务和远程运维服务商，一同构建“智能混合”的绿色电脑形态，不仅在生产中绿色环保、在机箱设计上模块紧凑、在使用中高效节能、在PC运行中主动感知、在能效优化中软硬结合，还能够在生命周期中实现远程维护。

2. 助力绿色数据中心发展

数字经济时代，数据中心已成为支撑数字经济高速发展的底座，在规模迎来高速增长的同时也面临着低碳化的迫切要求。有报告显示，我国数据中心整体用电量正在以每年超过10%的速度递增，2020年用电量突破870亿千瓦时。工业和信息化部的数据显示，2021年，在用机架总规模520万标准机架，总用电量940亿千瓦时。数据中心的耗电量是惊人的，带来了巨大的碳排放量。而服务器是数据中心的最大耗电设备之一。随着信息设备的节能在数据中心节能减排中越来越重要，更新和优化服务器及其他信息设备是一个必要的步骤，这包括采用更高效的服务器、存储及网络设备。

从企业的角度讲，对数据中心进行节能降碳改造，除能降低耗电量和电能利用率外，还能提升企业的形象和市场竞争力，吸引更多的客户和伙伴。虽然数据中心节能降碳改造的具体减排效果需要根据实际情况进行评估，但通过改善数据中心的能源利用效率、减少碳排放，英特尔能为环境可持续发展和经济高质量发展作出贡献。

2022年，英特尔发布了第四代英特尔®至强®可扩展处理器，与2019年基线水平相比，在使用SERT套件对运用了高容量的产品进行测算后得知，其产品能效提高了约2.2倍。因此，英特尔超越了2022年1.9倍的既定目标，该指标是根据“到2030年产品能效提高10倍”的总体目标设定的。与上一代相比，第四代英特尔®至强®可扩展处理器通过内置加速器，可将目标工作负载的性能平均每瓦提升2.9倍，在对工作负载性能影响最小化的情况下，通过优化电源模式可为每个CPU节能高达70瓦，并降低52%~66%的总体拥有成本。

此外，通过对服务器碳排放的全生命周期分析，我们发现服务器产品的使用所带来的排放是服务器最大部分的碳足迹。在英特尔绿色数据中心创新液冷散热技术中，针对中央处理器CPU采用了创新设计的歧管型单相/两相液冷水冷板散热系统，应用于搭载第四代英特尔®至强®可扩展处理器的服务器中，可以使CPU芯片表面的温度分布明显优化，从而有效降低整机功耗，提高能源利用效率。对于不具备自然冷源散热条件的地区而言，冷板式液冷尤其是风液混合的冷板式液冷也是存量数据中心可以应用的先进技术之一。

三、“内力”与“外力”双翼驱动，共筑可持续计算未来

面对气候变化挑战，需要通过系统性变革、技术创新和全行业合作来采取行动。作为最大的半导体设计和制造商之一，英特尔正在利用自身经验和全球影响力，助力推动全行业迈向更具可持续性的未来计算。

英特尔积极采取行动，将可持续发展贯穿业务全流程，通过注重环保的半导体制造、更节能的产品、具有环保意识的数据中心和网络以及整个生命周期的循环性，在可持续计算方面取得了切实进展，这可以看作英特尔在可持续发展上的“内力”。

同时，英特尔联合一切当前和潜在的产业伙伴，共同加速实现更具可持续性的计算。英特尔强调，为了快速且大规模地应对气候变化，需要开展更高层次的合作，整合生态系统，通过独特技能推动变革和创新。这可以看作英特尔推动可持续发展之路上的重要“外力”。长期以来，英特尔与客户、投资者等合作减排，帮助实现可持续发展目标，共同开创崭新的可持续计算时代。

从某种程度上讲，“内力”和“外力”就像英特尔可持续发展的“两翼”，始终保持同频振动，推动着英特尔朝着可持续发展的目标一路前行。对英特尔而言，可持续发展不是静态的，而是动态的；不是某些环节的，而是全链条的；不仅是内生的，也是外延的。在持续发挥自身“内力”降低碳排放的同时，英特尔早已认识到产业合作与减排成效的重要价值。在英特尔看来，只

有“外力”和“内力”形成合力，才能够从系统上、根源上、效果上发挥科技减排的最大效能。

1. 发布创新技术和解决方案，规范行业设计标准

英特尔与业界和学术界积极合作，明确、开发和试点替代性绿色化学和减排解决方案，其中有许多方案还处在孕育阶段。例如，英特尔正与行业组织国际半导体产业协会及半导体研究联盟携手创建“可持续半导体制造”计划，力图为半导体制造中使用的各种化学品开发更安全的替代产品。此外，不断提高能源效率，从总体上减少英特尔产品和平台的碳足迹，最终帮助客户实现可持续发展目标。

为支持欧盟的绿色协议（Green Deal）计划，英特尔作为信息和通信技术行业的一员，倡导利用技术和数字化来实现欧盟制定的到2050年实现碳中和的目标。英特尔还积极参与由行业主导的《气候中和数据中心公约》，推动采用统筹兼顾的做法和指标来帮助实现欧盟数据中心2030年碳中和目标。

2022年8月，中国绿色数据中心技术创新论坛成立，集合了20家ICT产业上下游厂商，旨在通过技术创新和产业合作加速数据中心运营模式的绿色转型。作为论坛的一员，英特尔针对冷板液冷技术设计与验证标准不统一这一市场痛点，与产业链上下游共同打造《绿色数据中心创新实践：冷板液冷系统设计参考》，希望借此与认证服务合作伙伴、运营商、企业用户、原始设备制造商、液冷部件商与服务器托管商等众多合作伙伴推动提高冷板液冷生态系统产业成熟度。

2022年英特尔发布“英特尔绿色数据中心技术框架1.0”；2023年又将其从1.0升级至2.0，为客户提供定制化绿色节能解决方案。该技术框架在高能效与高功率密度、先进散热技术和基础设施智能化3个垂直领域，以及XPU、服务器、机架、数据中心4个水平方向，提供了一系列的从器件级到服务器系统、机架和

数据中心层级的整体解决方案和参考设计。

2022英特尔创新大会上，英特尔与麻省理工学院、微软和阿里巴巴等学术界和业界的领袖一起，邀请生态系统同仁合作开发一个真实世界的系统级基准框架，用于在SPEC.org网站上架设的SPEC云委员会分布式基础设施中运行现代工作负载。英特尔还与SPEC和信息技术产业委员会的绿色网格标准推进委员会合作，开发下一版本的服务器基准测试工具SPEC® SERT®套件，以支持现代工作负载并扩大服务器的类别。此外，英特尔还与中国标准化研究院合作，帮助中国的能效等级和在最终标准中采用的基准测试方法被服务器行业所接受，同时将市场准入风险降到最低。

2. 合作开展项目，构建行业生态体系

英特尔召集技术领袖、电力公共事业单位和创新组织构建行业生态体系、创建联盟，共同推动软件定义的技术和标准解决方案虚拟化版本的发展，英特尔与虚拟保护自动化和控制联盟合作，在全球领先的公用事业单位开展了10多个概念验证项目，其中包括与美国电力公司和英国国家电网公司的变电站控制点项目。此外，英特尔也在和气候与能源解决方案中心以及电网联盟开展合作，这两家组织倡导气候解决方案创新和投资，包括扩大ICT行业在以下两方面的作用：推动变革，以及为电网现代化争取更多财政拨款，将其作为一项未来基础设施投资。

英特尔卓越能源中心一直在向世界各地的公用事业单位和组织展示智能电网的现代化解决方案和概念验证。英特尔签署了休斯敦能源转型倡议，该倡议旨在引进和扩大新兴的碳减排产业；吸引和支持风能、太阳能和生物燃料等新能源企业；部署跨部门举措，吸引和发展如节能技术等其他能源价值链中的公司。英特尔携手亚信科技控股有限公司，合理利用异构网络结构的互补性及用户业务的潮汐效应，以智能化运维，改善网络电能利用效率，实现绿色5G网络。英特尔与北京金风慧能技术有限公司协作，不仅开发出了更为完善、高效和精确的全新的风力发电智能功率预测方案，还已着手将其用于实践。北京金风慧能技术有限公司的数据统计表明，在风电场中引入这种高效的AI预测方案，能够帮助电力企业显著提升发电效率，为践行绿色环保的新能源理念提供强有力的支撑。

3. 绿色办公和绿色生活

2022年9月，在“看见长江的美好”系列长江大保护行动中，英特尔Evo有效帮助专家精准监测和分析长江江豚的行为，助力长江生物多样性的更多科研突破和科普宣传。英特尔“云桥湿地”环境保护项目已进行10余年，已有上万员工和志愿者，用1.5万小时拔掉将近5000公斤的空心莲子草等有害生物，有效通过对湿地的自然护理、生物多样性数据的收集与整理、设施维护与完善等助力提升水资源保护和生态恢复能力。在日常工作中，英特尔成都工厂利用电子工单跟踪系统实现了100%无纸化生产，在节约23万美元成本的同时，生产效率也得到提升。此外，英特尔大连工厂携手伙伴共同举办义务植树活动，吸引上百家企事业单位、近6000名环保志愿者参与，累计植树近4.7万株，为调节气候变化作出贡献。

正如英特尔CEO帕特·格尔辛格所说的：“我们是技术乐观主义者，我们相信科技具有其他行业无法比拟的力量，去推动进步和变革。英特尔有幸成为科技行业的引领者和参与者。我们有能力改变人类未来生活的方方面面，也有机会一起去造福地球上的每一个人。”作为最大的半导体设计和制造商之一，英特尔正在利用自身经验和全球影响力，最终实现自身的使命：以可持续计算，通往可持续未来。

飞利浦：以可持续发展理念驱动企业管理升级

飞利浦（中国）投资有限公司　李涛　刘可心

一、使可持续发展深植于企业DNA

世界在以超越以往的速度高速运转。新冠疫情让全球公共卫生系统面临巨大挑战，也加速了医疗系统的转型。与此同时，老龄化社会带来的医疗健康挑战并未减小，气候变化的影响已经逐步显现。面对一系列的时代挑战，中国已经在政策层面给出有力回应，包括“十四五”规划中对全面推进健康中国建设的强调，提出实现碳中和的目标，以加快推动中国绿色低碳发展。

面对时代的需求，将可持续发展深植于企业DNA已成为企业管理升级的题中之义。企业需以创新推动世界更加健康、可持续的发展作为自身使命，加快采取行动为全体利益相关方和全社会创造价值，为建设一个更加包容、有韧性的世界而积极行动。

荷兰皇家飞利浦公司（以下简称飞利浦）是一家领先的健康科技企业，致力于从健康生活方式、疾病预防到诊断、治疗和家庭护理的健康关护全程，提高人们的健康水平，并改善医疗效果。

长达一个多世纪以来，飞利浦致力于以负责任、可持续发展的方式开展业务，利用其所拥有的资源为所有利益相关者创造最大价值。可持续发展理念始终深植于飞利浦企业DNA中，在如何落实可持续发展理念、升级自身可持续发展管理的道路上，飞利浦也进行了持续的探索。

初始阶段，飞利浦于1998年推出了首个EcoVision（生态愿景）计划，并将设定的可持续发展目标集中在运营和产品上。此后，飞利浦的可持续发展计划持续升级，不断扩大可持续发展的践行范围。2016年，飞利浦的可持续发展计划升级为“健康生活，永续星球”2016—2020年五年计划，制定了涵盖绿色制造、绿色创新和碳排放量等各方面的目标，实现了可持续发展从理念推行到量化管理的深化，并已于2020年全面达成所设定的可持续发展目标，包括绿色产品和解决方案的营收占比70%，循环经济解决方案收入占比15%，运营过程中实现碳中和，运营垃圾进行再生回收率达90%。

2020年，飞利浦进一步围绕ESG制定了更为宏伟的2025年目标，可持续发展目标进一步完整覆盖到环境及社会领域，包括到2025年，每年改善20亿人的生活，75%能耗来自可再生能源，循环经济收入占比25%，零运营垃圾填埋，帮助3亿医疗资源匮乏地区人口获得应有的健康医疗保障，改善100万供应链产业中人口的生活，高级管理岗位性别多样性达到30%。

截至2023年底，飞利浦已改善18.8亿人的生活，78%能耗来自可再生能源，循环经济收入占比 20%，零运营垃圾填埋，改善72.3万供应链产业中人口的生活，高级管理岗位性别多样性达到31%。

全球可持续发展目标的实现要求企业从商业道德、产品与服务、供应链管理、员工发展与福祉、环境管理的各个方面建立完善的可持续发展管理体系。

二、实践做法及成效

（一）构建坚实的可持续发展基础

1. 持续改善的商业道德管理为企业发展保驾护航

企业应持续提升商业道德和业务运营透明度，以此作为获得利益相关方长期支持的重要基础。

在政策层面，制定诸如《总体经营原则》等政策文件作为合规基础政策，有助于在企业内明确商业道德的底线和原则。此类政策文件通常会提出员工在商业道德领域需遵守的总体要求。同时，基于《总体经营原则》，企业可进一步制定《反垄断政策》《反商业贿赂手册》《隐私规则》等各项合规政策及指引，规范员工的商业道德行为。

在管理架构层面，设立以核心管理层为成员的合规委员会，提升商业道德议题在企业内部管理中的重要性，将诚信、透明和责任感融入各级管理层和员工的日常决策及战略规划之中。

在商业道德管理层面，贿赂行为是管理重点。为杜绝一切贿赂行为，企业需要特别制定各项打击贪污、贿赂的制度和政策，并通过在各业务领域设置合规官、财务控制官、内控专业人士等，确保这些制度和政策的有效落实。定期开展各项针对反腐败的审计工作将有助于企业从更宏观的角度了解反腐败工作情况，这类审计主要包括针对举报贪腐案件的切实调查和整改，以及常规的业务、流程及合规审计等。

在各项政策规定的基础之上，企业需要制定完善的合规调查机制、设置合规举报热线来保障政策规定的有效落实。对于收到的合规举报，企业应展开专项调查，并对举报人进行保护。此外，企业应定期开展覆盖所有员工的各项合规培训，包括反腐败、反商业贿赂等内容。培训通常基于真实案例展开，并鼓励业务领导、员工等参与现场讨论。

2. 以优质的产品与服务支持企业完成可持续发展使命

产品和服务质量是企业可持续发展的根本，企业使命和愿景的实现都依赖于其所提供的优质产品、服务和解决方案。

以持续改进、精益管理为核心的卓越运营体系有助于产品生产成本的持续降低和品质的提高。在这种体系中，每个员工都有责任在实践中发现问题、及时改进，不断消除每个工作环节中可能存在的对时间、人才、物料等的浪费，从而降低成本并向客户提供最大的价值。例如，为了加强飞利浦“持续改进”的企业文化，飞利浦每年组织飞利浦卓越竞赛（Philips Excellence Competition，PEC），展示和奖励员工中“持续改进”的最佳实践。

企业应建立从上到下、目标一致的完善的质量管理体系。在管理层面，企业可以成立首席质量官领导的质量和监管委员会，以监督企业在产品的开发、制造、销售和服务上对法规要求的遵守情况，并协助监事会履行在这些领域的监督职能；在运营层面，企业应建立完善的质量管理体系，为产品设计、制造和分销过程制定标准；在员工层面，将质量管理嵌入企业的组织文化中，所有新员工都必须接受与质量相关的培训，质量标准也是各级管理人员绩效考核的组成部分。通过目标一致、自上而下的问责制，标准化和持续改进理念，推动卓越质量观在整个企业快速推广。

与客户和消费者的沟通是提升产品服务质量的重要途径。企业应积极搭建客户沟通渠道，通过建立包括服务热线、客户满意度调查、客户交流活动等内容的客户服务管理体系，及时获取客户反馈，改进产品及服务，为客户提供及时有效的解决方案。

针对飞利浦（中国）投资有限公司（以下简称飞利浦中国）的医疗机构客

户，飞利浦建立了包括“畅用无忧”“先进无忧”“创新无忧”3个板块在内的“无忧服务平台”。通过“畅用无忧”，飞利浦为客户提供医疗设备的质保、延保、维修服务以及整体监测和处理系统，减轻客户使用飞利浦产品过程中的维修和质检的负担；通过“先进无忧”，飞利浦为客户提供医疗设备的升级、换新服务，减轻设备更新换代过程对客户经营的影响；通过“创新无忧”，飞利浦帮助客户对业务进行独特创新和科学规划，让医疗机构的科室发展稳健向上。

3. 与供应商携手提升可持续发展绩效

企业可持续发展目标的实现同样受到其供应链管理水平的影响，这也是驱动企业对供应商的管理超越基本合规要求、支持供应商持续提升在可持续发展方面绩效水平的重要动力。

企业有责任对供应商进行可持续发展方面的审核。在此基础上，为供应商开展可持续发展培训有助于提升供应链的可持续水平，培训内容包括可持续发展的理念，以及环境保护、健康与安全、商业道德和劳工4部分的法律法规基本要求。

从2016年开始，飞利浦摒弃传统的供应商审核项目，实施供应商可持续发展绩效提升计划（SSP），旨在系统性地推动供应商可持续发展。SSP聚焦方针政策、风险控制、目标设定和追踪等九大要素，并参照《责任商业联盟行为准则》在环境保护、健康与安全、商业道德和劳工等方面对供应商提出要求。截至2020年末，已有251家大中华地区供应商被纳入SSP。

SSP的评估流程包括：①筛选供应商，根据供应商的成熟度、年采购金额、可持续发展风险等来选择每年要评估的供应商和评估方式（在线评估或现场评估）；②识别改善机会，对供应商从环境保护、健康与安全、商业道德和劳工四大方面进行全方位的评价并打分；③确认改进方案，根据具体的差距分析，提供持续改善建议，并和供应商一起确定改善方案；④落实改进并保持，供应商根据改善计划和时间表，推行改善方案并定期反馈给相关部门。

此外，飞利浦中国于2020年开发了在线评估的软件平台，为实现一站式的自评、证据提交、验证、反馈和及时沟通服务提供硬件支持。

4. 营造幸福职场环境，促进员工发展

健康包容的职场环境有助于员工释放个人潜能，是企业可持续发展的重要标志。企业应建立畅通的员工沟通渠道，保障员工享有充分的参与企业经营管理、反馈个人意见与建议的权利，建立和谐稳定的劳动关系。例如，飞利浦通过企业传播部、人力资源部官方邮箱向员工不定期推送企业运营信息，并推出员工内部沟通的微信公众号"飞常全记录"，员工亦可在企业内网通过HR在线客服、自助查询的方式了解各类HR政策。

同时，针对发布的各类政策，企业可邀请员工参加调研，对相关政策给予反馈，从而使各类政策能够更好地为员工服务。此外，企业每季度进行一次员工调查，了解员工工作状态与职业需求。

企业应始终致力于推动提升职场包容性和多样性，营造兼收并蓄的文化氛围以支持不同地区的员工在业务运营中贡献丰富多样的能力、意见和视角，从而推动创新和业务绩效提升。飞利浦也在努力达成企业在多元化与包容性方面的目标，即到2025年底，高级管理岗位上的性别多样性将达到30%。在中国，飞利浦的包容性和多元化措施取得了明显的成效，2022年飞利浦中国的女性员工占比从2018年的43.3%提升至44.3%，女性高管占比从2019年的27%提升至33%。2021年7月，近40位女性员工参加了Ladies Who Tech 2021年度大会，飞利浦大中华区解决方案与专业服务部总经理Belinda Pan作为嘉宾作了关于女性人才发展的主题演讲。

企业应为员工提供清晰、畅通的职业发展路径和有力的发展支持。一方面，企业每个岗位的员工都应有完善的职业发展路径，并可以获得与岗位相关的完整的职业发展体系和关键职业经历指南，在职业发展道路上有更加明晰的方向。另一方面，企业可为员工提供包括通用能力培训和专业能力培训在内的全面的员工培训体系，培训课程可涉及领导力、自我效能、时间和精力管理、项目管理、软件创新、人工智能与数据科学等，帮助员工在职业发展的每个阶段获得有力支持。此外，企业可为员工提供持续学习、职业导师和拓展人脉等项目平台，员工可以借助数字工具平台激发自身更大的潜能，实现个人在职业上的发展和进步。

在心理健康方面，领先的企业为员工提供心理咨询服务，关爱员工和他们家人的心理健康，提升员工工作和生活质量。在心理咨询服务中，员工可以通过24小时免费热线，预约线上或者面对面的专家服务；某些心理咨询的网站和App可为员工定期推送身体健康、心理健康、人际关系等主题的资讯。为关爱女性员工，企业还可设立“爱心妈咪小屋”，为职场备孕期、怀孕期和哺乳期的女性提供一个私密、干净、舒适、安全的休息场所。企业还可成立工会，致力于维护员工合法利益，并开展形式多样的文化和体育活动，如DIY课堂、国画课、书法课、游泳健身课、摄影课等，丰富员工工作之余的文化生活。

可持续发展的企业应致力于营造无伤害、无疾病的工作环境。企业应建立一套完善的健康与安全管理系统，定期进行法律合规监督、风险评估和员工健康安全培训，并在企业所有工厂设立安全管理委员会，不断改进员工的安全和健康实践。针对工作场所中可能存在的职业病危害，企业应建立完善的职业病危害因素监测、申报机制，并针对有职业病危害的岗位开展岗前、岗中、岗后体检，将可记录案例总数（指受伤员工一天或多天无法工作、需要接受治疗或罹患职业病的情况）比率定为关键绩效指标，为全企业、各业务部门和厂区设定年度总可记录事故率（TRC）目标。

企业应面向员工开展职业健康和安全培训，致力于提高员工的安全意识。培训内容可涵盖交通出行、火灾洪灾应急演练、安全生产等各个方面。

2020年，飞利浦中国在大中华区的工厂均开展了形式多样的安全培训：苏州工厂开展了安全月主题宣传活动，通过张贴安全宣传海报、开展安全有奖问答、VR安全事故体验等活动，增加员工的安全知识、提高安全意识；上海工厂开展了手部安全主题教育，与员工一起识别和分析操作中的手部安全风险，讨论解决方案，并制定了行动指引清单帮助员工在后续的工作中减少手部伤害事故；深圳工厂邀请专业人员对员工进行了自动体外除颤器（AED）操作使用、心肺复苏培训；珠海工厂开展了火灾应急演练；嘉兴工厂开展了安全出行主题教育，员工接受了安全出行相关内容的培训，并在安全出行宣传横幅上签字承诺。

（二）企业全维度环境管理：以绿色创新，建永续星球

自然资源在经济和社会发展中扮演着十分重要的角色，包括提供各类工业产品所需的原材料等。中国是世界人口最多的国家，人口在持续增长的同时也将加大对本已吃紧的自然资源的需求。与此同时，气候变化已成为21世纪最紧迫的问题之一。全球持续变暖提高了极端天气发生的频率，并在全球范围内对人们的健康和福祉产生了影响。

管理环境议题是企业可持续发展管理的重要组成部分，企业在环境管理方面需要不断突破与创新，管理范围应覆盖产品设计、生产制造、价值链管理、员工行动全维度的环境管理框架，以此实现产品的绿色创新，建立负责任的生产及消费模式，打造低碳价值链，协同员工践行可持续生活方式，全维度推进“以绿色创新，建永续星球”。

1. 以“生态设计”开发绿色产品

生态设计是指开发新一代绿色产品以及解决方案，通过开展生命周期分

析了解其产品在使用期间产生的环境影响，然后运用这些见解来指导设计工作，开发绿色解决方案产品组合，将污染防治和处理从消费终端前移至产品的开发设计阶段，从源头上实现节能减排，旨在确保可持续消费和生产模式的实现。

以飞利浦为例，其在生态设计的基础上，进一步推出生态设计明星产品Eco-Hero，此类产品全面贯彻生态设计要求，具有显著的可持续发展优势。相比普通的产品，Eco-Hero适用于新产品导入的所有生态设计的要求、符合循环经济要求、优于相关基准（法规、标准、竞争对手）、有相对可持续性的主张、开展全生命周期分析。

为向消费者说明生态设计的成果，飞利浦为通过生态设计流程开发的产品配置EcoPassport，说明产品在可持续发展重点领域能源、重量及原材料、产品包装、循环经济、有害物质五大方面的表现。消费者可在企业官网的产品详情页面查看产品的EcoPassport以了解其环保属性。

在生态设计理念的指导下，飞利浦已经诞生了诸多颇具亮点的绿色产品，如EPIQ旗舰心血管超声系统，较上一代产品减少25%耗电量，运行时产生的声音不超过41分贝；IntelliVue MX40可携带病人监护仪，较上一代产品减少92%的耗电量；空气净化器，产品包装纸板使用回收再利用材料比例大于75%，内部零件含有回收再利用的塑料；单边电动吸奶器，产品不含聚氯乙烯等有害物质。FSC认证纸板及回收再利用塑料可作为产品包装材料。

2. “制造—使用—回收”模式推动向循环经济转型

循环经济是一种以资源的高效利用和循环利用为核心，以减量化、再利用、资源化为原则，以低消耗、低排放、高效率为基本特征，符合可持续发展理念的经济增长模式，是对“大量生产、大量消费、大量废弃”的传统增长模式的根本变革。在产品制造和使用方面，企业应不断推动自身业务向循环经济转型。

飞利浦采用“制造—使用—回收”模式来摆脱传统线性经济的“制造—使用—浪费”模式，使其所提供的产品和解决方案，力争在满足客户需求的同时，着力实现其产品生命周期内资源能源的有效利用和污染减量化，减小其生产和运营对环境的影响。

通过进一步在软件和服务方面优化资源使用，能够实现非物质化。例如，向客户提供回收废弃产品的服务，并通过及时的配件升级服务，延长产品的高质量使用寿命，从而减少因产品更换带来的资源消耗。

2020年，飞利浦中国推出了“腾龙计划”，为客户提供整机全新升级以及旧机整机退回等服务。通过该项目，飞利浦中国可以快速轻松地以旧换新和拆除旧系统，将设备更新对日常操作的影响降到最低。此外，飞利浦中国实施合作伙伴整机升级业务激励计划，客户完成整机升级进单后，在合同约定期限内完成旧设备拆除且退回飞利浦厂家处置，达到考核要求的合作伙伴可获得抵扣券，用于购买飞利浦服务与解决方案业务，从而带动激励合作伙伴共同推动整个产业链向循环经济转型。

3. 应对气候变化，打造低碳价值链

企业应重视气候变化的威胁及其对人类健康的影响，致力于在运营中实现100%的碳中和，并与客户和供应商合作应对气候变化。

企业可通过持续开展各项节能项目，如安装LED节能灯、使用变频驱动器控制水泵、减少非生产电力消耗、安装太阳能板、采购变频空压机等，在积极应对全球气候变化的同时，有效节约资源，降低生产运营成本。

为实现运营能耗降低以及环境资源保护，飞利浦中国在嘉兴的健康厂区中安装了屋顶光伏电站，总面积为56000平方米，设计安装容量为5.56MWp，2020

年实现年发电量1991兆瓦时。

企业还应关注产品价值链各环节对气候变化的影响，与价值链伙伴积极开展合作，以减少整个产业链的温室气体排放量。例如，企业可鼓励供应商通过国际碳披露项目披露其气候绩效数据，同时可携手科学碳目标倡议组织鼓励供应商开展科学基础的碳排放目标的设定工作。此外，企业还可在供应商中试推行环境足迹项目。环境足迹项目的目标是在环境合规与环境管理系统改善的基础上，携手供应链推行能源和水资源利用率提升、废水和废物减量化等方面的持续改善，以最终达到对环境的积极影响，创造企业、供应商、外部利益相关方合作共赢、降本增效的新模式。

2020年，飞利浦中国在大中华地区选择了10家供应商进行现场的环境足迹评估，从管理、工艺和技术、设备效率3个方面对供应商用能管理作现场评价，并和他们一起制定实用的改进方案。其中，飞利浦协助某供应商将30台注塑机的异步电机系统换成同步伺服系统，实现年节约用电216000千瓦时。

4. “永续星球，十大微行动”营造企业可持续文化

在员工方面，企业应致力于营造低碳环保的可持续文化。例如，飞利浦启动了“永续星球，十大微行动”项目，行动围绕营造健康环保的生活、绿色的办公环境、低碳环保的出行和健康关护，通过自带水杯、健康膳食、绿色出行、节约用纸、低碳节能、学习急救常识等“举手之劳”的微行动，号召每一位员工从自身做起，培养可持续发展理念，在日常的工作和生活中作出改变，以每天“微小”的行动，共同创造健康、美好、可持续发展的未来。

在面对日益严峻的全球挑战，如气候变化、资源匮乏和社会不平等等问题时，企业的可持续发展已不再是可选项。为了真正实现可持续发展，从内部管理到外部合作，从产品研发到生产流程，乃至员工的日常行为，都应体现出对可持续发展的承诺和努力。这不仅需要企业拥有远见卓识、制定长远的可持续

发展策略，也需要每一位员工的参与和实践。

可持续发展不仅关乎企业的未来，更关乎我们共同的未来。只有当每个企业都将可持续发展作为其核心理念，并实践于每一项业务和决策中时，我们才能共同迎来一个更加健康、公平和繁荣的世界。在这个旅程中，每一步虽小，却是通往可持续未来的必经之路。

嘉吉：推进农业可持续发展
助力乡村振兴

嘉吉投资（中国）有限公司　姜菲凌

近年来，我国农业发展取得了显著成就，但同时也面临着诸多挑战。在科技不断进步和农业政策持续优化的背景下，农业生产效率大幅提升，农民生活质量也有了显著改善。然而，面对全球变暖、人口数量过多、资源紧张等挑战，以及国内人口老龄化、农村空心化等问题，未来我国农村的压力仍会长期存在。同时，农业可持续发展也是我国农业发展的必由之路。由于过度开发和污染等原因，我国农业生态环境面临着挑战，所以需要采取可持续的农业发展模式，保护生态环境，提高资源利用效率，实现农业的绿色发展和长期稳定。因此，我们需要结合农业现代化和农业可持续发展，共同推动我国农业的发展和乡村振兴，以实现农业的长期稳定和高质量发展。

嘉吉投资（中国）有限公司（以下简称嘉吉）的使命是成为以安全、可靠和负责任的方式滋养世界的领导者。嘉吉深耕中国50余载，始终秉持“在中国，为中国”的初心，凭借自身的百年经验和业务专长，与广大农民和客户携手并进、共同成长。嘉吉在中国开展了许多企业责任项目，助力农村繁荣、农民增收、食品安全和营养，以及可持续农业，努力为中国的乡村振兴、高质量发展作出贡献。

一、农业风险综合管理，助力农民增收和可持续农业实践

2021年，嘉吉向联合国世界粮食计划署捐赠100万美元，在吉林省松原市联合启动了为期三年的农业风险综合管理试点项目，用于帮助玉米种植农户抵御市场波动和自然灾害的双重风险，提高农民收入，助力乡村振兴和农业可持续发展。项目内容包括水肥一体化改造、“保险+期货”的创新型金融风险转移和农民培训，为农民抵御自然和市场风险提供保障，并保障粮食安全。

项目地松原位于中国吉林省的中西部，地处世界黄金玉米带，是国家重要的粮油生产基地。2021年，松原的粮食产量达到150.03亿斤，为国家粮食安全作出了重要贡献。嘉吉在该地进行玉米采购，持续增进当地的农民福祉，推进当地的农业可持续实践，而影响农民收入的主要因素来自自然灾害和市场风险。

自然灾害阻碍了农业的发展。在中国，旱、涝和病虫害对农业的影响最大。中国气象局和国家粮食和物资储备局的估算，中国每年因自然灾害造成的粮食损失超过5000万吨，其中，旱灾的影响最大，大约60%的损失是旱灾引起的。农民会采取包括基础设施建设、灌溉、田间管理、天气预报、早期预警等各种措施减轻灾害的影响，但往往缺乏综合的一体化的解决方案。

另外，市场造成的农产品价格波动，会严重影响农户的经营收入。随着2017年玉米临时存储制度的取消，玉米市场价格开始出现明显的波动。然而价格风险是系统性风险，从技术层面上说，几乎是不可保的。在期货和期权较为发达的国家，农民可以通过远期合约、期货或期权锁定收入或止损。但在包括中国在内的发展中国家，农民既缺乏知识，也缺乏途径去购买期货期权。因此，急需综合的风险管理方式来保护农民的收入免受价格下跌的影响。

与此同时，农民习惯于凭传统经验施肥、灌溉，不考虑各种肥料特性而盲目采用“以水冲肥”“一炮轰”等简单的施肥方法，造成施肥量超过所种庄稼的需要量。过度施肥会削弱庄稼生产能力、加剧环境污染、浪费资源。农民也习惯于大水漫灌的灌溉模式，用水方式粗放。2022年，全国农田灌溉水有效利用系数为0.572，这意味着每使用1立方米的水资源，仅有0.572立方米被农作物吸收利用，与发达国家0.7~0.8的农田灌溉水有效利用系数还有差距。结合前面提到的农业自然灾害风险，农户们亟须建立综合、可持续的农业管理方式，以实现可持续发展并降低自然风险。

在此背景下，本项目应需而生，通过水肥一体化改造以及应用“保险+期货”的创新型金融风险转移，有针对性地帮助农户抵御自然和市场的双重风险，并推广玉米种植上的可持续农业实践。此外，每年为农民提供农业风险管理和种植培训，改善农民生计，增强玉米产业的农业风险管理能力。

（一）推广水肥一体化技术

通过在项目地推广水肥一体化技术来合理配置水肥资源、高效灌溉、精准注肥，并减少自然灾害给当地农户所带来的负面影响，实现可持续农业。

水肥一体化能起到节水省肥的作用。水肥一体化是将肥料溶解在灌溉用水里，在施肥的同时进行灌溉；根据作物的生长阶段、水肥需求、土壤墒情及蓄水能力，精准控制水肥时间和数量。为提高水肥利用率，采用了滴灌的技术，确保水肥直接作用于作物的根部地区，直接吸收利用而避免浪费。另外，精准控制水肥施用时间，更好满足作物需求，也将促进农作物产量和质量的提升，并有利于保护环境和节约水资源。水肥一体化在减灾方面的作用更加不可忽略。在旱灾发生时，这项技术将显著降低干旱风险，可以改善干旱少雨时松原的农业综合生产能力并提升综合资源利用效率。

2023年上半年，项目为吉林省扶余市三骏满族蒙古族锡伯族乡3个行政村的

1213公顷农田实施了水肥一体化改造，共惠及773户农户，对提高松原抗旱减灾能力和水肥一体化技术的推广具有积极的示范作用，受到当地政府、农技机构和广大农民的高度认可。根据当地政府的估计，采用水肥一体化技术可节约灌溉用水30%以上，减少化肥施用量20%以上，减少农药用量10%以上，人工成本也可降低20%以上。本项目实施过程中还将对节水、化肥利用效率等数据进行收集，形成实践报告供相关技术的大范围推广和产业政策制定者参考，助力中国农业的可持续发展。

（二）试点“保险＋期货”的收入保险产品

松原地区主产玉米，但是当地农民了解玉米价格行情的渠道不多，对于价格风险分散的金融工具也不了解。在小农期货市场还不成熟的情况下，他们单独进场进行期货交易时机尚不成熟。在这种情况下，松原试点“保险+期货”模式，这种模式不仅可以满足农民的风险管理需求，还能大幅降低交易成本和门槛。本项目的“保险+期货”模式，是创新的金融工具，是在现有农业政策保险以保成本为主的基础上，针对农业发展中所面临的风险，运用农业保险和期货市场的金融工具，探索“保产量、保价格、保收入”的“保险+期货”收入保险新模式，保障范围从产量损失扩大到市场风险，从农户种粮、收粮的产量端以及售粮的价格端发挥双重风险转移作用。收入保险涵盖的“产量”和“价格”双重因素，将保护农民免受由于减产、价格下降或者既减产又价格下降造成的收入损失，对应平衡了自然灾害和市场变动的双重风险，推动了农业风险管理体系的完善，也稳定了农民种粮收益，保障了粮食安全。收入保险覆盖的风险范围将和现有的农业保险一样涵盖多种风险。与目前的成本保险相比，该收入保险将大幅度提高保额，引入价格因素，旨在保障农民的收入，而不仅仅是成本。收入保险产品中的期货模式相当于再保险的作用，将保险市场的风险转移到金融市场，再通过期权期货交易市场将风险转移给众多投资者。

2022年“保险+期货”部分的“玉米收入保险”累计为吉林省松原市的347户农户提供风险保障，保额高达1406.84万元。2023年，受局部内涝和早霜的灾情影响，触发保险机制，保险共计赔付农民22.2万元，受灾面积9680亩，赔款343.95元/公顷（22.93元/亩），受益农户347户。2023年，“玉米收入保险”参保面积为12634.14亩，参保农户为213户，保额高达1563万元，已在2023年5月正式起讫。2024年还将创新尝试农民缴纳10%保费的机制，加强农民的金融自主意识。

（三）农民培训

面向项目地农户开展培训，提升他们的抗风险意识和对可持续农业的认知。培训内容包括可持续农业技术培训和农业风险管理培训。可持续农业技术培训的内容包括利用可持续农业技术有效管理水肥，确保水肥一体化设施的利用效率最大化；指导农户进行水肥一体化设备的维护保养，延长其使用寿命并提高使用功效。

农业风险管理培训向农户讲解农业风险综合管理的概念，普及“保险+期权／期货”的知识，帮助农户认识到农业风险只有通过综合管理才能避免更大损失。通过培训增加农户的风险管理知识，提高他们的风险管理水平，使农户在评估基础上作出优化的决策。这些知识也将有利于农户对农业保险保障水平和其他保险条款的认知。

2021—2023年，嘉吉联合中国期货业协会、吉林省农业科学院、安华农业保险、中信期货，从农业风险体系和可持续农业两方面为农民们进行了授课。其间，共组织了3场农民培训，累计为扶余市的300多名农民进行了“保险+期货”以及“水肥一体化栽培技术”的分享，提升了农民对于金融知识和可持续农业实践的了解。

二、绿色储粮，守护粮食安全

我国人口众多，对粮食的需求巨大，而在粮食产购储加销全链条中，收获和农户储粮环节是粮食产后流通领域的第一个环节，也是污染风险最大、粮食损失最多的环节。提倡绿色储粮①，对于提高粮食利用率和优质品率，提高农民收入和粮食安全水平具有重要的意义。绿色储粮是以储粮生态学理论为基础，通过各种有效的生态手段，减少或者避免化学药剂的使用，延长粮食陈化时间，确保粮食安全、卫生的一种粮食储藏新模式。对于农民而言，需要提升他们的储粮技术与装备，提高全流程的技术水平和检验水平，并且配套相应的培训课程，切实提高他们的绿色储粮意识。

2015—2018年，嘉吉和国家粮食和物资储备局合作，为吉林省玉米种植户捐赠了400套组合式储粮仓。针对东北地区高水分玉米穗“地趴”形式储存易发生霉变的问题，嘉吉捐赠的组合式储粮仓经过科学设计，不仅能够实现粮食立体储存，还能降低玉米穗的水分含量，防止粮食霉变。据统计，使用该仓进行玉米储存，比“地趴”模式的玉米生霉粒减少10%。

2022年，嘉吉在第五届中国国际进口博览会上再次促成绿色储粮项目，签约国家粮食和物资储备局科学研究院（以下简称粮科院）和中华农业科教基金会，三方共同发起为期3年的公益项目，以提高农民储粮技术水平并推动可持续农业实践。嘉吉投入380万元，为重点粮食产区吉林松原、黑龙江五常、黑龙江友谊和安徽阜南的玉米种植户提供覆盖种、收、储、加全链条的节粮减损专业设备，同时组织专家开展相关技术培训，以提高种粮大户、合作社和粮食经纪

① 绿色储粮在2011年联合国粮食及农业组织、国际农业发展基金会、世界粮食计划署发表的《2011年世界粮食不安全状况》中被正式提出。

人的粮食基础知识认知，宣传优粮优储、节粮减损理念，推广农户储粮、绿色储粮、粮食检测、安全生产新技术等课程。

除了提供线下的技术培训，该项目还创建了线上培训和科普平台。这些平台包括“粮食和物资储备技术转移中心”公众号、粮科院成果转化平台。同时，该项目还在抖音、快手等媒体平台上进行推广和科普宣传。为了更好地传播科学储粮信息，项目根据培训课程的内容，结合各储粮生态区的特点，制作了易于推广和分享的课程视频。这些视频通过新媒体传播手段，将前沿、实用的科学储粮信息推送给更多的受众，以更易于接受的方式，推广绿色储粮的新理念和技术。多期“张同学”短视频已经制作完成，用浅显生动的方式在抖音上传播绿色储粮新技术，让更多的农民朋友们能够在线轻松学习。

线下首期活动于2022年7月在安徽省阜阳市阜南县成功举办。在活动中，粮科院的专家针对阜南县基层管理人员、种粮大户、粮食经纪人等共200人，围绕粮食产后的绿色减损、粮食品质、粮油快检、收储标准、虫霉防治、清理干燥、节粮减损等方面进行了培训和现场答疑。同时，专家们还在当地布置了旋转干燥仓及储粮工具包等设备，以有效提升当地农业从业人员的储粮技术水平。

第二期活动于2023年9月在吉林松原顺利开展，粮科院专家为40多位玉米种植农户讲解了粮食绿色保质转储、粮食品质快检技术应用等绿色储粮知识，同时还带来了80份专业设备和工具包，包括绿色储粮工具包（内含食品级惰性粉和防霉剂）以及近红外检测设备。通过粮科院专业技术人员的现场演示和答疑，有效帮助农户了解这些工具和设备的使用方法，以及它们在减少粮食损失和霉变方面的作用。

后期，本项目将根据项目地区的实际需求，为目标农户发放绿色储粮工具包，并对设备和工具包的使用效果进行数据收集和评估，形成报告供相关技术大范围推广使用，助力中国绿色储粮的发展。

三、全球经验分享，助力中国现代农业发展

嘉吉植根中国50余年，秉承“在中国，为中国”的业务理念，积极利用全球技术和专业知识为中国农户提供一系列动物营养产品和解决方案。通过分享全球的成功经验与技术，赋能农村社区及农业从业者，为推进中国农场可持续管理和养殖增效、动物疾病防控贡献力量。

在2020年第三届中国国际进口博览会上，嘉吉与中华农业科教基金会宣布合作推出农民培训和农业院校奖学金计划，嘉吉捐赠约228万元，旨在通过提升农民的专业技能和知识，助力中国农业的可持续发展和乡村振兴。根据计划，双方将在全国多个养殖聚集的地区举办12期专题培训，将为超1000名养殖户提供养殖增效的专项培训。

2020年9月，国务院办公厅印发了《关于促进畜牧业高质量发展的意见》。对于具体如何促进畜牧业尤其是养猪业的现代化发展，《关于促进畜牧业高质量发展的意见》中有明确指示，行业需要加强良种培育与推广，并提升动物疫病防控能力。嘉吉动物营养专家在系列农民培训中主要为养猪行业的农业从业者提供全球动物营养和生猪养殖知识的分享。

为了有效解决养殖户在实际生产过程中遇到的疑难问题，项目始终坚持问题导向和目标导向，深入践行绿色发展理念，课程结合养殖场实际生产中常见问题，进行了政策解读、专题授课，同时设立专家咨询、企业茶话会等互动环节，满足参训学员对先进知识理念的需求。特别是针对可能给农场带来巨大损失的非洲猪瘟疫情，嘉吉动物营养团队凭借全球非洲猪瘟60多年的防控经验，与广大养殖户分享了360°全方位防控方案、精准剔除方案及农场复养方案，旨在帮助提高农场管理和养殖增效的技能。学员培训后将学习的农场可持续管

理、防控非洲猪瘟、母猪和乳仔猪的饲养等知识与科学技术，结合自身实际积极应用于生产经营过程中，提高了饲养管理和疫病防控水平，为推动畜牧产业健康发展、防范化解畜禽养殖污染风险、助力乡村振兴贡献了力量。

在嘉吉和中华农业科教基金会双方的共同推进下，该项目已在金华、济宁、开封、重庆、杨凌、汉中等地共开展线下培训12期，辐射5个省7个市30余个区县，惠及1300多农户。此外，通过农业系统的“云上智农”平台，还有超过192万人次的农民收看了线上课程并进行互动。线上课程共19期，涵盖“母猪的饲养管理”“猪场批次管理”“家庭农场非瘟精准清除7步法”“乳仔猪营养及饲养管理”“如何看待无抗下，猪料的蛋白水平”“后备牛发育与营养”等课程，由嘉吉动物营养与健康业务的专家进行真人录制，让农户们能在线随时随地进行回看，轻松学习农场管理和养殖知识。

嘉吉将持续深耕农业领域，依托自身的百年经验和业务专长，积极与政府和非政府组织合作，助力中国的农业可持续发展和乡村振兴。

百威中国：创新“青柠”模式
描绘乡村振兴新图景

百威投资（中国）有限公司　孙玲玲

百威集团旗下的超高端啤酒品牌科罗娜有一个传承百年的青柠饮用仪式——“一瓶科罗娜配一片青柠”。对品牌来讲，青柠饮用仪式能够提升啤酒口感，增加消费者与品牌的联结，加强品牌的高端化定位。

因为青柠种植难度大，市场需求小，尽管拥有很高的经济价值和营养价值，在中国大陆地区却鲜有生产。科罗娜之前所用青柠均是从越南、中国台湾等地采购。成本高，运输时间长，供应链不稳定。

四川省安岳县过去是国家贫困县，作为柠檬之乡，出名的是黄柠檬，青柠种植极少。究其原因，一方面，青柠的种植条件对温度、土壤和日照有严格要求，种植难度大，时间成本高；另一方面，青柠品质不高，且缺乏销路，当地村民种植意愿低。

乡村振兴，“乡”是关键，“村”是基础。不仅要促进农民就业增收，更要培育新产业、新业态。2019年，在当时的背景下，百威投资（中国）有限公司（以下简称百威中国）积极响应国家乡村振兴的号召，开创了“青柠”模式——“可持续闭环助农”模式。一场国际知名啤酒品牌下沉中国四川盆地中部一个小县城种青柠、卖青柠的乡村振兴项目拉开了序幕。

2023年，百威中国与安岳县人民政府联合孵化的项目——安岳青柠盟商贸有限公司，是由“社会企业+村集体经济”村企联投，通过打造智慧化青柠基地，引入流程化加工管理模式，推动青柠产业科学化、规模化发展，让安岳青柠从市场上的“酸果果”变成抢手的“香饽饽”，为农民创造可持续的“现金牛”。

乡村振兴，对于百威中国而言意味着什么？百威中国企业事务副总裁朱江柳认为，是“以产业为纽带，充分结合企业自身的特长和优势，把产品和帮扶有机地结合起来，通过不断的创新，打造可持续发展的助农项目，助农增收，带动本地经济发展，从而推动乡村振兴”。

一、不断进阶的乡村振兴范本

2019年，百威中国与四川省安岳县正式启动了“青柠乡村振兴项目”。本着“授人以渔”的理念，在种植端，百威中国投入资金、技术和设备，帮助农户改善农田，修筑排水渠，全面使用有机肥，提升土壤的质量；还进一步强化协同创新，与四川农业大学合作，建设了产学研一体化的创新体系，辅以技术团队对农户进行技术指导。2020年，第一批青柠檬挂果成熟后，全部达到优质品质。

2020年9月22日，第二届世界柠檬产业发展大会在四川安岳隆重召开，这批优质青柠与科罗娜首次以CP形象面向世界亮相。百威中国以“科罗娜+青柠”销售模式，借助科罗娜的品牌影响力发动经销商、供应商等合作伙伴向全国甚至全球的啤酒爱好者推广高质量的安岳青柠，实现真正的以购代捐，增加当地人均收入。同年10月22日，安岳青柠上线百威中国的经销商采购平台，面向全国销售。

2022年，“青柠”模式全面升级，百威中国推出“科罗娜特选青柠”——

秉持“100颗青柠里只选1颗”的筛选原则，“科罗娜特选青柠”以代表最高品质的标准进入市场。当带有“科罗娜特选青柠”标识的产品陆续出现在商超渠道，有不少消费者在社交媒体晒出图片，甚至吸引到原本不喝啤酒的尝鲜受众。科罗娜以自己的超高端品牌形象和市场资源为安岳青柠的高品质形象赋能的同时，也进一步提升了科罗娜的品牌形象和品牌力。

2023年中央一号文件指出，不仅要促进农民就业增收，还要通过实施农业现代化提升行动，发展规模经济，促进农业经营增效增收。激发县域经济活力，提升农业现代化水平成为国家重点鼓励方向。在生产经营层面，鼓励多方参与强强联合，培育更多新产业、新业态。

在这一背景下，2023年10月18日，中国首家专为科罗娜提供“特选青柠”而孵化的青柠公司成立，这意味着“青柠”模式进阶为“新青柠产业赋能范本”。青柠公司将按照“企业+基地（农户）+服务+市场”的模式，居中协调各方资源，赋能产销全流程。主要发力在合作种植创造就业、打造智能化种植基地、建设工业化产业体系上。现代化管理体系的引入与智能化基地的打造，不仅可以科学保障青柠品质，还能让种植户学习先进的管理和经营体系，增强竞争力，提升当地农业智慧化、现代化水平，为青柠产业发展提质增效，激发经济发展活力。

二、多方共赢的闭环助农模式

“青柠”模式本质上是百威中国从自身业务出发，与旗下高端啤酒品牌科罗娜有机结合，以“科罗娜特选青柠”为抓手，联动多个利益相关方，包括当地政府、协会、高校、经销商、基金会等，合力打造的一个从种植、采购、营销到回馈的闭环产业链，持续助力乡村振兴和社区繁荣。

这一模式是多方共赢的。截至2023年底，安岳青柠的年产量已突破74万公斤，累计帮助农户350多户，实现亩均收入比改造前（2019年底）翻三倍。安岳青柠的种植面积从最初的30亩已扩大至478亩，其中包括了青柠公司在安岳县戏楼村投资新建的100亩智能化青柠种植基地，预计到2026年，这100亩地将实现亩产2500公斤以上，优质果率85%以上，青柠果园的经济效益增加20%以上。

百威中国青柠乡村振兴项目自设立之初就注重增加当地就业岗位，特别是优先聘用经济困难的家庭人员，并聘请专家对果农进行技术培训和指导，提升他们的种植技能。随着返乡就业的青壮年增多，当地的留守儿童也减少了。为确保被聘用农户的收入水平高于当地平均工资水平，新成立的安岳青柠盟商贸有限公司还将有关条款写进合同，并将利润的20%回馈村集体，用于扶助当地困难群体，助力青柠产业发展。

对科罗娜而言，不仅缩短了供应链，增强了供应链的韧性，而且给国内消费者带来了更新鲜的青柠、更好的消费体验，从而扩大了消费者市场。据了解，此前的2019年，科罗娜西区的经销商中仅有约43%会同时销售青柠，有了优质的本土青柠供应后，2022年这一比例扩大至100%。科罗娜啤酒2022年销量相比2020年实现29%的增长。第三方数据显示，科罗娜品牌的品牌力在2022年第三季度较2021年同期增长了17%。

百威亚太控股有限公司首席营销官车祁表示：“我们相信，安岳青柠盟商贸有限公司作为村企联投的范本，会进一步助推安岳青柠产业高质量发展，为更多科罗娜的消费者提供质量上乘的青柠仪式体验，同时也会持续为科罗娜带来品牌公益价值。”

据了解，该项目得到了主要利益相关方的广泛认可，各方好评率100%，当地政府更是颁发了各种奖项以表彰百威中国对当地经济社会的贡献。“青柠”

模式也被新华社、央视新闻、《中国新闻周刊》等媒体报道。2023年6月，在有“广告界奥斯卡”之称的戛纳国际创意节上，百威中国“科罗娜特选青柠”项目一举摘得钛狮奖，这也是奖项设立以来第一个获此殊荣的中国案例。

三、推动青柠产业规范发展

“中国柠檬看四川，四川柠檬看安岳”，安岳柠檬已有近百年的发展历史，作为川果“金字招牌”为人熟知。相比于种植规模大、种植历史长的黄柠檬，青柠是一个从无到有、刚刚起步的产业，还没有自己的质量标准。目前，青柠交易市场采用的是黄柠檬的质量标准，这就导致青柠果的评级存在主观化、供应质量不稳定等问题。

针对这一情况，百威中国率先提出并申报了百威中国青柠檬企业标准，标准规定了对柠檬鲜果的要求、检验方法、检验规则、标志、标签、包装、运输与贮存等内容。在符合基本要求的前提下，还要按照数据化管理和区分果品质量。百威中国青柠檬企业标准也为中国青柠檬行业标准的出台提供了基础和参照。

安岳县柠檬产业发展中心主任田景华表示：“要让青柠真正实现商品化、产业化、规模化，就需要有一套规范、完善、科学的行业质量标准。行业标准的设立是全力打造中国青柠产业集群、世界级柠檬产业基地的必经之路。未来，青柠行业标准的推出不仅有利于安岳青柠檬品牌‘出圈’，还将引领青柠产业转型升级创新发展。”

安岳县人民政府石桥街道办事处党工委副书记、主任王洪毅表示：“柠檬产业是安岳的支柱产业，而青柠产业刚刚起步，有着无限前景和发展空间。我们与百威中国有着良好的合作基础，此次深入合作，引入百威中国这样的现代化企业和科罗娜啤酒品牌来扶持创办企业，有利于安岳青柠产业现代化转型升级，进一步激发县域经济活力，为安岳青柠创造出更广阔的未来。”

四、共酿人人喝彩的未来

除了安岳县的两个基地，百威中国在云南又开发了200亩青柠基地，未来还将在全国建立更多青柠基地，同时也在探索更多的青柠饮用场景，进一步扩大青柠市场需求。

一颗青柠和科罗娜的碰撞，激发的不只是科罗娜的清爽口感和独特风味，更是果农的幸福期待。一瓶科罗娜啤酒背后，承托着无数农民的希望，蕴含了百威人用智慧创造出的助农经。用品质收获价值，用味蕾征服人心，百威中国与安岳青柠一起“开花结果”。正因为百威中国的助力，在安岳，青柠以一种全新的意义存在于当地果农的生活中。

赢创：以可持续发展战略助力化工行业绿色低碳转型

赢创工业集团　李芳菲

一、研究背景

2020年9月，中国宣布采取更加有力的政策和措施，二氧化碳排放力争于2030年前达到峰值，努力争取2060年前实现碳中和。

如期实现碳达峰、碳中和是国家处于能源转型时代的重要目标，也是国家快速构建绿色低碳经济体系的重要推动力。目前，中国化工行业产值高居世界第一，且短期内或仍将处于扩增产能的高速发展阶段。作为国民经济的基础行业，化工行业必将深度参与国家的“双碳”进程。

赢创工业集团（以下简称赢创）是一家来自德国的特种化学品公司，业务遍及100多个国家和地区。2023财年，赢创销售额为153亿欧元，营业利润（息税折旧及摊销前利润）达16.6亿欧元。

赢创自20世纪30年代起便在中国开展业务，并自20世纪70年代末开始在中国生产特种化学品。经过多年的发展，赢创建立了完善的生产、创新、市场营销和销售网络，在中国拥有超过2700名员工和16个生产基地及办公室（见图20）。

对赢创而言，承担企业责任与取得经济上的成功密不可分。为此，赢创已

图20 赢创上海创新园

资料来源：赢创工业集团。

将可持续发展全面、系统地纳入企业战略的方方面面，包括产品组合管理、创新、企业文化等。

在“双碳”目标的推动下，化工行业不仅可以通过能源管理、工艺优化等举措来实现减排目标，还能通过创新型解决方案助力“双碳”目标的实现。通过学习国际领先企业的经验与做法，帮助行业更好地探索绿色、低碳转型之路。

二、实践做法和成效

（一）将可持续发展全面融入企业战略

赢创的可持续发展战略主要聚焦四大可持续发展焦点领域：气候变化、循环经济、生态保护、安全健康。以上焦点领域中既包含了减少生产运营足迹的举措，也包括了扩大产品可持续效益的解决方案。每个焦点领域均涵盖了具体的发展方向，以及为联合国可持续发展目标作出的贡献。

2022年，赢创宣布在全球范围推动下一阶段的战略转型，提出了“下一代”的概念，包括“下一代技术”“下一代解决方案”“下一代企业文化”，设立了可持续发展目标，并将其转化为关键绩效指标。

在生产运营方面，赢创将通过“下一代技术”，例如优化生产工艺和基础设施，从而在2030年将范围1、范围2的温室气体排放减少25%。为了在2050年实现气候中和，赢创还将努力减少范围3的排放：2021—2030年，将所有上游以及下游与运输和分销相关的绝对排放减少11.07%。

在产品组合方面，赢创计划到2030年将“下一代解决方案”（具有显著可持续优势的产品和解决方案）的销售份额从目前的43%提高到50%以上。

基于上述目标，赢创将对绿色增长领域进行大规模有针对性的投资，并将可持续发展作为创新的核心驱动力。

可持续发展是赢创在中国发展战略的重要组成部分，公司正着手推进企业战略转型在中国的落地，在产品研发、生产运营等方面开展具体项目。

（二）“下一代技术”：减少生产运营足迹

作为资源型和能源型产业，化工行业是典型的高耗能产业。化工行业的碳排放存在着排放总量有限但强度突出的特点。因此，在实现“双碳”目标的过程中，其面临的碳减排压力巨大。

在减少生产运营足迹方面，赢创计划到2030年将范围1和范围2的温室气体排放减少25%，到2050年实现企业自身的气候中和。这一气候目标已获得国际公认的减排标准、独立机构科学碳目标倡议组织的科学认证。

通过“下一代技术”，赢创将优化生产工艺基础设施，持续改进生产工艺和技术，从而减少温室气体排放。通过工艺改造或升级生产设备，回收废气、废热等能量并进一步将其用于生产，这不仅减少废气的排放，还大大提升了能源效率，实现节能减排。在中国，赢创进行了一系列实践。比如，位于上海的中国多用户基地内的一工厂通过程序优化和工艺改造，每年减少蒸汽消耗约6700吨，减少温室气体排放约1100吨。南平工厂将往复式耗煤型链条热风炉升级为更高效、低污染的沸腾热风炉，每年可节省标煤超过4000吨，热值单耗降低约20%。该工厂还通过建立余热回收系统，对锅炉烟气和蒸汽冷凝液的余热进行二次回收，回收的余热将用于加热车间生产设备清洗用水和物料溶解用水，每年可节约蒸汽超过1500吨、天然气约13万立方米。

先进的数字化能源管理系统将进一步助力提高节能效率。2020年，赢创数字化能源管理系统DEnMS在赢创全球主要基地上线。DEnMS通过工厂内的智能传感器采集数据、记录工厂能耗情况，同时配置了工厂运营能效监测、碳足迹计算等功能。工厂还可应用DEnMS的数据处理工具自动生成提升能效的建议。DEnMS遵循能源管理国际标准ISO 50001。赢创在中国80%的生产基地已引入该系统（见图21）。

图21　赢创中国多用户基地

资料来源：赢创工业集团。

可再生能源是实现节能减排的重要力量。在全球范围内，越来越多的赢创生产基地已经采用可再生能源供电。2023年，赢创在长春、吉林、日照、上海、南京、南宁的六家工厂先后通过国际绿证（I-REC）或签署可再生电力合作协议的方式，实现绿电的使用。

企业的采购行为会对社会和环境带来重大影响。赢创联合供应商，共同提升价值链的可持续性。赢创严格筛选供应商，确保其满足相关可持续标准并不断进步，以此助力提升价值链的整体发展水平。供应商可持续绩效的审查和评估将受到重点关注，而关键原料供应商更需要接受特别审查。赢创的目标是，到2025年完成对所有关键原料供应商的可持续评估。

赢创将供应商审核与评估视为可持续供应链管理的重要组成部分。新供应商必须符合《赢创供应商行为准则》的要求。通过定期培训、举行研讨会等形式，帮助供应商了解赢创的可持续标准。

为提高化工供应链的透明度和可持续发展，赢创于2011年与其他五家企业联合发起了携手可持续发展（TfS）化工行业倡议。该倡议旨在建立并实施全球统一的供应商评估和审计标准，推动可持续采购。通过这种方式，TfS不仅可量化供应链的可持续标准，还有助于供应商持续提高可持续绩效。在中国，我们积极参与TfS的各项工作，包括供应商评估、培训和研讨会、TfS学习平台的搭建等。

赢创力争大幅减少范围3的间接碳排放，到2030年，将所有上游以及下游与运输和分销相关的绝对排放减少11.07%。为减少运输和分销过程中的碳足迹，赢创正不断优化物流运输结构，采用更节能低碳的运输方式。2022年起，赢创开始在中国探索多式联运方式，部分货物由公路运输转为铁路运输，已减少约27吨的二氧化碳排放量。此外，赢创还与包括在中国的关键原材料供应商就如何降低供应链上游的碳排放进行讨论，目前已采用多种减排措施，包括采购使用生物质或废物流生产的原料，以及供应商通过改进工艺和使用可再生能源减少的生产排放等。

（三）“下一代解决方案”：提升产品可持续效益

对于化工行业而言，除减少自身的碳排放外，其研发生产的化工产品为众多市场及行业带来资源节约型和环保型的产品和解决方案，从而推动了下游行业的绿色发展。

赢创正不断提升产品组合的可持续效益，通过借助多种工具，全面分析、衡量旗下产品与服务的可持续性。其中最为关键的一项是依照世界可持续发展工商理事会（WBCSD）框架制定的产品组合可持续性评估。通过这一评估，赢创对产品进行评级和分类，包括领先型（A++）、优秀型（A+）、普通型（B）、转变型（C-）与挑战型（C--）。其中，领先型与优秀型产品被定义为“下一代解决方案”，它们具有显著高于市场水平的可持续优势，并且具有可观的增长潜力。赢创的目标是到2030年将其销售份额从目前的43%提高到50%以上。

目前，这套产品组合评估标准已融入赢创的战略管理流程。它不仅有助于持续提升产品组合的可持续效益，也能为改进或淘汰那些具有负面影响的产品提供指导。

在中国，赢创的策略是优化产品组合，加快“下一代解决方案”研发和投入市场的速度，从而更好地支持新能源汽车、清洁能源、绿色制造等多个战略性新兴产业的发展。

在新能源汽车领域，赢创正与多家新能源汽车制造商展开合作，积极贡献材料解决方案。从扩展电池容量，到提升电池性能，赢创为电动车锂离子电池系统提供一系列解决方案：AEROXIDE®气相法金属氧化物可应用于电池正极材料和隔膜，提升电池性能、使用寿命及安全性；Ancamide®固化剂可用于电池壳环氧结构胶体系，在提供出色的抗冷热冲击性能和电气性能的同时可实现壳体的减重；VESTAMID®聚酰胺12（PA12）具有优异的防火性能与介电特性，尤其适用于高压电池中的电力母线；TEGO® Surten E系列过程助剂能使电池生产过程更简单高效，降低总成本。赢创还为新能源汽车制造提供各类添加剂解决方案，包括用于不同基材粘接的环氧固化剂、用于电驱系统油液的黏度指数改进剂、用于车漆的涂料添加剂、整车电子电气浸没式冷却方案等，可在赋予相关部件出色性能的同时，提升新能源车制造工艺的整体可持续性。

在清洁能源领域，赢创提供的异佛尔酮二胺交联剂、气相二氧化硅可以提高风机叶片的刚度、韧性和持久稳定性，从而助力中国这一全球最大的风电市场的发展（见图22）。特种添加剂解决方案则能用于光伏行业，涵盖生产工艺、组件、涂层和胶粘剂等多个领域，助力提升光伏组件的整体性能，并提高生产效率。赢创还为氢能价值链的多个环节提供解决方案，比如用于氢气储运的高性能聚合物尼龙12。为推动“绿氢”的商业化进程，赢创开发了一种新型阴离子交换膜，有望实现高产量、低成本的电解水制氢。

图22　风力发电机

资料来源：赢创工业集团。

在绿色制造领域，赢创与蒂森克虏伯共同开发的过氧化氢制环氧丙烷（HPPO）工艺技术可用于环氧丙烷的绿色生产，具有投资成本低、原料利用效率高、蒸汽及电力消耗低、环境友好、技术成熟、除水外无其他大量副产品产生等优势，可产生显著的生态和经济效益。吉林吉神化学工业股份有限公司和淄博齐翔腾达化工股份有限公司已先后采用了该技术。针对水泥生产场景，赢创的气体分离膜可以实现烟气中二氧化碳高效、经济地分离和捕集，并为下游产品合成和综合利用提供原料；赢创的富氧膜可制备高可靠性、高经济性的富氧，帮助水泥窑提高燃烧效率，降低烟气和二氧化碳排放，并实现节能增产。赢创还为水泥行业提供由P84®聚酰亚胺纤维制成的滤袋，可用于高温烟气的高效除尘，帮助工厂实现粉尘超低排放，节约运行能耗。

在畜牧养殖领域，赢创正与国内10余家饲料及养殖企业开展深入合作，在中国积极推行低蛋白日粮理念。低蛋白技术不仅能够为动物提供有效和均衡的营养，还能替代传统过量的豆粕添加，从而有效减少畜禽养殖氮排放与大豆消耗，在提高资源利用率、减少生态足迹、减少森林砍伐等方面作出贡献。此外，赢创还开发了可替代促生长类抗生素的益生菌系列产品固达畅®，它可调节肠道微生物的平衡，抑制致病菌的生长，从而改善养分吸收利用，最终提高动物的生长性能。

在医疗健康领域，赢创RESOMER®功能性聚合物具有生物可降解的特性，可用于生产植入用医疗器械。该材料在人体内存在一定时间后可自然降解为水和二氧化碳，患者无须进行二次手术取出植入物，还可减少医疗废弃物的产生。中国已有近百家医疗器械公司采用RESOMER®开发或成功上市数款生物可吸收的心血管、骨科、外科及医疗美容等方面的植入物产品。近几年，赢创还推出了众多全新辅料产品，例如针对中国市场本地研发和生产的注射用高纯度聚山梨酯80、自主研发的植物源胆固醇和植物源角鲨烯等，助力生物制药领域创新技术的发展。

在消费品领域，赢创VESTANAT®卫塔联、 IPDI和H12MDI等系列产品可用于合成革用水性聚氨酯分散体或者无溶剂聚氨酯体系，代替传统有机溶剂工艺，提升环保性。赢创赢安糖®鼠李糖脂是一种生物表面活性剂，以糖为主要原料，通过发酵工艺生产，无须使用石化原料或热带油。产品不仅可完全生物降解，对皮肤也非常温和，毒性极低且具有出众的发泡性能，适用于洗衣液、家居清洁剂等（见图23）。

图23　生物表面活性剂鼠李糖脂可用于洗衣液

资料来源：赢创工业集团。

（四）“下一代企业文化”：人是推动企业可持续转型的核心要素

绿色转型不仅能确保赢创稳定、盈利性的发展，在塑造其企业文化方面也发挥着关键作用。

赢创拥有较为完善的ESG治理体系，并在组织架构中体现。执行董事会全面负责可持续发展和赢创所有与气候相关的事宜。赢创成立了可持续发展委员会，是负责可持续战略的指导和决策机构，由首席执行官担任主席；可持续发展圆桌则负责进行跨职能—业务部门的协调工作。针对可持续碳手印与碳足迹的可持续发展目标也被纳入赢创执行董事会的长期薪酬计划。

赢创鼓励每位员工培养将可持续发展纳入日常工作的意识和能力。只有通过每一个人的行动，才能实现可持续发展目标。为此，公司提供了丰富的学习资源和交流平台，帮助员工及时了解与可持续发展相关的最新话题。

社会责任在赢创企业文化与价值观中占有重要地位。赢创希望创造超越自身增长目标的社会价值。多年来，赢创积极参与生产基地与办公室周边社区的建设，持续开展社区帮扶和沟通工作，通过基地开放日、爱心捐赠、助老服务、学校公开课、公益环保活动等形式，以实际行动推动社企联动，增进公众对化工行业的了解。

2023年起，赢创在中国发起了“成长不设限”赢创高职女生职业赋能计划。该计划通过丰富的体验式学习项目，旨在帮助高级职业院校化工相关专业女生明确职业规划方向，助力其实现职业发展，并支持中国职业教育“产教一体”的发展规划。项目覆盖上海、镇江、南平、南宁、青岛、日照、长春、吉林的多所职业技术院校，直接参与学生约560名。

中国的“双碳”目标在全球发展进程中具有深远意义。作为国民经济的基础行业，化工行业在这一进程中大有可为。作为一家全球领先的特种化学品公司，赢创通过创新产品和解决方案，通过先进的生产和资源管理体系，积极挖掘增长潜力，深化与客户、合作伙伴的合作，从而助力中国化工行业的可持续发展。

赢创的实践体现了一家企业的责任与担当。优秀企业应充分发挥自身的引领示范作用，并积极分享各自可持续发展最佳实践，从而实现行业的绿色低碳发展。

恩泽基金：产业与投资协同发展助力绿色能源转型

恩泽基金　周雨萱

一、氢能正逐步成为全球能源转型发展的重要载体之一

2020年前后，世界主要国家都加入碳中和倒计时，其中30多个国家制定了氢能发展计划，全球主要发达国家高度重视氢能产业发展，氢能已成为加快能源转型升级、培育经济新增长点的重要战略选择。一方面传统企业需要通过发展氢能业务来实现减碳，另一方面可再生能源企业也需要通过可以储存的氢能来平抑风光电源的波动。

近年来，全球氢能产业链关键核心技术趋于成熟，燃料电池出货量快速增长、成本持续下降，氢能基础设施建设明显提速，区域性氢能供应网络正在形成，氢能浪潮正在席卷全球。

氢能之所以成为风口行业，是由氢能产业发展的动因决定的：

（1）氢能是能源发展规律的必然选择，氢气来源广泛、热值高、清洁无碳，被誉为“21世纪终极能源”；

（2）氢能是实现碳达峰、碳中和的必然选择，可再生能源具有间歇性和波动性，氢能可实现大规模、集中式、长周期的储能，因此氢能尤其是绿氢，是深度脱碳的必然选择；

（3）氢能是缓解能源危机、摆脱地域资源约束的必然选择，氢元素是宇宙中含量最丰富的元素，以水的形式大量存在于地球上。通过电解水可以很容易地产生氢气，可以真正做到摆脱资源束缚。

二、中国氢能产业发展的优势和挑战

自2020年“双碳”目标提出以来，中国氢能产业发展迅速，氢能产量由2017年的1915万吨增长至2021年的3300万吨，5年复合年均增长率（CAGR）达14.6%，2021年全球纯氢产量达7000万吨，中国已成为全球第一大制氢国。

2022年3月，国家发展和改革委员会与国家能源局联合发布《氢能产业发展中长期规划（2021—2035年）》，明确了氢能产业的战略定位和绿色低碳的发展方向。截至2022年底，已有22个省市制定并发布本地氢能产业规划。

不容忽视的是，目前中国氢能产业链仍处在较早期阶段，主要体现为：绿氢成本较高，核心技术存在短板。

具体来看，制氢环节方面，我国自有的大规模质子交换膜（PEM）制氢技术尚缺乏商业实践。储运环节方面，国际上，高压气态储氢、低温液态储氢已进入商业应用阶段，有机液态储氢、固体材料储氢尚处于技术研发阶段。而我国目前氢能市场规模较小，且氢能示范应用主要在工业副产氢和可再生能源制氢基地附近，因此多采用长管拖车运输。行业发展迫切需要在安全可控的前提下，推动氢储运技术研发，加快降低储运成本。加氢方面，中国加氢站数量居全球首位，具有区域集中性特点。但我国加氢站的技术尚未成熟，关键设备依赖进口。应用场景方面，交通领域是目前氢能应用相对成熟的领域，建筑、发电等领域仍然处于探索阶段。在工业上，氢气是合成氨、合成甲醇、石油精炼和煤化工行业中的重要原料，但中国目前工业用氢主要依赖化石能源制取，未来通过低碳清洁氢替代应用潜力巨大。2020年，我国二氧化碳排放量为130亿吨左右，其中40%来源于电力系统，60%来源于非电力系统。即通过新能源发电最多只能解决40%的碳排放，另外60%的碳排放只有通过引入绿氢才能够真正实现深度脱碳。氢能在石油炼化、煤制烯烃、合成氨、炼钢等领域广泛应用，例如生产1吨尿素可以消耗0.7吨二氧化碳，为负碳概念。应用上，可通过此方式实现零碳化工业园区甚至负碳化工业园区。再如我国每年产出约8000万吨煤制甲醇，若运用绿氢可减少80%~83%的碳排放。

三、恩泽基金以产业投资助力氢能产业生态圈建设

恩泽基金于2020年10月10日由中国石化集团资本有限公司发起，联合国家制造业转型升级基金股份有限公司、天津市海河产业基金管理有限公司以及广东南海产业集团有限公司共同设立。恩泽基金是中国石化发起设立的第一只基金，也是目前唯一一只基金。

作为拥有强大产业背景的产业型投资人，恩泽基金遵循“围绕产业链，布局生态圈”的投资战略，秉承“创新科技与创新资本相结合，把始于科技、成于资本真正落实，为中国石化乃至中国能源产业转型升级和可持续发展培育新动能，打造新引擎”的初心，成功打造了产业布局与基金投资协同发展平台，并在技术突破、培育产业“科技尖兵”、推动先进技术产业化上持续发力。

2022年，中国石化发布实施氢能中长期发展战略，将以打造规模最大、科技领先、管理一流的“中国第一氢能公司”为目标，围绕氢能交通、绿氢炼化两大领域积极推进产业示范。在此背景下，恩泽基金在氢能领域重点布局燃料电池汽车产业链与氢能经济生态圈。具体来看，主要以燃料电池为切入点，向电池上下游延伸，寻找电极、膜材料、催化剂等原材料领域的优质项目；沿着

氢能供应链，布局电解水制氢、氢储能、燃料电池电堆及上游材料；布局储氢和运氢的关键技术，包括储氢材料、储氢技术、关键设备（储氢容器、阀）、高压/液化/混输技术及相关材料；关注加氢站整体解决方案。

目前，恩泽基金在氢能领域所投项目已覆盖氢能“制—储—运—加”全产业链。如与康明斯集团合资成立的合资公司——康明斯恩泽（广东）氢能源科技有限公司将全球最具竞争力的PEM电解水制氢技术落地中国，以先进制氢技术为基础，将装备生产国产化，整合优化供应链，从而解决绿氢制备成本高的痛点，有效助力绿氢成为具有竞争力的能源，在工业、交通等各领域得到大规模推广应用。国富氢能是国内氢能产业商业化发展进程的领军企业之一。公司车载供氢系统和加氢站成套设备实现了全国产化设计，并实现了主要原材料碳纤维、铝材、管阀件等的国产化，国产零部件均已验证满足客户使用要求。海德利森是氢能加注领域的核心装备供应商。公司实现了液驱氢气压缩机的国产化，技术处于国际领先水平，在国内70MPa加氢站的市场占有率超过90%。

四、恩泽基金坚持技术引领、深耕产业赋能

把握全球能源变革发展大势和机遇，加快培育发展氢能产业，需要关注以下几个方面：

第一，高度关注技术的发展。氢能成本的下降，一方面依赖于量的支撑，另一方面以技术的进步为前提。

第二，要构建“制—储—运—加—用”全产业链闭环的发展模式，从示范项目开始，探索绿氢产业的商业化模式。如欧洲的氢谷，构建的就是氢能生态系统，其依托丰富的可再生能源地域建设制氢站，以此为中心，带动周围产业对绿氢的应用，并逐步扩大基础设施的覆盖范围，形成大型的产业集群。

第三，氢能产业的发展，必须具备三大关键因素：供应链、应用场景、资金+资源。只有三大要素协调发展，才能形成健康的良性循环，打破“鸡生蛋，蛋生鸡”的逻辑困局。

能源圈没有小生意，其发展需有大量资本的支撑。氢能作为二次能源，尚处于产业发展的早期阶段，离不开相关产业资源的参与和支持。综上，氢能产业的发展，应该是由技术和产业推动其成长，而不能单纯由资本催生。

作为产业型投资人，恩泽基金始终坚持技术引领，进行产业赋能，给被投企业带来资金背后的资源，即依托股东方丰厚的产业资源，通过产业协同形成产业与资本的良性循环，助力被投企业的高速发展。

能源供应系统的结构、能源利用效率等都在经历颠覆性的变革，这是一个非常庞大的产业集群，其中很多产业尚处于商业化初期。恩泽基金将不忘初心，持续寻找“长坡厚雪的赛道”和具有企业家精神的“赛手”，将“始于科技，成于资本”落到实处。

满帮集团：发展新质生产力
数字化绿色化让物流更智慧

满帮集团

一、交通运输行业“节能降碳”的背景及难点

2021年中共中央、国务院发布了《中共中央 国务院关于完整准确全面贯彻新发展理念做好碳达峰碳中和工作的意见》和《2030年前碳达峰行动方案》，2022年，国务院发布了《“十四五”现代综合交通运输体系发展规划》，要求持续推动降低物流成本，将区块链与交通行业深度融合。

据测算，交通运输行业年温室气体排放量占我国年温室气体排放总量的12%，其中公路运输碳排放占交通运输行业排放总量的80%以上，而公路货运又是公路运输中碳排放的重点领域，占比超过60%。这意味着公路货运是交通领域碳减排的核心“战场”，加速交通运输行业的绿色低碳转型将在实现“双碳”目标的过程中起到不可替代的作用。

对公路货运碳减排而言，长途中重型卡车使用清洁能源的解决方案尚不成熟，运输效率提升成为短期内碳减排的重要战略方向。长期以来，我国公路货运市场一直存在个体经营者居多、资源难以整合、线路供需不平衡、车货匹配效率低下等问题。其中，作为公路货运主力的中重型卡车，社会零散运力所占比重很高，导致对其油耗和碳排放量的有效测算难度较高，而直接在卡车上安

装监测装置的成本巨大，也难以做到油耗的实时统计。因此，如何实现公路货运规模化的提质增效、减少碳排放，以及如何对零散、移动运力的碳排放进行有效测算，成为亟须攻克的两大难点。

据测算，如果能将车辆空驶率从目前的45%降至发达国家普遍的25%，将减少全年无效行驶里程1472亿公里，对应的二氧化碳排放量减少6951万吨，减排潜力巨大。

为解决这一难题，满帮集团和交通运输部规划研究院共同合作开展了“我国碳达峰碳中和背景下互联网道路货运平台发展战略与路径”课题，并联合中国船级社，开创性使用数据技术，结合产业现实，探寻与论证了车辆排放因子与实载率的关系，针对公路货运智能匹配系统提出了一套具有创新性和可行性的碳排放测算方法。将互联网技术、数字化技术等智慧技术应用到交通物流领域，提升交通运输系统总体效率，减少能源消耗和碳排放是公路货运碳减排的重要路径之一。

二、解决方案及效果

满帮集团响应国家“双碳”目标要求，通过大数据、云计算、人工智能等数据智能技术提高车货供需两端的匹配效率并解决路线规划等问题，进而提升了在单位周转量下车辆运输的利用效率，显著减少了“三空”现象（空驶、空置、空载），从而降低了单位周转量下的碳排放因子，实现降本增效经济效益和节能减排社会效益的双丰收，对于带动整个行业低碳转型具有重要意义。该方案的核心是抓住了实现公路货运节能减碳最薄弱的环节——个体货车司机，从平台整体角度提升运输效率，激励司机减碳行为，核算碳减排量，形成碳资产，实现经济效益、社会效益和环境效益的统一。

作为互联网货运平台行业的践行者，满帮集团通过技术和模式创新，运用大数据算法技术实现了车货的智能匹配，将线下分散、低效的货运供需信息数字化、标准化、透明化、智能化，有效解决了车辆配载效率低、行驶路线缺乏规划等问题，实现了车货匹配效率和运单综合实载率的规模化提升，显著减少了公路货运“三空”现象。由于实载率的提升，货车运输过程中的燃料浪费得到有效控制，对交通运输领域的节能减排作出了实质性的贡献。

通过提高车货匹配效率大大提升了货物运输效率，通过行业认可的方法学，结合货车载重、油耗、轨迹等多源大数据综合计算，该平台预计每年实现减碳1420万吨，相当于为司机节约46.5亿升燃油，平均为每个司机减少1万~2万元燃油费支出。从社会价值来看，如果按1棵树每年减碳1000克计算，满帮平台相当于种植了约5亿棵树，将近42万公顷，约合1.7个西双版纳热带雨林自然保护区的面积。

长期来说，由于交通运输与各大行业均有交集，满帮集团基于自身的数据、计算、平台等能力赋能其他高碳排放量行业，协助其他行业的零碳化转型；强化平台企业的社会影响力，为带动行业碳减排作出先行示范，惠及更多司机，为我国实现“双碳”目标贡献力量。

米其林：助力移动出行领域绿色转型

米其林（中国）投资有限公司

一、行业发展现状分析

1. 轮胎看似不起眼，但在现代社会中扮演了重要的角色

轮胎行业也是国民经济中一个非常重要的行业，对交通出行、经济发展和环境气候都有不可忽略的影响。

交通出行：轮胎是汽车、卡车、摩托车等多种交通工具的关键组成部分，是这些交通工具唯一与地面接触的部件。优质的轮胎可以提高车辆的抓地力、制动性和操控性，其质量和性能直接影响到汽车产业的发展和交通运输的效率。

经济发展：轮胎行业是一个庞大的产业，轮胎也是全球贸易中的重要商品之一，涵盖了原材料、制造、销售、分销、服务、回收等各方面，轮胎行业创造了大量的就业机会，为经济发展作出了贡献。

环境气候：轮胎的生产和使用会对环境产生影响，包括橡胶种植，钢丝、炭黑等原材料获取，轮胎生产制造。轮胎使用过程也可能影响车辆的燃油效率和碳排放。因此，制造和使用绿色和可持续的轮胎有助于减少对环境的负面影响。

2. 轮胎行业曾被认为是一个高污染、高耗能行业

轮胎制造需要消耗多种原材料，如天然橡胶、炭黑、钢丝等，这些原材料

的生产和加工会带来一定的能源消耗和环境污染。不合理的天然橡胶种植，也不利于生物多样性和水土保持。

轮胎制造过程需要消耗大量的能源，从橡胶密炼到轮胎的成型和硫化，每个步骤都需要耗费大量能源，如电、煤炭或天然气。轮胎的生产过程还涉及大量的化学物质，例如硫化剂、有机溶剂和其他添加剂，这些化学物质如处理不当，可能对环境造成污染。此外，轮胎的运输和分销也需要能源，考虑到轮胎的体积和重量，运输过程中的能源消耗也不可忽视。

轮胎是易耗品，每年都会产生大量的废旧轮胎。据统计，随着汽车工业的快速发展，中国每年废弃轮胎达3亿条，大量的废旧轮胎的回收处理也是一个挑战。不当的处理和回收，不仅会对环境造成污染，也会造成资源浪费。

为应对这些问题，轮胎行业也一直在积极探索可行的路径，采取各种措施，以减少环境影响，实现绿色转型。例如，产品全生命周期管理，从轮胎全生命周期考量，设计更高性能、更耐用和可再生的轮胎，以延长其使用寿命。材料创新，开发并增加更环保的原材料的比例，例如使用可再生橡胶和生物基材料。提升能源效率，通过优化生产过程，减少能源消耗，例如，使用高效节能的设备和工艺，使用智能设备和大数据分析来提高生产效率。推广清洁能源，例如太阳能和风能，以满足工厂的电力需求。减少生产过程中的污染，例如通过优化原材料使用和生产工艺，减少有机溶剂等的使用，加强废气、废水、固废等的回收和循环利用。提高废弃轮胎的回收率和再利用率，例如，采用先进的回收处理技术，从废旧轮胎中提取有价值的材料，如再生炭黑，重新应用于新轮胎制造、道路建设、制造再生橡胶和橡胶粉等。智能化技术在轮胎行业发展中正扮演着越来越重要的角色，例如，智能轮胎传感器可以提供实时的胎压和磨损信息，可帮助车主更好地管理轮胎，优化轮胎使用效率。

3. 中国的轮胎行业近年来发展迅猛

据国家统计局数据，2022年中国外胎产量超8.5亿条，已成为全球最大的轮胎生产国和消耗国，并且，随着国内汽车市场的发展和汽车保有量的增加，轮胎产业有望继续发展壮大。与此同时，中国正在积极推动绿色转型和高质量发展，提出了“双碳”目标。为此，中国轮胎行业需要加强技术创新和产品升级，提高产品质量和性能。同时，也需要加强环保投入，提升环保能力和水平，推动行业可持续发展。

二、企业的实践做法和成效

（一）从战略方面提出可持续转型目标

面对当今世界面临的气候变化、环境污染等诸多挑战，作为负责任的企业，米其林集团（以下简称米其林）提出了“一切皆可持续”的企业愿景，在推出大量高科技、先进、符合市场需求的产品，实现自身可持续发展的同时，在一切行动中均考虑对环境的影响，致力于实现人、利润和环境（People，Profit，Planet）三者之间的平衡。为此，米其林在这3个方面提出了具体的绩效指标，推动可持续未来的实现。

“人”意味着不断提升人的满足感、成就感，这包括了米其林的员工、客户以及合作伙伴等。到2030年，米其林的员工将成为团队多元化和包容性的标杆，为客户创造更多价值。

“利润”意味着可持续的业务增长，以此保证公司的持续性和独立性。我们的目标是从现在到2030年，销售额平均每年增长5%，资本回报率超10.5%。

“环境”指的是通过各种努力，让地球更加绿色低碳，同时保护所有“居民”。为此，米其林计划到2030年，二氧化碳排放量较2010年降低50%，到2050年实现净零排放。同时，到2030年将轮胎中的可持续材料比例提升至40%，到2050年提升至100%。

米其林在可持续发展方面的目标与中国的“双碳”目标高度契合。米其林中国区积极主动配合中国的绿色发展战略，从产品设计、生产、运输、使用到回收利用等各个环节，充分考虑对环境的影响，采取多种措施节能减排，顺应中国汽车产业链向电动化、绿色化转型的趋势，推出更创新、更环保的产品，助力中国“双碳”目标的实现。

（二）在绿色产业链中的具体实践

1. 绿色研发创新

米其林投入了大量的资源和精力进行可持续的研发创新，开发并推广更加环保、高效的轮胎产品，不仅推动了轮胎的进步，也为轮胎乃至汽车行业的绿色和可持续发展发挥了自己独特的作用。可持续理念始终贯穿米其林创新产品研发的整个过程，在研发低滚动阻力、高能效的轮胎，减少车辆的油耗和碳排放方面，米其林始终站在行业前沿。

1891年，可拆卸自行车轮胎在米其林诞生，由此确定了轮胎的发展方向。

1895年，米其林发明可充气轿车轮胎，这可以认为是汽车领域的一次革命，汽车装上橡胶材料制成的轮胎，不仅提升了舒适性，也能有效降低燃料消耗。

1946年，米其林发明子午线轮胎，这种轮胎能有效减少滚动阻力和内部摩擦所产生的热量，同时也大大降低了燃油成本，改善了车辆的操控性和安全性。

1992年，米其林推出低滚动阻力型轮胎，成为世界上第一个将硅原料加入轮胎配方的厂家，这项技术成果能有效节省燃料，减少车辆碳排放。这也是Green X标识第一次出现在米其林轮胎的胎壁上。这个标识为消费者提供了其节能特性的相关信息。现在，米其林生产的所有轮胎都是低滚阻轮胎。

2017年，米其林推出了一款创新概念轮胎VISION，中文是愿景。它有四大特性：免充气、可互联、可3D打印、100%可循环，这代表了米其林对可持续出行的愿景。

在持续的努力下，米其林正在一步一步朝实现这一愿景迈进：

2023年年初，米其林与DHL合作在新加坡道路上试点使用UPTIS轮胎。米其林UPTIS轮胎使用的是一种无须填充压缩空气的防刺扎轮毂和轮胎组件。该产品以革命性的创新结构代替空气，为车辆提供支撑，在确保车轮坚固性的同时，保障驾驶的舒适性和安全性。在与DHL的合作中，其免充气、免维护以及防爆、防扎的特点能极大提高物流车队的运营效率，降低运营成本。其更加安全耐用的设计也兼顾了绿色环保的特点，有效护航了绿色货运的“最后一公里”。

从2023年1月起，米其林所有新的轮胎项目都以生态设计的方式启动。同时，到2030年，米其林的产品和服务将会100%符合生态设计。生态设计是一种通过全面、综合考量产品的整个生命周期，包括原材料获取、生产制造、运输、销售、使用和回收处理等各个阶段，减少产品对环境负面影响的设计方法。

2. 产业链协作

米其林与轮胎供应链伙伴、汽车制造商和产业链其他相关企业进行合作，共同研发并实施绿色技术和解决方案，通过共享经验和资源，推动整个产业的绿色转型。

从原材料环节，就开始积极打造可持续、绿色的供应链。米其林与橡胶种植户和供应商合作，推动可持续橡胶的种植和采购，确保橡胶材料的可追溯性和环保性。

2015年，米其林和世界自然基金会确立伙伴关系并开展合作，得益于这一合作，2016年，米其林正式发布了可持续天然橡胶政策，以此来不断优化天然橡胶的供应链。

与此同时，2015年起，米其林在印度尼西亚启动了可持续天然橡胶项目，覆盖苏门答腊7万公顷和东加里曼丹省1.8万公顷的土地。在其中一半的土地上重新种植原生态作物，另一半种植橡胶树。这种可持续的橡胶耕种，既能保证橡胶种植的经济效益，满足米其林10%左右全球天然橡胶需求，也能够保护生态环境，避免种植橡胶树造成本地生态破坏和水土流失。经过大量工作，米其林通过该项目已经种植了2.3万多公顷橡胶树，并重点保护了3.9万公顷橡胶树。该项目还产生了社会效益，通过创造约4000个就业岗位、对农民进行橡胶树种植和多样化作物的培训，致力于持续改善5万居民的生活。

2018年，米其林通过推出Rubberway移动应用程序来履行其对可持续天然橡胶的承诺，该程序用于识别整个天然橡胶上游供应链的可持续发展风险，通过授权整个供应链的参与者，包括小农户、中间商、大型种植园和加工厂等，要求其主动报告有关做法以提高供应链透明度。

为减少供应链环节的碳排放，米其林还要求其供应商履行环保责任。米其林于2018年加入碳排放披露计划（Carbon Disclosure Project），鼓励其供应商参加该计划，公布温室气体排放量，并采取相应的减碳战略，得到超过90%的供应商的积极回应。米其林的目标是，2024年，占其供应链环节70%碳排放的供应商的环境目标得到科学碳目标倡议组织的批准。

除了关注天然橡胶，米其林还通过创新研发，不断提高可持续材料在轮胎原材料中的比例。米其林认为，可持续原材料可以分为两类，一类是可再生材料，包括天然橡胶、葵花籽油、柠檬烯等生物材料；另一类是可回收材料，譬如钢材，从废旧轮胎中回收的再生橡胶、橡胶粉、再生炭黑等。对于米其林而言，逐步提高可持续材料的含量，将是实现“一切皆可持续”轮胎的重要杠杆之一。提高可持续材料含量必须遵循以下关键原则：

（1）保障轮胎质量、性能，尤其是安全性的持续提升。

（2）无论是在设计、生产、运输、使用方面还是使用寿命方面（即考虑到轮胎生命周期的所有阶段），确保新材料的应用能全面改善轮胎对环境的影响。

（3）可持续材料能应用于工业生产，并逐步推广至所有商业产品系列。

因此，在确保轮胎性能的同时，提高可持续材料的比例，是一个艰巨的任务，但通过大量的研发投入以及和合作伙伴持续不断的努力，米其林得以不断提升可持续材料在轮胎中的比例，以逐步实现在2030年将可持续原材料的占比提升到40%，2050年达到100%的目标。

2021年，米其林在第四届中国国际进口博览会上展示了含46%可持续材料的轮胎。2022年，米其林又发布了含53%可持续材料的轮胎。2023年，米其林在第六届中国国际进口博览会上展示含63%可持续材料的轮胎。

2022年10月，米其林推出了两款分别含45%和58%可持续材料的轮胎，将适配于乘用车与公共汽车。这两款新轮胎均已取得公路使用批准，其性能水平与当前市场中的轮胎产品一致。此次突破得益于采用更多天然橡胶、回收炭黑、葵花籽油和生物树脂、从稻壳提取的二氧化硅，以及回收钢材等。这两款轮胎所包含的技术最早将于2025年广泛应用于米其林轮胎。

与此同时，米其林还通过其“超越轮胎”的多元业务，开发各类高性能、环保的材料。

（1）联合法国Axens公司与法国石油研究所共同发起的Biobutterfly项目，主要通过生物质（如糖、木材、农作物等）的提取，制造合成橡胶。

（2）成立高科技材料部门ResiCare，使用开发环保、无毒的生物树脂材料，用不含甲醛和间苯二酚的黏合剂替代用于轮胎织物的常用黏合剂，以及其他产品的生产。

在整个汽车产业链中，轮胎也是绿色转型的关键。作为汽车唯一与地面接触的部件，轮胎是影响汽车能效的重要因素之一，轮胎全生命周期的碳排放量中，超过80%与使用环节相关。因此，米其林在轮胎设计、材料方面持续改进，在保证轮胎性能的同时，持续降低轮胎的能耗和对环境的影响。

（3）提供高效、低滚动阻力轮胎：致力于开发重量更轻、滚动阻力更低的轮胎，从而减少轮胎对燃油消耗的影响，这有助于减少车辆的能耗和碳排放。通过提供高效轮胎，为汽车厂商提供支持，共同优化产品设计和对整车的适配性，提高汽车产品的能效性能，助力汽车产业减排。米其林还致力于保证轮胎长久性能，尽可能延长轮胎使用寿命，以更少的轮胎实现更多的里程，从而有效减少碳排放和原料消耗。

（4）研发适应新能源汽车需求的轮胎：中国汽车产业正加速迈向电动化，电动汽车和混合动力汽车的普及，对轮胎的需求和性能要求也有所不同。米其林加大对新能源汽车使用需求的研发投入，开发出适应新能源车辆车身更重、瞬间扭力大的轮胎产品。米其林为电动汽车设计特殊的轮胎结构和材料，提供具有低滚动阻力，优异的耐磨性和静音性，更好抓地性能的产品，以此提高电动汽车续航里程和乘坐舒适性。米其林于2021年正式推出两款高端电动汽车专用轮胎。据测试，其电动车专用轮胎可使车辆行驶每百公里减少5克的碳排放，降低20%的噪声。

（5）探索轮胎与车辆互联技术：随着汽车智能化的不断发展，轮胎与车辆互联技术逐渐成为汽车行业的热门领域。米其林致力于与汽车厂商合作，探索轮胎传感器和智能轮胎技术的应用，实现对轮胎状况的实时监测和管理，让轮胎在最优的状态下运行。这有助于提高汽车的整体性能，减少能耗和碳排放。此外，轮胎中植入芯片，也能够实现对轮胎的全生命周期的跟踪，以更好地对轮胎进行回收处理。

（6）推广可持续出行的产品、服务和解决方案：米其林和国内多家物流企业、车队合作，推广全生命周期成本解决方案，通过创新的数字技术，帮助车队获得车辆最佳性能和最低使用成本，大幅简化车队日常管理作业，减少碳排放，推动运输物流的可持续绿色发展。米其林还在公交、矿业、能源等行业与相关企业开展合作，助力绿色城市交通、绿色矿山的建设。

3. 更绿色的生产和运输

通过建立完整、科学的工业环境绩效体系，综合考虑能耗、碳排放、用水、有机溶剂使用和废弃物排放等5个方面，并在生产过程中，不断降低能耗，减少污染物排放和各类资源的使用。

根据“一切皆可持续”愿景和工业环境绩效指标，米其林旗下所有企业轮胎制造将在2050年实现净零排放、能耗相较于2010年降低60%，对水资源实现零影响，有机溶剂零使用，废弃物相较于2010年降低50%，并实现80%废弃物回收利用。目前米其林中国区所有工厂都已基于此路线制定了各自关于节能减排、节水、减少废弃物的短期5年、中期10年乃至10年以上的行动方案，并在积极落实。近10年来，米其林中国区工厂在节能减排方面成效显著，已实现二氧化碳排放减少80%，能耗降低50%，用水量减少30%，有机溶剂用量减少90%，废弃物减少50%。

（1）提升能效。优化生产计划和流程，落实“精益生产”理念，持续进行技术升级，替换淘汰低能效设备和工艺，增加环保设备投入，推广应用热泵、电硫化等更节能的技术，提升智能制造和数字化水平，对生产、设备和能耗等通过大数据进行节能分析，以提升综合能源利用效率。

（2）不断提高可再生能源使用率，以实现100%使用可再生电力。米其林中国区的沈阳工厂已经规划了25.8MW的太阳能项目，并完成了太阳能一、二、三期项目，总容量已达25.3MW。上海的闵行轮胎工厂和宝山钢丝厂，一期总计约1MW项目已建成，后续还将规划至少5MW的项目。中国区的3家米其林工厂自2022年起，对其在工厂内消耗的全部电力以购买可再生电力证书的方式，实现了100%的可再生电力的使用。

（3）在减少有机溶剂使用的同时，米其林投入大量先进的环保技术和设备来减少生产过程中的污染物排放。建设废水处理装置，实现污水循环利用。对固废等进行妥善处理和回收利用，致力于实现“无废工厂”。值得一提的是，沈阳工厂为了建设区域内平衡的生态系统，在厂区水域建立了水上生物多样性系统——水上生态浮岛，并从2022年起全面取消各类杀虫剂、除草剂和化肥的使用，无公害的草场可令羊群食用无虞。工厂还计划建立厂区生物清单、生物保护地图与森林实验室，以保护生物多样性。

（4）物流和供应链环节，优化物流和运输方式，减少运输过程中的能源消耗和排放。重点通过推动物流本地化、智能化、绿色化，就地、就近采购原材料，就地、就近生产轮胎产品。在产品的交付和运输环节，也采取更加绿色的举措，以避免不必要的运输。米其林致力于在2030年实现整个运输和供应链环节的碳排放吨数比2018年减少15%。

4. 大力发展循环经济

中国已是全球第一大汽车市场，汽车保有量超4亿辆，每年产生大量废弃轮胎。废弃轮胎如果得以充分合理地回收利用，将会变成宝贵的资源，如热裂解油、炭黑、再生胶粉等，这些资源可以用于轮胎再生产，生产其他有价值的产品，有助于减少资源的浪费和降低环境的负荷。

因此，轮胎企业应在产品设计和生产过程中考虑循环经济的原则，推动废弃轮胎的回收利用，以实现在整个轮胎的生命周期减少对环境的负面影响。早在2013年，米其林就推出循环经济理念下的“4R战略”：Reduce（减少）、

Reuse（再利用）、Recycle（可循环）、Renew（可再生）。在此战略下，米其林积极与再生能源和废弃物处理企业合作，将废弃轮胎变废为宝，并取得了卓越成果。

（1）凭借刻沟和再翻新技术，可以将轮胎的行驶里程从25万公里延长至100万公里。

（2）米其林是欧盟Black Cycle项目的重要合作伙伴，目标是从报废轮胎中回收高质量的原材料，用于轮胎和其他产品的生产。

（3）2017年，米其林收购了专业化工企业里海科技公司，这家公司擅长从废旧轮胎中提炼橡胶微粉。

（4）米其林与加拿大公司Pyrowave联手，从包装、绝缘板、家用电器的塑料中获取再生苯乙烯，用于制造合成橡胶。

（5）米其林与瑞典Enviro公司合作，推广热裂解技术，从轮胎中回收炭黑、热解油等材料。2021年，米其林在智利开工建设首座废旧轮胎回收工厂，未来将实现对废旧工程轮胎的100%回收。在米其林的支持下，Enviro公司与安廷基础设施合作伙伴（Antin Infrastructure Partners）于2023年3月成立一家合资企业，携手创建全球第一家大型轮胎回收集团，计划在欧洲设立多家废旧轮胎回收厂，其目标是实现每年100万吨报废轮胎的回收能力。在瑞典乌德瓦拉设立首家废旧轮胎回收工厂，该工厂已启动建设，预计2025年投入运营，初步规划每年回收3.5万吨废旧轮胎。

（6）2021年，米其林与普利司通在回收炭黑大会上宣布加强支持使用回收炭黑。相比使用原始材料，在新轮胎生产中使用回收炭黑，最高可减少85%的碳排放。

5. 培养和倡导绿色环保的理念

绿色环保的理念也是米其林企业价值观的重要部分，米其林与客户、员工、合作伙伴、行业协会等各利益相关方紧密互动，全方位提升对绿色环保理念认知，与多方一道致力于可持续未来的实现。

（1）多年以来积极践行企业社会责任，绿色环保始终是重要内容。十几年来，米其林一直在中国坚持主动开展道路安全公益活动，积极联合各类企业、院校、交警部门等，针对学生、快递员、社区居民等展开丰富多样的宣传行动，帮助提升人们的出行安全意识，积极倡导绿色和可持续出行。为进一步落实集团“一切皆可持续”战略，创造更积极的社会影响力，米其林中国区推出了全新的企业社会责任战略，着眼于“安全、环境、平等”三大领域的发展。这一战略旨在通过发挥米其林的核心竞争力和人才优势，来应对紧迫的社会和环境问题，并致力于为推动中国式现代化进程作贡献。其中，推动可持续出行，助力绿色发展是重要内容。米其林中国区发起了项目提案征集，鼓励员工积极与社区及其他利益相关者共同行动，实施“净滩计划”，举行米其林中国区道路安全行动、气候变化进校园等多项环保与可持续相关的公益活动。

（2）通过其小程序、公众号等各种渠道向消费者传递环保理念和知识，提供相关轮胎环保、节能、综合性能等方面的知识和信息，帮助消费者更好地了解和选择环保轮胎产品，鼓励消费者采用更绿色的用车习惯和出行方式。

（3）高度重视提升员工的绿色环保意识，并鼓励员工积极参与绿色环保行动。通过定期的全体会议、内部沟通等方式，提供有关环境问题、可持续发展目标以及环境绩效结果等方面的信息，将可持续发展纳入绩效考核，以提高员工对公司环保目标和绿色转型重要性的认知。米其林提供各类培训和能力建设项目，提高员工对绿色实践和绿色环保技术的理解。米其林中国区在2023年启动了“三零行动”（零纸张、零塑料、零浪费），米其林中国区总部办公楼实行午间熄灯一小时的新举措，倡导可持续的环保理念和节能降耗行为，助力米其林“一切皆可持续”战略的推进。

（4）积极参与行业组织和协会的合作与交流，共同推动环保、能耗、碳排放等方面标准的制定和执行。在轮胎回收环节，积极呼吁轮胎行业生产者责任延伸原则的确立，并为国家有关部门制定相关政策草案建言献策。米其林从2017年开始，举办开拓前行峰会（Movin’ON，前身是米其林必比登挑战赛），这是一个推动可持续交通出行的全球盛会，吸引包括政策制定者、企业家、科学家、学者等社会各界人士，来探讨解决交通运输面临的各类挑战。

（5）米其林践行的可持续涉及诸多领域，除了出行，餐饮也是其中重要一环。绿星奖是米其林指南在2020年首次公布的，旨在褒奖推动可持续餐饮的模范餐厅。获得绿星奖的餐厅，在使用环保食材、减少食物浪费、减塑环保等方面都作出了积极响应和行动，并且以身作则带动消费者一同践行可持续的餐饮理念。米其林会继续在米其林指南入驻的城市中寻找符合绿星奖标准的餐厅，通过发掘更多践行可持续餐饮理念的餐厅，与餐厅、主厨以及消费者一起推动餐饮行业的可持续发展。同时，米其林旗下的罗伯特·帕克创办的《葡萄酒倡导家》还在2021年推出“绿徽”榜单，用以表彰那些在践行环保方面作出卓越贡献的葡萄酒酒庄。

三、对产业链绿色转型的建议

可持续发展是一个宏大的议题，从原材料到废旧产品回收，从减少能源、水等各类资源消耗，到降低碳排放和污染，从生产更绿色的产品到培养整个社会节能环保意识，这都需要更多产业链上下游企业、行业和整个社会的努力，共同打造一个更加广泛的可持续生态圈。

（1）部署所有可能的技术解决方案，以提高轮胎生产的能源效率，鼓励各类绿色能源的广泛使用。

（2）推广可持续环保材料的使用，实现大规模部署和工业化生产。

（3）推广生态设计理念，建立科学的碳排放核算标准体系，在全生命周期范围内降低轮胎对环境的负面影响。

（4）完善废旧轮胎循环利用的政策和标准，充分发挥再生资源对于实现绿色转型的支撑作用。推广新轮胎配备射频识别等技术，探索轮胎产品生产者责任延伸制度，以更好实现轮胎的全生命周期的跟踪，提高废旧轮胎综合利用效率。

（5）企业在绿色转型和可持续发展过程中，需要更多的资金、人员、研发等各方面的投入，以改进其提供的产品、服务，这会带来成本的上升，“可负担的可持续”这一话题也日益引发广泛关注。因此，在整个社会层面，需要加大力度培养消费者可持续消费和绿色消费的意识；从国家层面，也需要更多的政策、税收等方面的支持和鼓励措施。

滴滴：数字出行平台助力零碳交通

滴滴发展研究院　李萌　张菁菁

滴滴出行作为数字出行和共享出行领域的典型代表，自2012年成立以来一直致力于提升车辆共享率，推动合乘出行、慢行交通、智能交通发展，引导交通工具的电动化转型，努力与平台生态内的合作伙伴一起打造绿色出行新生态，助力交通乃至全社会低碳绿色发展。

一、城市交通低碳转型是做好“双碳”工作的主要措施之一

一是节能降碳潜力大。国际能源署（IEA）数据显示，全球范围，交通运输行业是第二大碳排放行业，排放量占全球总排放的1/4左右，是引发全球气候变化的主要因素。在我国，交通运输行业也是能源消耗及碳排放的重要领域，当前的碳排放量在全国碳排放量中的占比超过10%[①]，其中道路交通占比约80%[②]，且仍在不断增长。《2030年前碳达峰行动方案》将交通运输绿色低碳行

① 国际能源署数据显示，2018 年我国交通运输行业二氧化碳排放量占总排放量的 9.6%；李晓易等人 2021 年发布于《中国工程科学》的《交通运输领域碳达峰、碳中和路径研究》显示，2019 年，交通领域二氧化碳排放约占我国全社会二氧化碳排放的 11%; 另有统计数据显示，2020 年我国交通领域碳排放 9.3 亿吨，占全国终端碳排放的 15%。结合相关数据判断，我国交通运输行业当前的碳排放量在全国碳排放量中占比应超过 10%。

② 资料来源于生态环境部发布的《中国移动源环境管理年报（2020）》。

动作为重点任务列入我国碳达峰十大行动。包括城市出行在内的交通运输行业低碳转型，在我国“双碳”目标整体路线图中居于重要地位。

二是带动影响范围广。交通是由“人—车—路”等多种要素相互协同构成的综合运输体系，影响其碳排放的因素也较为复杂。交通运输结构、汽车制造水平、人们的出行习惯以及电力能源结构等因素都与交通行业的排放强度和排放总量密切相关。以“交通零碳转型”为牵引，可以协同推进产业全链条各要素的迭代升级，对新能源汽车产业发展、能源结构转型、城市基础设施改善以及绿色生产生活理念的形成具有广泛的示范和带动作用。

二、数字出行助力城市交通低碳转型的5个关键着力点

以滴滴为代表的数字出行平台主要通过交通工具电动化、资源利用高效化、出行结构低碳化、电力来源绿色化、交通体系数智化5个方面推动城市交通低碳转型（见图24）。

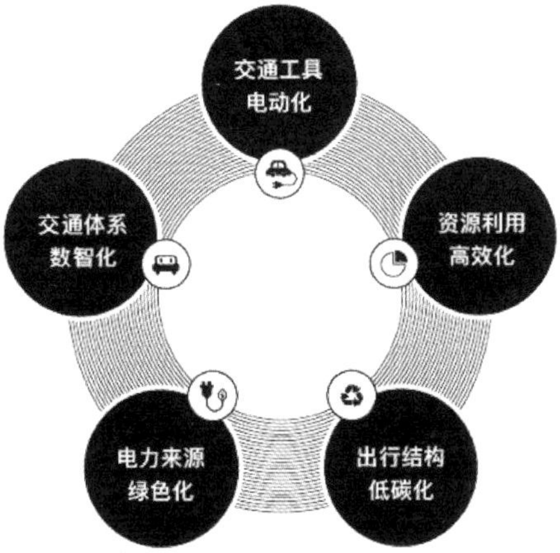

图24　推动交通出行碳减排的5个关键着力点

资料来源：《2023数字出行助力零碳交通》。

一是交通工具电动化。推动网约车“油换电”，平台累计注册新能源车超300万辆。电动汽车在道路行驶阶段不会直接排放二氧化碳，是国际公认的零排放交通工具，即便考虑所消耗电力在发电侧的间接排放，其单位运营里程的碳排放强度也仅为燃油汽车的一半左右。交通工具电动化是城市交通领域节能降碳的必然选择。以网约车为代表的数字出行企业在我国新能源汽车产业发展过程中起到较好的带动和示范作用。

二是资源利用高效化。发展拼车、顺风车等具有“微公交”属性的合乘交通，提高道路和交通工具利用效率。滴滴的拼车和顺风车是交通工具共乘共享典型方式，具有“微公交”属性，其单位周转量的碳排放强度和公共交通相当。以一辆百公里电耗为16千瓦时的电动网约车为例，其单位周转量的碳排放强度约为93克二氧化碳，假设拼乘两位乘客，则降至约46克二氧化碳，低于北京市低碳出行碳排放方法学公布的公交碳排放因子，略高于轨道交通碳排放因子。

三是出行结构低碳化。在298个城市落地数字碳普惠产品“碳元气”。积极发展公共交通、共享交通和慢行交通，提高低碳出行比例，可有效减少交通出行的碳排放总量和降低碳排放强度。滴滴平台一方面从供给侧提供包括共享单车、共享电单车、拼车、顺风车、电动汽车在内的绿色出行服务；另一方面以数字化手段为依托，探索落地“碳元气”、拼车环保激励计划等多项碳普惠行动。

四是电力来源绿色化。探索微电网和车网互动（V2G）技术，通过需求侧响应助力我国新型电力系统建设。布局分布式光伏、探索V2G技术参与需求侧响应是实现交通电力消费侧主动降碳的有效手段。小桔充电积极探索V2G技术，一方面让车辆能够充上绿色电力，另一方面也可以通过需求侧响应助力我国新型电力系统建设。

五是交通体系数智化。发展自动驾驶、智慧信控技术，以科技创新助推交通体系数字化和智能化转型。随着科技不断进步，道路交通正朝着智慧路网方向发展。一方面，联通人流、车流、数据流的车路云协同系统可以为交通体系数智化转型提供基础保障；另一方面，自动驾驶等交通智能技术不断创新发展，并与智慧路网深度融合，推动交通数字智能化的协同创新。滴滴自动驾驶已经连续安全运营超过3年；“智慧信控系统”通过优化信号系统，可以使路口拥堵延误时长平均降低10%~20%。

三、滴滴助力城市交通低碳转型的关键路径

1. 科学量化，夯实低碳发展的“核算底座”

科学量化是有效管理的前提。长期以来，滴滴持续进行城市出行及共享交通生态的碳排放核算研究，以此识别生态内外的减排场景。2022年滴滴在内部构建了一套碳管理工具——“长青”。“长青”可以实现以订单为粒度，对平台出行生态碳排放量、碳排放强度、碳减排量、电动里程比率、绿色里程比率等5个核心绿色指标的动态核算，并通过可视化看板从不同维度对核心数据进行统计展示，初步满足相关方的研究、核算、披露和管理需求。除全国范围核心指标外，“长青”也可实现对不同城市、不同省份和不同业务线相关指标的动态核算，为未来科学规划和落地滴滴出行生态“碳中和”路线提供底层数据和逻辑支撑。

除了从全局角度量化出行生态的整体碳排放情况，滴滴也从微观产品角度探索全生命周期的“碳足迹”核算。滴滴青桔以循环经济理念为导向，积极探索共享两轮全生命周期的低排放、低消耗、高效率利用路径。平台旗下的桔无限工厂将废旧单车上的橡胶、金属、塑料等材料进行回收、再造、循环利用，

制作成与出行相关的其他产品，如行者鞋、行李箱等。2021年，青桔发起“两轮产业链碳中和行动倡议”，呼吁行业和上下游合作伙伴共同践行“全链可持续”管理模式。2022年，首次对HP1.0电单车全生命周期的碳排放情况开展了产品“碳足迹”评价，这对于未来进一步优化产品工艺，管理原材料供应链，提升产品效能具有重要指导意义。

2. 有效落实，多措并举推动节能低碳转型

真正有效应对气候变化依靠的是落实。滴滴积极践行企业“自主贡献”，持续推动出行生态和产业链上下游的低碳转型。其中，电动汽车、共乘服务、慢行交通是当前阶段滴滴降低出行生态碳排放的3个主要方向。

一是推动网约车电动化转型。网约车电动化是数字出行领域节能降碳的必然选择。经过多年发展，我国网约车电动化成效显著。2022年下半年，滴滴平台网约车月运营里程中纯电动汽车的里程占比攀升至50%以上，高于社会车辆的平均电动化水平。

二是创新拼车共乘服务。拼车、顺风车单位周转量的碳排放强度同公共交通相当。拼车和顺风车运用大数据算法，归并相同或者相近多名乘客的出行需求，通过提高车辆座位的利用率实现碳减排。从一定意义而言，拼车具有“微公交”的属性，其单位周转量的碳排放强度和公共交通相当。

三是加速慢行交通发展。慢行交通作为一种低碳、环保、健康的短距离出行方式，也是国际绿色交通发展的主要方向之一。慢行交通主要通过替代其他高排放出行方式实现节能减排。其中，共享单车在行驶过程中主要依靠人力驱动，不会向大气中排放任何额外的温室气体；共享电单车在道路行驶阶段不消耗化石燃料，不直接排放包括二氧化碳在内的温室气体，但会消耗少量电力，从而在发电侧产生间接排放。

3. 积极带动数字碳普惠视角下的低碳行动

居民绿色出行理念的形成是“双碳”工作的重要抓手之一。研究表明，全球温室气体排放总量中约有70%来自家庭消费；在我国，居民消费产生的碳排放量占排放总量的53%。碳普惠是我国自主探索开创的公众低碳激励机制，也是从消费侧增强公众环保意识和激励全社会参与碳减排的有效方案。近年来，滴滴以数字化手段为依托，探索落地多项碳普惠行动（见图25），为用户行为提供科学的减排贡献评价，提供基于减排贡献的荣誉和物质激励，积极构建“低碳出行共同体”，带动公众侧绿色生活消费方式的形成。

图25　滴滴数字碳普惠行动

资料来源：《2023数字出行助力零碳交通》。

在乘客侧，打造“全民拼车日”，推出“碳元气”项目。2019年以来，滴滴平台全力打造“全民拼车日”，向公众传达“环保、效率、共享、低碳”出行理念的同时，联动滴滴公益进行捐赠，恢复植被。以2020年“全民拼车日”

为例，全国100城累计391万乘客参与活动，当日减碳量655吨，为三江源植被恢复提供1203亩捐赠支持。2022年，滴滴推出“碳元气”项目，在用户端打车进行全流程创意化的低碳出行引导，做到出行减碳可量化、可视化、可参与、可分享。通过荣誉及物质持续激励用户选择低碳出行方式，并将用户低碳出行的减碳量进行配捐，用于公益活动，改善生态环境和动物保护。“碳元气”项目对于助力缓解城市交通拥堵[①]、优化出行结构、增强居民绿色出行意愿具有积极意义。

在司机侧，上线“拼车环保激励计划”。为了从供给侧提高司机的低碳环保意识，激励更多司机提供拼车服务，2022年6—9月，滴滴推出了“拼车环保激励计划”。参与该计划的司机通过累积绿色里程，可以收获“0佣金权益”，贡献突出的司机还可获得额外的现金及荣誉激励。活动期间，超63万名司机参与计划，超28万名司机获得“0佣金权益”，近2.4万名司机获得现金及荣誉奖励。司机通过参与该活动，累计增加收入约1200万元。

在能源侧，鼓励用户通过“低碳家园”帮助电网侧“削峰填谷”。2022年4月，小桔充电在北京、天津率先启动低碳家园产品试点，用户进入低碳家园参与低碳行动，并按约定时间到指定场站完成充电，即可获得相应的低碳币奖励，低碳币可直接抵扣充电服务费。用户获取相应奖励的同时，还间接参与了电网调峰需求响应，帮助电网“削峰填谷”，助力我国新能源电力系统建设。

在政府侧，滴滴作为绿色出行服务的提供方，协同各地政府参与地方“碳普惠”平台建设。比如，2022年7月，参与重庆“碳惠通”平台建设，预计每年可带动城市居民出行碳减排约3万吨；9月，青桔单车和电单车参与了成都市“绿色出行日”活动，积极带动当地居民绿色出行。

---

① 拼车可以通过归并出行需求减少道路上行驶的车辆，从而达到缓解交通拥堵的效果。

4. 合理规划，数字出行助力碳中和的“1+3”模式

滴滴出行是数字出行领域的重要参与者，也是绿色发展理念的积极倡导者和践行者。平台以高效利用资源作为发展基础，通过科技手段提高城市交通运营效率和数字化服务能力，助力行业向共享化和集约化方向发展。秉承着“让出行更美好”的使命初心，滴滴在行业内率先提出了助力碳中和的“1+3”模式（见图26）。其中，“1”是指通过模式创新引领低碳出行方式带来直接减碳效应；“3”是指3个带动上下游产业链的低碳绿色转型的“外溢效应”，包括以“反向定制”升级绿色交通工具，以“共建互联”普及绿色基础设施，以“科技赋能”搭建绿色交通体系。

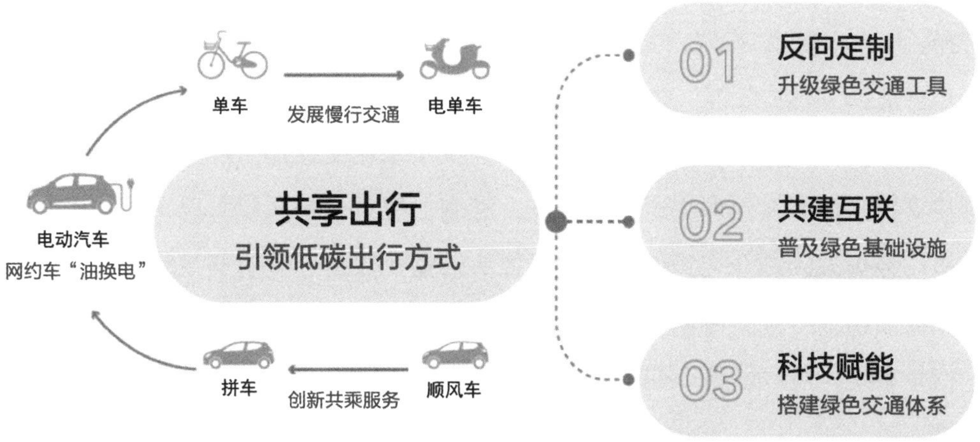

图26　数字出行助力碳中和的“1+3”模式

资料来源：《2023数字出行助力零碳交通》。

一是以“反向定制”升级绿色交通工具。绿色交通工具是建立绿色交通体系的必要条件。数字平台可基于需求侧海量用户的使用体验数据，反向引导上游生产企业，实现消费端和生产端的“双向促进”和“良性反馈”，创新开发更加安全、便捷、智能、绿色的交通工具，为发展绿色出行提供有效手段和载

体。例如，滴滴联合比亚迪合作研发的定制网约车D1，在车内人机互动、司乘体验、节能环保以及车联网等方面都进行了定制化设计，百公里电耗12.8千瓦时，能源使用效率高于同等价位的其他电动汽车。

二是以“共建互联”普及绿色基础设施。充电桩等绿色基础设施的全面普及是汽车电动化转型的重要保障。我国的充电基础设施依然存在私桩安装率偏低、公桩使用体验不佳等突出短板，对电动汽车产业进一步发展形成显著制约。长期看，充电基础设施建设的推进可有效缓解“里程焦虑”，增强车主“油换电”意愿，加速油转电进程。以“小桔充电”为代表的“桩联网”平台基于“共建互联”的理念，聚合产业内各类市场主体，促进各方优势共享、资源互补，推动充电基础设施普及的同时为车主提供更便捷、优质的充电选择。

三是以“科技赋能”搭建绿色交通体系。近年来，智慧交通、自动驾驶等“硬核科技”成为发展和创新的焦点，为城市绿色交通体系的全方位搭建提供科技支撑。例如在治理交通拥堵方面，滴滴“智慧信控系统”以车辆轨迹数据为核心数据源，结合交管传感器和摄像头的监控数据，分析交通状况，进而将结果反馈给信号灯，协调各个路口的红绿灯时长，动态系统地诊断、调整、优化信号系统，可以使路口拥堵延误时长平均降低10%~20%，有效助力二氧化碳减排。

未来，滴滴将以“长青”为数据底座，以“1+3”模式为方向指引，逐步把节能降碳内化为企业的发展动力，配合国家碳达峰、碳中和整体战略路径，科学合理规划自身行动路径，确保安全降碳和绿色转型。

5. 在全球带动更大范围的城市绿色交通可持续发展

2018年，滴滴正式启动了国际化战略。目前滴滴国际业务已覆盖地处拉丁美洲、亚太地区和非洲的14个国家，为当地市场提供出行、外卖、金融等多样化服务，受到了当地用户的广泛好评。滴滴在巴西牵头成立了可持续出行联盟。2022年4月，滴滴通过旗下的巴西出行平台99，携手来自汽车制造、能源、租赁、金融等领域的巴西企业，通过联盟合作的方式，共同推进巴西新能源车的普及和网约车电动化，推动可持续交通发展。联盟计划在2025年将新能源汽车渗透率从2023年的约2%提升至10%，在巴西新建1万个公共充电站。截至2023年10月，联盟成员数量达到了12家。2023年，滴滴通过旗下巴西出行平台99，引进并部署300辆滴滴与比亚迪联合设计打造的全球首款定制网约电动车车型——滴滴定制车D1，还为巴西用户提供安全的线上支付服务，促进巴西移动支付的普及。

四、滴滴绿色发展企业实践的减碳成效

“长青”数据显示，2022年滴滴通过电动网约车、拼车、顺风车、共享单车、共享电单车业务，共助力城市减少二氧化碳排放约338万吨，约相当于超48万人一年的二氧化碳排放量，或超2.8亿棵树一年的二氧化碳吸收量，或超200个奥林匹克森林公园一年的二氧化碳吸收量。其中，通过网约车电动化助力城市减少二氧化碳排放212万吨；通过拼车、顺风车等合乘交通方式帮助城市减少二氧化碳排放56万吨；通过共享单车、共享电单车等慢行交通方式帮助城市减少二氧化碳排放69万吨①。

滴滴通过推动网约车“油换电”，发展拼车、顺风车等合乘交通，推出平台碳普惠产品“碳元气”，探索微电网和V2G技术，发展自动驾驶、智慧信控技术，助推交通体系数字化和智能化转型。从措施来看，滴滴的“双碳”工作

① 慢行交通减碳量核算中基准线部分参数为估算数据，相应的减碳量为初步核算值。未来随着核算方法更为精准以及城市出行结构的改变，相应的基准线会同步调整。

不仅具有短期的实效性，更具有长期的可持续性。通过与平台生态内外的合作伙伴共同建立绿色出行新生态，可以形成一种良好的互助合作机制。滴滴在技术创新上的持续投入也为低碳发展提供了坚实的支撑。未来滴滴将继续整合技术、资源和合作伙伴，推动整个行业向共享化、集约化、数字化、智能化的绿色低碳转型。

联想集团：领跑绿色消费
推动品牌绿色升级

联想集团　王旋

一、研究背景

在第七十五届联合国大会一般性辩论上，中国首次提出“双碳”目标，即采取更加有力的政策和措施，二氧化碳排放力争于2030年前达到峰值，努力争取2060年前实现碳中和。同时，党的二十大报告也提出，推进美丽中国建设，必须要加快发展方式绿色转型，实施全面节约战略，发展绿色低碳产业，倡导绿色消费，推动形成绿色低碳的生产方式和生活方式。无论是“双碳”目标的实现，还是党的二十大报告中提出的发展战略，都需要政府、企业和消费者齐心协力，践行绿色生活方式，倡导绿色消费，推动我国经济社会发展全面绿色转型。以绿色低碳的生产方式和生活方式、以绿色消费转型升级来引导第一、第二产业的绿色转型，实现一、二、三产业绿色低碳循环发展的深度融合，是中国探索一条绿色低碳高质量发展的新路子。

绿色消费是指消费者在产品或服务购买、使用以及处理的过程中，自觉地减少对环境的负面影响，从而达到减少碳排放、节约资源、促进可持续发展的目的。近年来，公众绿色消费意识不断增强，绿色消费理念逐渐深入人心。根据国家发展和改革委员会等七部门联合发布的《促进绿色消费实施方案》，到

2025年，我国绿色消费理念深入人心，奢侈浪费得到有效遏制，绿色低碳产品市场占有率大幅提升，重点领域消费绿色转型取得明显成效，绿色消费方式普遍推行，绿色低碳循环发展的消费体系初步形成。到2030年，绿色消费方式成为公众自觉选择，绿色低碳产品成为市场主流，重点领域消费绿色低碳发展模式基本形成，绿色消费制度政策体系和体制机制基本健全。

在这样的背景下，对绿色生活方式的追求已逐渐成为新生代消费群体的共识，具有“可持续发展”理念的绿色品牌、消费体系、供应链体系受到越来越多消费者的青睐，ESG的概念也越来越为社会大众所熟知。ESG是企业履行环境、社会和治理责任的核心框架及评估体系，是当今世界推动企业实现可持续发展的重要抓手。从全球范围来看，绿色消费、绿色低碳与ESG可持续发展理念高度契合。

二、联想实践

作为国内最早践行ESG理念的企业，联想集团有限公司（以下简称联想集团）以ESG为引领，将ESG与社会价值作为公司重要支柱之一，从服务于国家、行业、民生和环境4个方面出发，积极践行企业社会价值。2022年，美国明晟公司上调联想集团ESG评级至AAA级，为全球最高等级。2023年，在全球权威机构Gartner公布的全球供应链25强榜单上，联想集团再次入围并创造历史最佳排名纪录，排名第八，同年还获得了全球环境信息研究中心供应链脱碳先锋奖、环境领导力奖等。

2023年2月，联想集团承诺将于2049—2050财年达成整体价值链温室气体净零排放。联想集团成为中国首家通过科学碳目标倡议组织净零目标验证的高科技制造企业。结合公司“3S”（智能物联网、智能基础设施、行业智能及服务）智能化转型战略，联想集团发挥自身ESG领军优势，率先实现自身全面绿色低碳转型；发挥供应链“链主”责任，培育、带动和引领产业链上下游企业共同实现低碳化、智能化转型。同时，联想集团积极对外赋能，致力于打造ESG生态，推动千行百业共同实现低碳化转型，助力国家“双碳”目标的实现。

在绿色消费领域，联想集团关注到电子产品使用、联想集团员工差旅通勤等非供应链环节的碳排放，在联想集团范围3碳排放中占比较大。因此，如何立足联想集团现有优势，培育公众绿色消费观念，引导消费者、商业客户、联想集团员工参与减排活动，同样至关重要。

在低碳理念影响之下，“绿色消费”蔚然成风，绿色低碳成为人们共同的追求，绿色生活方式渐入人心。当今，绿色低碳成为众多行业发展的热点，无论是企业的供给侧，还是消费者的需求侧，都越来越关注绿色、低碳、可持续的行为。在此大背景下，消费品牌应当主动顺应绿色化消费趋势，为消费者提供可感知的绿色升级，让其全面体验到品牌发挥的绿色价值。

联想集团致力于通过智能化手段，朝着打造绿色产品和共创绿色生活两大方向，全域升级绿色价值。具体的实践方面，在供给端，联想集团致力于打造绿色供应链、零碳制造、绿色产品、绿色园区、绿色科技等，汇集更多的供应商、开发者、合作伙伴、渠道商以及产品的研发者，能够共同探讨和创新绿色产品。此外，联想集团积极与用户建立新型关系，共同开创低碳生活。

1. 率先行动，打造碳中和产品

联想集团基于自身技术能力，以合规为基础、以生态设计为支点、以全生命周期管理为方法论，探索并试行“摇篮到摇篮”的实践，逐步建立完善的绿色供应链管理框架，打造“五维一平台”，即“绿色生产”“供应商管理”“绿色物流”“绿色回收”“绿色包装”5个维度和一个“ESG数字化管理平台——乐循（ESG Navigator）”，引导和带动上下游产业链共同实现低碳发展，合力减少碳足迹，打造绿色环保产品，并实现了部分产品生命周期的碳中和。

（1）创新技术，实现绿色生产。联想集团以武汉、重庆、深圳、天津、合肥5个城市为支点，构建起“东西南北中”全方位智能制造布局，推进智能制造基地零碳转型。联宝（合肥）电子科技有限公司入选全球“灯塔工厂”，开启联想集团全球灯塔布局。南方智能制造基地（位于深圳）打造全球智能制造“母本工厂”。联想集团武汉产业基地为中国ICT行业首个经过第三方评价的零碳工厂。联想（天津）智慧创新服务产业园为ICT行业首家从零建设的“零碳工厂”。

（2）多措并举，加强供应商管理。联想集团采用“关键供应商ESG记分卡”，利用责任商业联盟行为准则、碳信息披露水平、温室气体减排目标、温室气体核查、可再生能源使用情况、负责任原材料采购等30个以上的指标对供应商的ESG表现进行评价，定期为供应商的责任表现记分，并以此作为采购额度的参考。联想集团将若干ESG管控措施整合到主采购流程中，比如对所有新供应商都要根据联想集团的可持续发展政策、行为规范、ISO认证、ESG标准、环境影响等相关规定进行审查。

2022—2023财年，联想集团开始使用EcoVadis工具对约1000家供应商进行筛查，285家供应商受邀使用EcoVadis工具进行ESG评估。同期，45%（按采购金额计）的供应商承诺制定或已经制定了科学碳目标，联想集团的目标是95%（按采购金额计）的供应商能够落实科学碳目标。

（3）创新引领，探索低碳物流。联想集团通过多式联运、优化运输方式、整合和利用、优化网络、技术和自动化、奖励并认可合作伙伴的相关成绩等方式来推动减排。2022年1月，联想集团宣布启用全球首条环保货运航线，由上海浦东机场飞往德国法兰克福机场。联想集团积极参与由全球物流排放委员会

（GLEC）、亚洲绿色货运组织（GFA）、中国智慧货主联盟等组织管理的全球或区域性项目。

（4）循环利用，做好低碳回收工作。2024年3月，国务院印发《推动大规模设备更新和消费品以旧换新行动方案》（以下简称《方案》），《方案》鼓励汽车、家电等传统消费品以旧换新，推动耐用消费品以旧换新。联想集团积极响应《方案》内容，采取再利用、翻新、再生制造、拆除、回收、分解、循环再利用、废弃物处理及处置等措施，最大化利用过剩、退回或陈旧产品及零部件的价值，并且赋能外部客户进行相关电子设备的回收再利用。供应商层面，制定了电子产品报废供应商标准，加强产品生命周期末端管理（供应商管理），确保产品回收、处理和处置能以环保及合规的方式进行。

（5）设计革新，推行低碳包装。在产品包装上，联想集团致力于通过工艺创新、环保材料研发等手段实现“减少包装物料消耗，同时促进使用环保型可持续材料”目标，稳步推进节能减碳。联想集团积极推动包装循环利用，淘汰塑料包装，例如用自锁底结构包装代替胶带封箱等。此外，尽可能多地在包装中使用环保型可持续材料，包括竹纤维、趋海塑料、生物基材料等。其中，Remember纸浆模塑可持续包装方案获得德国红点设计大奖（Red Dot Winner）。

（6）为实现供应链ESG数字化管理能力的内生外化，联想集团开发并推出全球供应链ESG管理平台。该平台是服务联想集团全球供应链并具备行业领先能力的ESG数字化管理平台，是联想集团实现2049—2050财年全价值链净零排放（Net-zero）的重要数字化、智能化工具，也是联想集团外化赋能ESG系列服务与解决方案中重要的产品。截至2023年底，联想集团全球供应链ESG数字化平台与其他ESG功能模块整合而成的乐循（ESG Navigator）企业级ESG解决方案正式发布（见图27）。

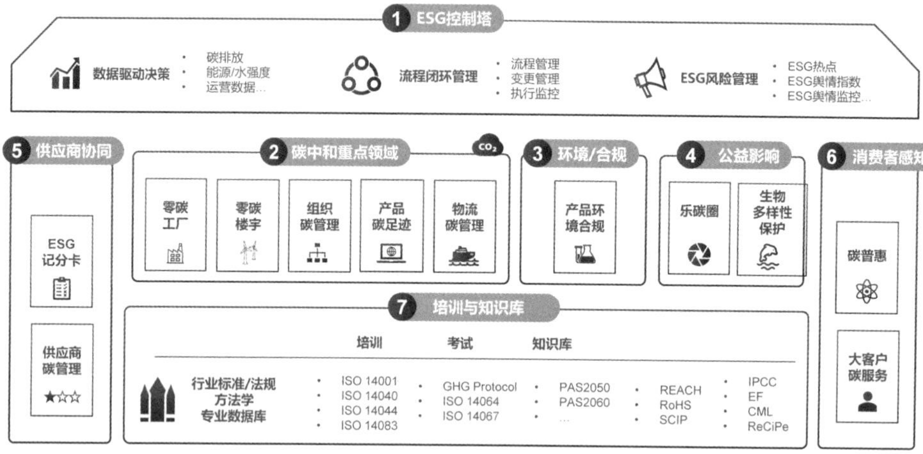

图27　乐循（ESG Navigator）全域数字化ESG管理平台

资料来源：联想集团。

基于以上产品减碳实践，2022年4月，联想集团在PC行业首次推出零碳服务。这不仅符合国家的“双碳”目标，也让联想集团的客户可以更好地履行社会责任。联想集团零碳服务是联想集团IT产品独有的服务产品，拥有联想集团零碳服务的IT产品，在其全生命周期内的碳排放量为零。在购买了拥有零碳认证的联想电脑后，客户会收到由北京绿色交易所发放的碳中和证书。该服务已经在联想集团旗下的两款产品ThinkPad X1和ThinkPad X13上得以应用。

2022年，联想集团推出全球首款碳中和电脑Yoga Slim 9i，这款笔记本电脑通过了莱茵TüV和能源之星的认证，并在构造、包装和其他外部材料方面皆满足碳中和的标准。另外，2023年4月，联想集团发布碳中和笔记本Yoga Book 9i，从产品到包装都贯穿绿色环保理念，给客户更多碳中和产品选择。

2. 抢抓机遇，布局低碳算力

在“双碳”目标提出的背景下，国家和各省市出台一系列的政策，驱动数据中心节能降耗、低碳发展。比如2022年2月正式启动的“东数西算”工程对数据中心电能利用效率（PUE）提出了明确要求：东部数据中心PUE控制在1.25以内，西部数据中心控制在1.2以内，示范项目控制在1.15以内。

联想集团创新的技术理念和国家“东数西算”工程同频共振，自主研发的海神温水水冷技术是降低数据中心能耗可靠与可行的方案之一。联想集团秉承温水液冷之道，强大算力+高效散热+余热回收的“海神三叉戟”汇聚了材料学、微生物学、流体力学、传热学等多学科科研结晶，以18~50℃去离子水作为冷媒，使用间接液冷方式，对服务器、CPU、内存、硬盘等主要部件设置微通道进行散热冷却，既可以大幅度降低空调用电和服务器风扇能耗，热量还可以循环再利用。与普通的风冷系统PUE 2.0相比，温水水冷技术可将数据中心 PUE 降低到1.1，即1千瓦时电用于计算，只要0.1千瓦时或0.2千瓦时电用于散热，在算力提升20倍的同时实现每年超过42%的电费节省和排放降低，能源再利用效率超过80%，达到业界领先水平。图28为联想温水水冷服务器机房。

图28　联想集团温水水冷服务器机房

资料来源：联想集团。

基于温水水冷技术以及多个领域内的技术积累，联想集团创新性地研发出新一代绿色智能算力基础设施，实现成本与效益的完美平衡。联想集团通过臻算服务创新服务模式，即把传统的硬件、软件、服务分散采购，设计、建设、运维分段实施的模式，整合成可以订阅的、一站全包的服务模式。这种模式既具备公有云的优势，根据使用量按季度收费，又能为客户节省百万到亿级的初始固定资产投资；还可按需灵活定制，并确保数据的本地安全性。

联想集团在宁夏中卫市落地首个东数西算TruScale服务项目，并通过与国内数据中心合作伙伴的合作，完成在宁夏、甘肃、内蒙古等西部地区的绿色数据中心资源布局。放眼未来，温水水冷技术将继续助力“东数西算”工程，护航低碳数据中心的建设，为实现“双碳”目标作出贡献。

3. 强化激励，面向员工与客户上线碳普惠平台

碳普惠制是为给社会公众和企业的节能减碳行为赋予价值而建立的激励机制，是形成政府、企业、公众共同建设低碳社会、发展低碳经济新局面的重要推动力，也是促进人与自然和谐共生的重要举措。

2022年6月，联想集团正式上线员工碳普惠平台，创立了业内领先的员工个人碳账户服务解决方案，也是面向员工个人推出的碳排放量与减排量核算平台。该平台涵盖绿色办公和低碳生活两大日常场景，员工可通过低碳差旅、低碳通勤、电子签章使用、在线会议、捐赠二手书籍和衣物、电子产品回收、低碳知识阅读和测试等日常行动来获取碳积分。在使用中，该平台既能通过积攒碳积分培养员工低碳习惯，又可以提高员工节能降碳意识。同时，该平台也在积极探索低碳助力公益活动，实现联想集团运动圈员工运动数据的自动导入，通过运动捐步认领公益林的方式，在鼓励员工运动的同时，积极植树造林，开展低碳公益活动。

联想集团员工碳普惠平台下设5个功能模块——乐碳账户、乐碳活动、乐碳

奖励、乐碳交易和乐碳资产。员工可以利用该平台建立自己的个人碳账户，核算和簿记自身日常办公和生活的碳排放量与减碳量，也可记录自身在办公和生活中的碳积分。员工还可以利用该平台组队比赛，助力大型活动碳中和及进行碳积分交易等。在加强社交属性的同时，赋予碳积分实际价值，有效激励员工参与到低碳减排行动中来。

员工碳普惠平台作为联想集团在低碳道路上依托数字创新打开个人碳减排的新尝试，也是联想集团提前布局2050年净零排放，助力“双碳”目标实现的重要数字化工具之一。此外，依托联想集团员工碳普惠平台，联想集团在会员中心小程序内搭建碳普惠平台活动——“联萌乐碳圈”，为联想集团会员和消费者建立个人碳账户，推动联想集团绿色低碳消费。

2023年“双十一”期间，联想集团针对消费者正式推出“联萌乐碳圈”。“联萌乐碳圈”是联想集团结合品牌定位、聚焦公众减碳需求打造的，也是继2022年6月推出联想集团员工碳普惠平台后，积极响应国家“绿色低碳全民行动”在碳普惠领域的又一创新实践。“联萌乐碳圈”涵盖联萌推荐（含碳中和电脑）、电子产品回收（笔记本电脑、平板电脑、手机）、爱心捐赠（图书、衣物）、低碳资讯等用户使用频率高、切实产生减碳效益的场景，并参照相关方法学科学核算各低碳场景的减碳量并制定积分发放规则（见图29）。通过这一活动，用户日常生活中的上述低碳行为被清晰记录，并转化为碳积分，可用于兑换各种优惠权益。另外，为提升用户使用体验，平台与转转、锴锴一下等实现数据贯通，在获取用户授权的前提下，可以实时采集低碳场景数据和自动结算碳积分。

“联萌乐碳圈”上线后，联想集团碳普惠服务的覆盖范围从内部员工向社会公众拓展延伸，在引导公众广泛认知，践行绿色低碳理念，助力经济社会发展全面绿色转型方面发挥更大作用。

图29 联想碳普惠平台——联萌乐碳圈海报

资料来源：联想集团市场团队制作。

总体来说，新消费品牌升级在绿色价值引导的同时，还需要朝着实现体验价值、服务价值方向进行，实现上述价值需要品牌主动拥抱智能革命，进行智能化转型，不断赋能千行百业品牌升级。

在绿色价值上，联想集团将自身近40年的实践经验，进一步浓缩成ESG的咨询服务，沉淀出零碳园区、绿色供应链、零碳制造等方案和服务，倡导客户绿色消费与生活，不断与合作伙伴共创ESG生态，助力更多实体企业加速品牌的绿色升级。

在实现体验价值层面，联想集团通过擎天开放平台和方案化自身经验，以

OMO平台、数字化门店、魔方智能客服、联想AI大脑等方案赋能众多实体经济企业创新全旅程融合体验，从而与生态伙伴共创擎天生态赋能体验升级。

在服务消费者层面，联想集团不断开放“天禧引擎”，通过与开发者以及大量的设备提供商、服务提供商之间的相互配合，共同接入链接，打造更加优质的切片式场景服务，从而让更多实体公司能够更快实现消费向服务升级。

联想集团始终相信，技术创新将使世界更具可持续性。创新与增长必须服务于让生活更美好、社会更包容、环境更可持续发展的目的。未来，联想集团将继续发挥在ESG领域的标杆作用，通过新IT持续赋能千行百业，用科技创新服务国家、行业、民生和环境4个层面，不断践行ESG理念，创造联想集团的社会价值，助力“双碳”目标实现，助力构建更美好的未来。

阿斯利康中国：推动全价值链可持续发展
开拓医药健康绿色发展创新路

阿斯利康中国

一、医药健康行业可持续发展背景介绍

气候变化增加了疾病发病风险，给卫生健康系统应对能力带来挑战。气候变化对人类和生态系统的影响远超预期，风险将随着气候变暖加剧而迅速升级。世界卫生组织认为，气候变化是全球范围内最紧迫的公共卫生问题之一，气候变化、环境污染和生态系统退化会对人类健康产生影响，包括改变传染性疾病的传播模式及范围，增大心脏病、中风、肺癌和呼吸系统疾病等非传染性疾病发生概率，增加老年人及儿童等脆弱群体的患病风险，加剧欠发达国家和地区医疗不平等，削弱全球卫生系统应对能力。因此，世界卫生组织在多个场合，都表达了对气候变化与健康关系的重视，并呼吁各国积极采取行动以应对气候变化，维护全球健康和可持续发展。另外，医疗卫生部门是全球温室气体排放的重要来源。当前卫生健康系统全球约产生24亿吨二氧化碳当量，占全球温室气体排放总量的4%~5%①，这些温室气体排放来源于医疗行业全供应链的各个环节。其中供应链环节占比超过50%，包括医药行业制造过程中的用能用热、化学原材料生

① 数据来源：Health care’s climate footprint,a report by Arup & Health Care Without Harm（2019）。

产、农产品种植和物流；医疗服务环节占比约35%，包括医院等医疗机构的建筑运行用能、交通、麻醉气体等；研发环节占比约5%；患者环节约占10%，主要包括患者使用产品环节（如含温室气体的推进剂）和诊疗过程的交通差旅[①]。因此，积极的气候行动对于改善健康结果、提升卫生健康系统韧性至关重要。卫生健康系统中所有的利益相关方应携手共进，推动整个医疗系统的绿色转型。

二、阿斯利康的实践做法及成效

作为一家全球领先的跨国生物制药企业，阿斯利康始终积极践行企业社会责任，坚持可持续发展。阿斯利康可持续发展战略围绕环境保护、健康可及、道德和透明度等3个维度，持续推进个人、社会和地球的健康发展（见图30）。

图30　阿斯利康可持续发展战略

资料来源：AstraZeneca Sustainability Report 2022。

---

① Accelerating The Delivery of Net Zero Health System，a report by the Sustainable Markets Initiative Health Systems Task Force，in collaboration with Boston Consulting Group（2022）.

针对环境保护，根据《巴黎协定》将全球变暖控制在1.5℃的目标，阿斯利康全面布局并落地深度脱碳举措，于2020年提出“零碳雄心”战略。“零碳雄心”旨在通过最大限度地提高能源效率、使用可再生能源以及投资基于自然的解决方案来实现温室气体净零排放。该战略本着科学至上的原则，制定了减排路线图，目标是到2026年范围 1 、范围 2 碳排放在2015年的基线上降低98%，到2030年将范围 3 碳排放在2019年的基线上减少一半，于2045年实现范围 3 碳排放在2019年的基线上减少90%，并通过投资自然的解决方案力争于2045年实现整个价值链的温室气体净零排放。2021年10月，阿斯利康成为科学碳目标倡议组织发布的世界上首批获得净零目标认证的7家公司之一。

阿斯利康在中国也切实践行“零碳雄心”战略，积极推动可持续发展理念落地中国。阿斯利康1993年进入中国，30多年来，始终秉持“以患者为中心”的初心，致力于成为中国值得信赖的医疗合作伙伴。在中国提出“双碳”目标后，阿斯利康积极响应，采取一系列措施推动节能减排，为医疗健康产业脱碳贡献积极力量，把可持续发展理念贯穿整个价值链。

阿斯利康在中国聚焦建设绿色供应链、打造绿色办公环境、加强数字化与智能化发展、推动构建绿色诊疗体系及健康可及、实施阿斯利康森林计划等工作，多维度推动中国医疗医药行业节能减排，为可持续性发展增添动力。此外，阿斯利康在中国还携手合作伙伴共同推动中国可持续医疗服务体系的构建，承诺将共同为医药医疗行业的净零排放、可持续发展作出贡献。

1. 打造绿色供应链，加速生产供应节能减排

绿色化是新时代中国制造业的重要特征之一，对于推动行业的可持续发展具有举足轻重的意义。为打造绿色供应链，阿斯利康在中国从生产和供应两个环节发力加速节能减排。在生产环节，阿斯利康在中国全球生产供应基地、全球物流中心开展实施一系列节能减排项目，使用并推广绿电；在供应环节，阿

斯利康在中国要求供应商完成可持续资质确认及培训，以推动可持续发展理念深入供应链各环节。

阿斯利康中国总部及全球研发中国中心位于上海，近年来分别在北京、广州、杭州、成都、青岛设立区域总部，并在无锡、泰州、青岛分别建立全球生产供应基地，向全球70个市场输送优质药品。

阿斯利康在无锡、泰州生产供应基地开展试点和改造行动，积极推动减少生产环节的碳排放；建设中的青岛生产基地引进多项国际领先的可持续发展技术，致力于打造全球领先的绿色工厂。无锡生产供应基地自2022年开始大力推进节能改造工程、使用清洁能源、有效回收利用废热等措施，并已取得积极成果。无锡生产供应基地通过使用太阳能以及二氧化碳热泵系统制取生活热水，在整个生活热水系统中取消市政蒸汽使用，并加快设施改造升级减少蒸汽浪费。针对注射用水系统的废水排放热量浪费问题，新增热回收系统将回收废热用于空调系统，每年节约的能源折合后约9万度电。阿斯利康无锡、泰州生产供应基地致力于打造全球示范智慧工厂、绿色工厂，并已于2023年1月实现绿电切换，加速生产环节清洁低碳转型。青岛吸入气雾剂生产供应基地秉持着可持续发展的理念，设计通过太阳能、热泵和当地绿色电力获取能源，其行政楼及餐厅按照绿色建筑认证体系LEED金级标准进行设计和建造，推进区域绿色低碳发展。

阿斯利康中国物流中心于2023年2月正式获得通标标准技术服务有限公司（SGS）颁发的碳中和认证证书，这标志着阿斯利康中国物流中心从2023年起实现绿色转型。一方面，阿斯利康中国物流中心在2022年实施绿色供热项目，通过节能运营和空调系统加热加湿电气化改造等项目，每年减少市政蒸汽使用超过3000吨，相当于每年减少碳排放900吨。另一方面，阿斯利康中国物流中心通过采购绿色电力，实现电力部分脱碳化。

除了在生产供应基地、中国物流中心使用绿电，阿斯利康也积极推动行业合作伙伴使用绿电。2024年1月，阿斯利康携手行业伙伴达成业内首个多方可再生能源协议，进一步推动绿电的广泛使用。

与此同时，阿斯利康在中国2023年为超过50家本地供应商提供可持续宣教，并且要求供应商完成碳披露（CDP）问卷、EcoVadis评估、作出“科学碳目标”承诺，以确保绿色供应商资质。阿斯利康计划在2024年进一步扩大“可持续采购项目”对本地供应商的覆盖范围，以期提升行业产业链绿色标准规范。

2. 打造绿色办公环境，减少企业运营碳排放

采用环保、节能、健康的方式开展工作，将有利于降低环境污染，推动可持续发展。为打造绿色办公环境，阿斯利康重点着眼于“绿色园区”建设和绿色出行方案两方面工作。

为打造“绿色园区”，阿斯利康在上海张江园区开展试点，结合园区发展的实际需求，落地绿电切换、碳足迹管理、光伏储能建设、新能源车位改造等项目。基于试点经验，阿斯利康还在2023年第六届中国国际进口博览会上与上海电科智能系统股份有限公司签署备忘录，于2023年建立用户端能源管理系统碳足迹管理平台，以实时监控能源使用情况，并通过分析生成的优化控制方案持续提高园区的能源使用效率。

为落实绿色出行，阿斯利康推动减少日常出行和差旅环节的碳排放。大力发展新能源汽车是积极应对气候变化、实现中国“双碳”目标的重要战略举措。阿斯利康积极响应中国政府号召，在张江高科技园区新增新能源车位，截至2023年底该园区新能源车位占比提升至54%。此外，阿斯利康于2022年启动EV100项目，将办公用车逐步更换为新能源汽车。

3. 加速数字化、智能化创新，实现减排增效

以数字化促进绿色化，有助于降低全链条能源消耗，推动生产效率和能源

效能共同提升。阿斯利康通过一系列举措加快医疗医药行业数字化、智能化创新，在为医疗专业人士和患者提供便利的同时减少碳排放。

一方面，阿斯利康探索开展线上活动与知识传递，减少线下学术活动碳排放。阿斯利康挖掘数字化技术应用新模式，探索数字化学术会议、线上直播间等活动形式。未来，阿斯利康还计划发起数字化转型联盟，号召和帮助更多行业企业实现数字化转型，赋能科学观念塑造。

另一方面，阿斯利康积极参与电子说明书的普及与落地，减少纸张消耗。为解决说明书看不清、找不到等问题，国家药品监督管理局于2023年发布《药品说明书适老化及无障碍改革试点工作方案》。阿斯利康的两款产品参与第一批试点，采用纸质简化说明书和电子版完整说明书形式，放大说明书字体的同时减小印刷说明书尺幅，大幅减少纸张消耗。

4. 构建绿色诊疗体系，减少碳排放并提升服务质量

大健康等数字化技术的应用有助于帮助患者实现低碳数字化疾病监测，降低患者线下就医频率，提升服务水平和医疗质量。为推动代谢性疾病及其并发症的早期诊断、预防及治疗全流程、标准化管理，中国工程院院士宁光2015年发起全国范围内的标准化代谢性疾病管理中心（MMC）建设。在管理中心，患者可以实现从筛查、诊疗到疾病管理的全流程，整个流程减少纸质化验单的使用，同时也降低了患者的线下出行频率，有效减少就医环节的碳排放。目前阿斯利康已支持全国逾千家医院建设MMC，惠及数百万糖尿病患者，更好地满足患者需求，助力可持续医疗体系构建。

5. 积极植树造林，助力气候行动和人类健康

气候恶化和生物多样性丧失的双重危机对环境及人类健康都带来了巨大的挑战，在此背景下，2020年阿斯利康首次提出森林计划，预计投资4亿美元，以实现到2030年在六大洲种植和培育2亿棵树的目标。阿斯利康森林计划希望通过天

然的方式恢复森林，促进农林业发展，保护和恢复濒危物种，改善人类健康并确保人类的可持续发展。预计阿斯利康森林计划于2024年来到中国。

6. 共同筹备中国“可持续市场倡议”健康系统工作组

在切实践行“零碳雄心”战略的同时，阿斯利康在中国紧跟全球步伐，在2022年8月“可持续市场倡议”中国理事会成立后，深度参与各项工作，并于同年11月正式成为“可持续市场倡议”中国理事会合作伙伴。为带动医药产业价值链上的各利益相关方共同为健康地球贡献力量，推动行业加速实现净零排放的健康系统，阿斯利康在中国2022年11月携手华润医药商业集团有限公司共同筹备中国“可持续市场倡议”健康系统工作组。在2023年中国国际服务贸易交易会期间，阿斯利康与中国国际商会、华润医药联合发布工作组愿景，即引领医药医疗供应链产业链绿色升级、推动可持续医疗服务体系建设、探索医药可持续与国际化协同发展。在第六届中国国际进口博览会上，“可持续市场倡议”中国理事会健康系统工作组在阿斯利康展台上正式宣布成立，阿斯利康作为联席主席单位签署了发起单位承诺书。未来，阿斯利康希望与工作组各领域成员单位一道，共同做好供应链脱碳、医疗服务脱碳、国际贸易脱碳等工作，共同推动医药医疗行业向净零排放转型。

进入中国30多年，阿斯利康始终秉承“以患者为中心”的初心，持续发挥自身优势，积极推动跨国家、跨地区、跨行业的多方合作，利用绿色转型新思维、新技术，推动绿色工厂、能源智能化管理等多项创新减碳措施落地。未来，阿斯利康将基于现有经验，持续加大投入，加快创新和转型步伐，探索可持续发展新模式。与此同时，阿斯利康将继续携手医疗医药价值链的合作伙伴，基于中国“可持续市场倡议”健康系统工作组的宝贵平台，助推中国健康系统实现绿色共赢，助力健康中国2030及“双碳”目标早日实现。

上海家化：国货美妆
迎接ESG的机遇与挑战

上海家化联合股份有限公司

一、引言

随着全球可持续发展的深入推进，ESG理念逐渐成为企业发展的重要考量因素。美妆行业作为与消费者日常生活紧密相连的行业，其ESG实践对于行业的可持续发展具有重要意义。本文旨在通过探讨国内美妆领军企业——上海家化联合股份有限公司（以下简称上海家化）在ESG方面的实践及成果，揭示其如何在激烈的市场竞争中，用新动能替代旧动能，加快绿色转型的速度，助推我国美妆行业向绿色低碳循环发展方向迈进。

二、ESG成为中国美妆市场增长的驱动力

相较于欧美发达国家，中国ESG的发展起步较晚，但随着“双碳”目标的提出，ESG在各个行业受到的关注度快速提高，越来越多的美妆企业将ESG纳入公司发展战略中。当前，中国美妆企业的ESG实践正处于初期阶段，如何达成ESG目标、如何做好ESG信息披露已成为关乎美妆企业未来发展的关键。

（一）ESG理念在美妆行业的兴起

在全球化浪潮中，ESG理念已经逐渐成为商业领域的重要议题。在政策推动与市场需求双重作用下，ESG理念在美妆行业中的重要性日益凸显，成为企业不可忽视的发展要素。

近年来，我国政府对环保、可持续发展等问题给予了高度重视，并出台了一系列相关政策。这些政策不仅彰显了我国推动绿色发展的决心，也为美妆行业指明了发展方向。例如，碳中和、碳达峰等目标的设定，为美妆行业在减少碳排放、提高能源利用效率等方面提供了明确指导。同时，上海证券交易所、深圳证券交易所、北京证券交易所发布的上市公司自律监管指引——可持续发展报告（试行），更是对美妆企业提出了具体的ESG信息披露要求，进一步推动了行业内的ESG实践。

与此同时，市场需求也在推动着美妆行业的ESG发展。随着消费者环保意识的提高，越来越多的消费者开始关注美妆产品的环保性能和企业的社会责任。他们更倾向于选择那些注重环保、关注社会责任的美妆品牌。这种市场需求的转变，使美妆企业不得不将ESG理念融入产品设计和生产过程中，以满足消费者的期望。

（二）美妆行业ESG发展的挑战与机遇

在全球绿色低碳和可持续发展的时代背景下，ESG理念对美妆行业来说，既是一个新的发展方向，也带来了一系列挑战，通过推动ESG实践，美妆企业可以不断优化供应链、降低资源消耗、减少环境污染，实现经济效益和社会效益的双赢。

国内外化妆品企业对ESG越来越重视，投入不断增加。国际上，美妆巨头如欧莱雅集团、雅诗兰黛集团等早已将ESG纳入企业长期发展战略，这些企业注重产品的环保属性，采用可再生、可降解的包装材料，推广绿色生产，降低对环境的影响，通过实施一系列环境、社会和治理措施，推动企业在全球范围内的可持续发展。

在国内，越来越多的化妆品企业开始践行ESG理念。上海家化、珀莱雅化妆品股份有限公司、贝泰妮集团、广州逸仙电子商务有限公司等企业不仅将ESG理念融入企业运营和产品开发中，还积极发布ESG报告，向公众展示企业在环境保护、社会责任和治理方面的成果。这些企业通过绿色生产、加强供应链管理、关注员工福利等措施，不断提升企业的可持续发展水平。

然而，由于国情、经济发展阶段的不同，企业所面临的实质性发展议题也不相同，ESG概念和实践起步较早的发达国家的经验，并不能完全适用于中国企业。目前，国内在ESG信息披露上并未形成统一标准，每一个ESG评级机构都有自己的评级系统，在指标设计和权重设定上不尽相同，因此同一家企业的ESG评级结果有时也会存在一定差异。

三、ESG热度提升，百年企业面临“新课题”

相较于我国企业而言，ESG在外资企业起步较早，管理水平较高，我国美妆日化行业ESG的发展路径仍存在很多难点。企业若想进一步推动ESG战略，不断提升ESG绩效，仍需在观念渗透、管理体系、风险管控、可量化绩效、信息披露等方面下功夫。只有让ESG思维融入企业灵魂，贯穿日常运营，发动全体员工共同参与，优化升级风险管理，从长远角度把控风险与机遇，才能确保落实程度，提高可持续发展韧性。

（一）制定 ESG 中长期战略规划，稳扎稳打持续推进

上海家化是中国美妆日化行业历史悠久的民族企业之一，拥有百年的发展历史，是国内行业内首个上市公司，旗下拥有多个细分领域的领导品牌，把握

时代的脉搏变革前行。公司始终从长期、可持续的角度出发，在2021年积极对标联合国可持续发展目标，结合自身资源优势来确定可持续发展优先事项，持续优化自身ESG管理制度和具体执行措施，制定并发布了ESG中长期战略规划。

（二）从CCC到A，交出一份优秀“答卷”

中国经济转型和结构调整背景下，ESG理念日益受到重视。ESG不仅是新时代高质量发展的要求，也是接轨国际规则的客观需要。中国ESG体系发展具有“自上而下”的特点，监管部门引导逐步规范ESG披露内容。上海家化将坚定不移走绿色生态发展道路，深度融合ESG管理与经营，推动高质量长期发展，致力于将中国美带给全世界。

上海家化从自身出发，积极探索ESG方面的发展路径，学习国际优秀企业的ESG管理经验，寻找差距，见贤思齐。作为国内美妆日化行业的龙头企业，上海家化率先引入ESG管理模式，注重绿色低碳、社会价值和公司治理。公司不断完善治理架构，重视女性参与和领导力培养，加强风险管理和职业道德建设。2023年，上海家化持续优化ESG管理制度，对包装材料与废弃物、化学品安全、原材料溯源和产品碳足迹等方面的议题不断优化，积极更新和发布相关制度和政策，并提升ESG信息披露水平。

2023年，国际权威ESG指数评级机构美国明晟公司发布了上海家化最新的ESG评级，上海家化的评级从2021年的CCC提升至A。Wind ESG评级获得日常消费—个人用品行业最高评级AA级。同时，在全球环境信息研究中心气候变化评级中获得B级，为中国美妆日化行业最佳评级。这些成绩的取得，反映了国际和国内资本市场对公司ESG管理实践的认可。

四、积极践行ESG理念，携手多方共创价值，夯实ESG治理基石

当前，ESG信息披露已经成为我国上市公司的重要议题。监管部门对于ESG信息披露的要求不断提高，推动着企业积极履行社会责任，提高治理水平，实现可持续发展。这种趋势体现了我国资本市场对于企业综合绩效的全面考量，符合我国经济社会发展的实际需求。

对于上市公司而言，ESG信息披露不再是“选择题”，而是“必答题”。企业需要通过详细、透明的ESG信息披露，向投资者、消费者和公众展示其在环境保护、社会责任和公司治理方面的努力和成果。这不仅有助于提升企业的社会形象和声誉，增强投资者的信心，也有助于企业更好地融入全球可持续发展的大潮中。

（一）环境（E）方面的实践

针对越来越恶化的气候环境，近年来，国家持续出台了多项政策，绿色低碳受重视的程度与日俱增。受此影响，绿色低碳目前也已经成为企业发展的新趋势。

在这种背景下，上海家化严格遵守环境法律法规，在管理层面制定了《上海家化可持续包装管理办法》《上海家化可持续采购政策》《上海家化全价值链碳管理计划》《环境管理体系方针》《危险废物事故防范措施及应急预案》《实验室废弃物处理管理办法》《危废仓库管理制度》等，对环境管理、应急预案、危废管理等内容进行规范。上海家化不断加强环境风险管理，确保生产经营符合相关法律、法规和标准。

在具体的落地措施上，上海家化从绿色原料、绿色包装材料、清洁能源使

用、运输场景优化等多维度践行绿色低碳。

绿色原料：2022年，上海家化旗下的玉泽品牌作为专业皮肤科学护肤领域的先驱者，推出了一款环境友好的防晒产品——玉泽清爽倍护防晒乳。该产品摒弃了对海洋生物（如珊瑚、壳类等）有害的防晒成分，选用了科学家建议的对环境和海洋更友好的配方。这种新型防晒剂的成功问世，一定程度上可以保护水生生物以及海洋环境，也推动着防晒剂向更环保、更绿色的方向发展。

绿色包装材料：上海家化坚持3R（Reduce，Reuse，Recycle）原则开发设计产品的包装。秉持3R理念，上海家化制定《上海家化可持续包装管理办法》，对包装材料减量化、包装材料轻量化等相关方面作出具体要求，通过调整内容物、包装结构、体积、材质等方式优化包装，现有多品牌礼盒、套装均降低了包装材料的使用量，纸板累计减量达34.82万平方米。2023年，公司旗下婴童护肤品牌启初荣获国内首个母婴护肤产品认证和绿色包装认证，同时还获得了莱茵颁发的“易再生易回收”环保包装认证。此外，在佰草集御龄产品系列升级中，产品包装内部采用可替换芯设计，在内部膏体使用完毕之后，消费者仅需购买带膏体的替芯，即可实现包装的重复利用。每一个替换装的使用，都可以节省约250克包装材料的使用并减少相应的环境污染。

清洁能源使用：上海家化青浦跨越工厂引入太阳能光伏作为2023年的重点工作，作为工业和信息化部认证的绿色工厂和上海经信委认证的“上海智能工厂100+”，上海家化青浦跨越工厂将在膏霜、液洗两大车间屋面以及户外停车棚铺设太阳能板，装机容量4兆瓦，年光伏发电量约360万千瓦时，年均减碳2000余吨。早在2022年，青浦跨越工厂已经通过技术和管理手段进行节能管理，全年碳排量降低600吨，引入绿色能源太阳能光伏设备之后，上海家化的碳排放工作也进入了一个新的阶段。

运输场景优化：在“双碳”目标的资源可持续调配要求下，上海家化将绿色环保理念贯穿始终，深入推进运输领域节能减排，推出“飞粤计划”，将大仓从28个合并到7个，提高快递效率，减少运输时间的同时缩短运输距离。公司通过优化物流和仓储，减少了碳排放，积极推动公司的低碳发展进程。

绿色办公：近年来，可持续办公对企业的重要性不断提高。对于企业而言，办公场所是践行ESG理念的最佳切入点之一。上海家化将绿色办公纳入绿色低碳发展的重要一环，坚持“以人为本”理念，将健康理念融入办公场所，构建良好的职场环境生态，不断提高全员绿色发展意识，分阶段降低职场运营耗能，倡导无纸化办公，减少危险废弃物及生活垃圾产生量。

守护生物多样性：为了保护鸟类和生物多样性，上海家化组织员工利用青浦跨越工厂的废弃纸箱、木板等废旧包装材料，设计制作出一个个可挡风遮雨的鸟类房屋，为该区域的70多种鸟类提供了温暖舒适的“避风港”。此外，工厂员工还积极发动小朋友和家属参与这项活动，共同为生态保护贡献力量。

全价值链协同推进低碳减排：上海家化于2022年启动价值链减碳计划，面向业务伙伴，从数据追踪、减碳计划、减碳目标3个维度开展管理，并依据计划—执行—检查—处理理念不断优化。

践行可持续采购：可持续采购是推进可持续性目标的重要手段，上海家化坚持绿色采购理念，将可持续发展原则融入供应商管理，构建低碳供应链体系，持续完善采购流程，优先采购使用回收材料制作的包装材料及使用绿色来源的原料。为进一步深化可持续采购实践，以实际行动推动生物多样性保护与森林生态良好发展，上海家化于2022年启动可持续棕榈油采购工作，并于2023年成为可持续棕榈油圆桌倡议及上海化妆品行业双碳工作委员会的成员及副主任委员单位，制定未来采购可持续棕榈油计划，促使供应商加入可持续棕榈油圆桌倡议，并遵守可持续棕榈油圆桌倡议的原则和标准。

（二）社会（S）方面的实践

企业的可持续发展与利益相关方的支持密不可分，上海家化始终重视与政府及监管机构、股东和投资者、消费者、合作伙伴、员工、社区公众等利益相关方的沟通，建立常态化沟通机制，积极、及时地对战略、运营等方面的信息进行披露，深入了解各界相关方意见，积极回应需求，从而不断提升企业自身水平，有助于互相信赖、互相支持关系的形成。

从社会角度来看，上海家化重视与其利益相关者之间达成平衡与协调。企业致力于携手利益相关方，共同探讨可持续高质量发展路径，创新产品类型，提升产品与服务质量，一同创造共享共赢的社会价值。

1. 呵护消费者

在以消费者为中心的核心理念引领下，上海家化深知化学品安全的重要性。在产品原料启用流程方面，公司践行评估—测评—确定—追踪的完整链条，在确定原料候选人，进行安全和功效测试，建立原料检验标准以及原料跟踪反馈等方面时刻跟进，绝不向任何不安全、有风险的原料成分妥协。公司制定了包含142项内容的《禁用与受关注化学成分清单》，依据最新的研究进展和国内外相关法律法规政策持续更新受关注化学成分清单。在成分选择上，公司引入美国环境工作组（EWG）安全评级体系。以旗下母婴品牌启初宝宝舒缓冰沙霜为例，该产品优选EWG评分全绿色原料，并进行全成分公开，让消费者在使用产品时能够更加安心、放心，也为全行业的ESG理念的推进树立榜样；提高更多行业龙头企业对ESG领域的关注度和参与度。

2. 关爱员工

从创立之初，上海家化便将人才视为公司宝贵的财富，以开放、平等、包容的态度引才聚才，尊重并保障员工的合法权益。公司深切关心着每一位员工的身心健康，严格遵守《中华人民共和国职业病防治法》《职业病危害项目申报管理办法》等职业健康安全法律法规，制定了《职业健康安全管理制度》等来建立完善的职业健康安全管理体系。目前上海家化下属的青浦跨越工厂已通过ISO 45001职业健康安全管理体系认证，认证范围涵盖青浦跨越工厂化妆品的生产。

作为行业领导者，上海家化倡导多元化和包容性，为职场文明树立典范。企业积极倡导性别平等，2023年加入联合国妇女署，成为《赋权予妇女原则》全球签署企业成员，公司重视女性员工所面临的挑战，强调女性员工在享有假期、福利的同时拥有平等的晋升和发展途径；设置“妈咪小屋”，为生育女员工重返岗位提供便利，鼓励女性勇敢探索，积极加入企业ESG的建设中，在保障女性参与管理和决策权利的同时，支持女性职业发展。

公司不断完善员工制度、职业健康安全管理制度，构建完整、规范的人力资源管理体系与制度，涵盖工时与假期、薪酬与晋升等方面，充分保障员工合法权益与福利，为员工的成长和发展保驾护航。在确保权益和福利的基础上，上海家化注重对员工职业能力的培养，制订专门的人才培养计划，从通用能力、专业能力和人才梯队建设方面通过内外部培训、学历教育、职业资格考试等途径对人才进行系统培养。

3. 回馈社会

作为具有百年历史的美妆日化企业，上海家化始终积极践行社会责任。多年来，企业始终秉承“因美而生，向善而行”的公益理念，持续向外传输企业正能量，在校企联动、多元关爱和爱心捐助领域持续行动，积极承担和履行社会责任，努力传达健康与关爱。

2023年是上海家化成立125周年，借此契机，上海家化发布了“家·公益”项目，在品牌端、企业端、员工端分别开展了不同的公益行动，并成立了首支员工志愿者队伍，立足构建可持续发展的企业形象，进一步促进ESG目标在社会层面的落实。年度内，员工志愿者服务时长超过2600小时，为社会公益事业贡献了积极的力量。

（1）企业端“家·关爱”：支持乡村振兴，为乡村女教师开设美妆课；签约成为自闭症青年慈善超市公益合作伙伴，助力“星青年”就业；联合中国妇女发展基金会向京津冀受灾群众捐赠百万元物资；连续9年参与中国香料香精化妆品工业协会开展的“爱心书包公益活动”，为我国西北地区的学生送去温暖。

（2）品牌端“家·呵护”：公司联合上海市儿童基金会，向厚天应急救援队捐赠了玉泽产品，彰显了强烈的责任感与使命感。同时，也向新疆喀什地区的边防战士捐赠了产品，呵护这些特殊人群的肌肤健康。

（3）员工端“家·连接”：成立首支志愿者队伍；关爱青少年成长，举行“家·公益”——六安希望小学师生看上海活动，志愿者家庭携手六安希望小学的30名优秀师生走进青浦跨越工厂，感受现代工业制造的数字化与智能化，结对建立了深厚的友谊。

除此之外，上海家化持续发动员工积极参与公益活动，并主动为员工创造丰富的参与机会。每年开展“企业公民日”活动，利用丰富多样的形式践行志愿公益。2023年，开展“环境健康安全月”活动，围绕空瓶回收再利用、产品包材循环使用、保护生物多样性、员工健康与安全等议题，将低碳减排、绿色环保落到实处，使企业内外联系紧密，坚持回馈社会，助力共同富裕，并使可持续发展事业演变成为全体员工共同的行动。

在持续推进ESG管理理念的过程中，上海家化认识到，只有主动将社会责任理念融入企业价值观和愿景，积极回应并吸纳来自社会的需求，让更多人分享企业发展成果，才能算是真正、实在地践行社会责任。

（三）治理（G）方面的实践

践行ESG管理建设理念以来，上海家化在公司治理层面也在渐进优化。公司在保护投资者权益和加强风险管理方面持续投入，不断完善公司信息披露体系和工作流程。在保护投资者权益方面，通过在多元投资者交流平台采取不同的沟通策略，强化与投资者之间的沟通。在风险管理与内部控制方面，上海家化持续完善内部控制和风控流程，建立健全重点风险管理体系，做到严格、有序、有效推动企业高质量发展；在反腐败廉政方面，加强职业道德体系和公司商业道德文化建设，积极追求企业社会价值的最大化。2023年，公司党委启动反腐倡廉的“号角行动”，成立号角行动工作小组，致力于党风教育、廉政宣传、自查自纠，宣传教育范围覆盖公司全员。

五、将挑战化为机遇，百年企业华丽转身

目前，上海家化连续3年对外披露ESG报告。围绕“绿色低碳的生态环境”“共享共赢的社会价值”“更完善的公司治理”开展ESG工作。持续完善ESG管理制度体系，针对可持续采购、产品成分和原料体系管理、包装与废弃物体系管理、上下游碳管理等方面更新并发布了近10项制度和政策，并积极提升ESG信息披露水平。在践行ESG理念的多年实践中，2023年，上海家化相继斩获中国洗涤用品工业协会“公益贡献之星”、投资时报“ESG绿色公司之星”、和讯“年度ESG卓越企业”等。

2023年，上海家化已经走过了125个年头，在穿越时代周期过程中依然行稳致远。2023年，上海家化ESG评级跃升至A，体现了国际社会和资本市场对于上海家化ESG管理成果的认可，ESG也逐步成为上海家化这家百年企业的“新名片”。ESG评级不断提升的背后，正是上海家化多年来对于ESG理念的持续贯

彻与不断精进。同时，上海家化始终应用国际话语体系，以便更好地在国际舞台展现自身实力，助力公司以资本市场的评级标准得到更大的认可。

百年匠心，尽善致美。上海家化始终紧随时代浪潮，以梦想、活力和传承作为发展的主线。作为坚定的长期主义者，上海家化将坚定不移响应党和国家的号召，立足长远发展，将ESG管理模式与经营深度融合，推动企业高质量的长期发展，不忘初心，将中国美带给全世界。

德勤中国：落实“双碳”行动
共创ESG未来

德勤中国　刘明华

在党的二十大描绘的生态文明和可持续发展清晰蓝图指引下，ESG的重要性越发凸显，成为推动可持续发展、应对气候变化的全球战略共识。中国企业面对的是将ESG从概念框架转化为满足国内外发展需求的显著挑战，这不仅关乎企业治理与管理，更是承担社会责任和树立正确价值观的关键。

德勤中国作为立足本土、连接全球的多元专业服务机构，致力于赋能企业应对可持续发展挑战，创造长期价值。本文基于德勤中国的最新研究与实践，探讨中国企业ESG现状与挑战，并提出中国企业ESG建设的可行之策。

一、中国企业ESG现状与挑战

（一）中国企业 ESG 发展的主要推动力

中国企业ESG正处于一个快速发展的阶段。中国企业促进和引导ESG发展的两大驱动力主要是ESG信息披露推动机制和ESG资金引导机制。

1. 中国企业ESG信息披露推动机制

为了鼓励企业更好地履行社会责任和践行可持续发展，中国“自上而下”

出台一系列ESG信息披露的政策和规定（见图31），强调ESG信息披露的重要性，明确ESG信息披露指引，规范企业的信息披露行为。在这些政策的推动下，中国的上市企业在ESG信息披露方面已经取得了显著进步。这不仅增强了公司的透明度，而且为投资者提供了更多、更准确的信息，帮助他们作出更为明智的决策。

- 2020年
  深交所修订《深圳证券交易所上市公司信息披露工作考核办法》，上交所制定并发布《上海证券交易所科创板上市公司自律监管规则适用指引第2号——自愿信息披露》。
  深交所对自愿披露ESG相关信息的企业给予加分，上交所增加对科创板上市公司ESG信息披露要求。
- 2021年
  证监会发布《公开发行证券的公司信息披露内容与格式准则第2号—年度报告的内容与格式（2021年修订）》。
  增加了环境和社会责任章节鼓励公司自愿披露在报告期内为减少其碳排放所采取的措施及结果。
- 2022年
  证监会发布《上市公司投资者关系管理工作指引》。
  提出上市公司与投资者沟通的内容需要包括公司的环境、社会和治理信息。
- 2022年
  国务院国资委印发《提高央企控股上市公司质量工作方案》。
  成立科技创新局和社会责任局，提出中央企业探索建立健全ESG体系。
- 2023年
  国务院国资委办公厅发布《关于转发〈央企控股上市公司ESG专项报告编制研究〉的通知》。
  对央企控股上市公司提升ESG体系建设，强化ESG管理实践，加强ESG信息披露提供参考，形成有力支持。

图31　中国推动ESG信息披露的政策和规定

资料来源：作者根据相关资料整理。

2. 中国企业ESG资金引导机制

从中央到地方，从政策到实践，中国已经形成了一个多层次、全方位的绿色金融体系。各级政府都在出台相关政策，鼓励金融机构和投资者通过资金引导，为优秀的ESG实践提供支持（见表10）。除了传统的绿色债券、绿色信贷、绿色基金等金融产品外，政府也鼓励促进绿色保险、绿色投资、气候投融资等新型绿色金融产品发展。

表10 中国绿色金融与绿色投资政策法规与监管条例

年份	发布单位	政策法规、监管条例
2016	中国人民银行、财政部等七部委	《关于构建绿色金融体系的指导意见》
2018	中国证券投资基金业协会	《绿色投资指引（试行）》
2020	生态环境部、国家发展和改革委员会等五部委	《关于促进应对气候变化投融资的指导意见》
2021	生态环境部、国家发展和改革委员会等九部委	《关于开展气候投融资试点工作的通知》
2022	中国银保监会	《银行业保险业绿色金融指引》
2022	中国银保监会	《绿色保险业务统计制度的通知》

资料来源：作者根据相关资料整理。

面对这一市场趋势，越来越多的中国企业开始积极地改善其在ESG方面的表现，期望能吸引更多的资金支持。在这样的资金引导下，企业不仅在ESG实践上能做得更好，而且更加重视与投资者之间的沟通和交流，使整个市场生态更加和谐。

（二）中国企业 ESG 发展面临的四大挑战

即便在ESG观念和实践快速进步的背景下，中国企业在优化ESG管理、深化ESG实践、加强ESG信息披露的道路上，仍面临着四大挑战。

1. 如何将ESG纳入企业商业模式

考虑ESG因素可以帮助企业识别和管理ESG相关的潜在风险，发现新的机遇，因此将ESG纳入企业商业模式已变得至关重要。但是，缺乏强有力的治理可能导致ESG策略和ESG信息披露落地困难，企业在ESG整合及相关的转型策略上也可能遭受阻碍，企业在实施过程中仍面临着诸多挑战，具体包括：

（1）缺乏强有力的治理。没有强有力的治理，企业难以实现真正的环境和社会披露。治理是实现ESG透明度的基础。德勤中国《审计委员会的前沿研究：应对气候变化》研究报告显示，仅有约一半的审计委员会受访者（52%）认为企业有信心、能力和授权来履行其在气候变化方面的责任。董事会和企业高管需要对可持续发展有深入的了解。不然，ESG信息披露的真实性难以保证，企业也难以应对“漂绿”的质疑。

（2）整合与转型的难题。企业尚在努力整合业务和进行ESG相关的转型，面临如何将ESG考量纳入业务流程和控制的难题，特别是在缺乏统一标准和ESG要求持续变化的情境下。为了确保信息的一致性和可比性，企业需要建立标准化、可复制的流程。这要求企业建立全面的管理和治理体系，以促进信息收集、能力和权限提升。

（3）ESG人才缺乏。ESG涉及多个领域，要求ESG人才具备跨学科的知识和技能。而相较于其他传统领域，ESG是一个相对新的研究和实践领域。因此，与ESG相关的资源、知识和能力呈现出供不应求的态势，人才短缺问题也较为突出。

2. 与国际ESG标准的接轨与融合

全球ESG相关的监管要求、标准指南和ESG评级众多且要求各异。对于“出海”或全球化的中国企业来说，它们需要遵循不同国家和地区的ESG要求，这给企业带来了复杂性，具体包括：

（1）与国际标准接轨和融合的复杂性。当前，ESG监管迎来全新的变革。各大资本市场纷纷强化了ESG的监管措施，出台了新的政策，特别是在气候议题上产生了新的要求。2023年6月，国际可持续发展准则理事会（ISSB）正式发布了首批两份国际财务报告可持续披露准则的终稿，旨在为全球提供一致的、可比的可持续信息披露准则。然而，从ISSB准则发布到ISSB准则的全球采纳还有一段路需要走。中国企业需要不断地适应并满足各地现行的ESG

标准。

（2）投资者期望与实际操作的差距。国际投资者对于ESG的期望和要求在实际操作中可能存在差距，导致中国企业在满足这些期望和要求时面临挑战，需要它们在投资决策、运营和战略规划中进行不断调整。

（3）知识与技能缺乏。中国企业可能缺乏足够的ESG知识和专业技能，这使它们在实际操作中面临困难。

3. 利益相关方的参与

在中国企业的ESG发展中，吸引和维护各个利益相关方的参与是一个巨大的挑战。无论是投资者、政府、客户、员工还是社区，都对企业的可持续发展抱有期望。但是，许多利益相关方对于ESG的理解仍然浅显，部分企业的ESG信息披露可能过于复杂和冗长，不易于理解，可能导致相关方难以真正参与到企业的可持续发展过程中，具体包括：

（1）信息披露的复杂性。许多利益相关方可能不完全理解企业ESG报告的复杂性，导致他们不能充分参与并对企业提出有效建议。

（2）沟通障碍。虽然企业可能在年度报告中披露大量的业绩数据，但如何确保信息传达给不同的利益相关方仍是一个问题。

（3）ESG报告的目标受众偏差。ESG报告可能过于强调满足部分利益相关方的需求，而忽视了投资者或者其他利益相关方，如客户、员工等。

4. 获取可靠的ESG相关数据

获取ESG相关数据对企业来说显得尤为关键，它为企业提供了深入了解其在ESG方面表现的机会，并成为决策制定的关键参考。为确保ESG数据的可靠性和准确性，企业还需持续加大投入力度，克服现有的数据难题，具体包括：

（1）数据质量有待提升。企业可能会提供大量的数据，但真正有用的信息较少，或者企业过度宣传其可持续性行为，而实际行动并不足，导致所谓的“漂绿”现象。

（2）数据口径不一致。不同的企业使用不同的指标和标准，投资者和其他信息使用者难以在不同企业间进行比较。

（3）数据收集和处理障碍。企业在治理和内部控制方面较为薄弱的情况下，可能在ESG数据收集、处理、存储和分析过程中遇到困难，导致数据质量、可用性和可靠性受到影响。

（4）ESG管理方面的投入不足。企业可能由于预算限制或其他原因，在必要的系统、流程、数据和内部控制方面的投入不足，无法提供高质量的数据。

（5）数据的应用和透明度。企业可能不清楚如何有效地使用收集到的数据，或如何透明地与利益相关方分享这些数据。

二、中国企业ESG发展的可行之策

德勤中国一直致力于为客户企业提供可持续发展与应对气候变化的专业服务，持续研发适应中国市场需求的解决方案和智慧产品，积极践行国家的绿色发展规划，助力“双碳”目标的实现。针对上述挑战，德勤中国建议中国企业可采取以下措施促进ESG建设。

（一）强化 ESG 整合与治理

企业应将ESG因素和ESG考量融入其所有的业务和流程中。除ESG信息披露团队外，董事会和高级管理层都应了解ESG知识，并通过培训提高员工队伍的能力和水平。

综合考量ESG的风险和机遇，以建立全面、相互联系的企业风险管理系统，促使企业更有韧性、更灵活，在创造机会的同时推动创新。

有效的企业治理是将ESG嵌入企业运营模式的关键，对于确保企业ESG信息披露的真实性也至关重要。董事会首先建立清晰的治理架构、政策，为聚焦ESG战略和ESG监督问责提供保障。

通过将可持续发展ESG业绩与薪酬挂钩来激励高级管理层，是推动企业内部行为变化的有效手段。

德勤中国受邀协助某全球知名消费品公司进行全方位的ESG管理实践及信息披露提升，服务包括开展ESG战略规划、完善ESG管理体系、进行ESG评级提升以及多种ESG信息披露［ESG披露报告、全球环境信息研究中心（CDP）问卷等］。通过一系列的服务，帮助客户明确了ESG定位及发展方向，自上而下进行了系统性的建设，展现了企业的良好实践。

（二）促进与国际标准的融合

中国企业应积极参与国际ESG相关的对话、研讨和会议，与全球同行建立合作关系，共同推动ESG标准的统一与接轨。

为了满足与国际接轨的要求，企业可以考虑建立专门的ESG团队或中心，负责监测全球ESG的最新动态和要求，并为企业提供咨询和指导。企业应提供定期的ESG培训和教育，确保员工了解最新的国际ESG要求和实践。考虑与国际咨询机构或专家合作，获得他们的专业意见和建议，帮助企业更好地满足国际ESG要求。

国际可持续发展准则理事会（ISSB）发布的国际财务报告可持续披露准则为推动全球可持续发展作出了重要贡献。德勤中国作为一家专业服务机构，持续关注可持续披露准则的发展动态，积极参与可持续发展和气候变化相关议题的研究，助力各行业企业和机构打造有责任感且具备韧性的组织，以应对不断变化的外部环境，支持企业迈向可持续的未来。

1. 可持续披露准则研究与解读

关注、分析和分享国际可持续披露准则征求意见、与可持续披露准则发布相关的动态。我们解读和传递国际可持续披露准则的目标、内容以及对企业的影响，帮助企业识别将面临的挑战，提供应对建议。

2. 沟通与反馈

德勤中国借助可持续发展服务经验，以及与中国不同行业企业和机构的交流探讨，向国际可持续发展准则理事会充分反馈符合中国国情的专业意见。

3. 专业服务能力建设

启动并推进可供德勤中国专业服务人员在可持续披露准则实施后使用的实用工具。我们制定短期、中期培训计划并且开发培训课程，涵盖《国际财务报告准则S1号》（IFRS S1）、《国际财务报告准则S2号》（IFRS S2）、《气候相关财务信息披露工作组（TCFD）建议报告》、《可持续工业分类系统》（SICS）、《温室气体核算体系》（GHG Protocol）等内容，为国际可持续披露准则实施做好专业服务能力建设。

（三）加强利益相关方的参与

投资者和融资方的支持和压力对于推动企业优先考虑ESG至关重要。企业需要确保其与这些主要利益相关方的沟通是开放和透明的。企业应该与所有利益相关方开展双向对话，确保所有相关方都了解并参与企业的可持续发展。为了确保利益相关方能够有效参与，企业需要提供教育工具和资源，帮助他们理解和解读ESG信息。为了增加信任和透明度，企业可以考虑采用第三方鉴证，确保其ESG报告的公正性和准确性。

德勤中国自2020财年开始，已连续4年发布社会影响力报告，为利益相关方提供了解德勤中国自身ESG行动的平台。德勤中国搭建多个渠道与利益相关方沟通，包括通过内部和外部利益相关方的直接对话和访谈收集意见与反馈，并收集和分析利益相关方在公共平台的声音，捕捉更广泛的观点和意见。此外，德勤中国通过培训、研讨会和论坛等形式，分享其在ESG领域的知识和最佳实践，同时邀请利益相关方参与这些活动。这些活动不仅提供了学习和交流的机会，也促进了德勤中国与利益相关方之间的合作与理解。

（四）提高数据质量与透明度

企业将可持续发展信息的质量和可靠性视为与财务信息同等重要，这就需要在相应的人员、流程和系统方面加强投入。

企业应在报告中平衡量化数据和对企业行动的描述，尤其是针对企业ESG的实质性议题应重点描述和公平呈现，从而为利益相关方的决策提供参考。此外，为了便于利益相关方进行比较，确保报告中的指标一致性也至关重要，企业可参考和采用行业内公认标准和框架。

企业不仅应将可持续发展看作披露和监管问题，还应将其视为商业模式和战略的核心。这需要与各利益相关方进行持续沟通，了解他们的需求并作出相应的调整。

2022年11月，德勤中国在第五届中国国际进口博览会上发布了“可持续发展与气候变化”创新升级服务，重磅推出创新数字化解决方案“EEIO碳足迹因子库”（EEIO，即Environmentally Extended Input-Output，是指基于环境扩展的投入—产出模型）。该平台基于权威模型和国家统计局公布的最新数据搭建，覆盖国民经济的三大产业和153个细分子行业，涵盖能源和工业过程二氧化碳排放，并具备深度分析功能，简便实用，能切实解决各类企业产品碳足迹计算、价值链核算与减排等难题。

中国以“双碳”工作为引领，大力推动绿色低碳发展。企业是践行绿色低碳循环发展的关键主体，是产业绿色转型和绿色创新的重要推动者，更是应对气候变化的重要创新体。鉴于此，德勤中国面向企业提供“端到端”的可持续发展与气候变化服务方案，旨在助力企业更好地将ESG因素融入业务全流程，加速企业的绿色转型和创新步伐。同时，德勤中国将继续强化自身在ESG领域的行动，致力于成为ESG领域的模范和先锋，并与社会各界一同努力，共同为构建一个更绿色、更可持续的未来作出积极贡献。

宝马：全链减碳　循“续”共进
打造可持续未来

宝　马

应对气候变化，推进可持续发展已成为全人类的共同使命。

2024年6月，世界气象组织发出警告，预计全球气温很可能在未来5年内突破1.5℃的升温阈值。在随之而来的两个月，地球迎来有记录以来最炎热的夏天。严峻的气候灾害，迫切需要全社会、全行业、全人类的果断行动。

面对时代之问，宝马集团（以下简称宝马）提出“360度循环减碳”理念。宝马的目标是到2030年，单车全生命周期的碳排放量与2019年相比降低至少40%。

中国是宝马全球最大的单一销售市场和生产基地。宝马秉承“家在中国”的理念，近30年来一直坚定支持中国经济、社会和环境的可持续发展，以“360度循环减碳”理念为基本策略，以循环经济为优先模式，携手上下游伙伴，共同推动全价值链的绿色低碳转型和高质量发展。

能源转型、使用可再生能源电力是实现全链减碳的最大抓手之一。2023年，宝马在中国通过使用自产的太阳能电力、绿电购电协议和国际绿色电力证书，已在所有沈阳生产基地及全国37个非生产场所实现了100%可再生能源电力供电。截至2023年底，接近50%中国提名直接（一级）供应商用于生产现有产品的用电量已承诺采用可再生电力。此外，宝马还在中国开拓和实践以循环经济为先的生产生活方式。

一、循环永续，再生优先

宝马坚信世界可以建立在“兼得”，而非“取舍”之上。地球的未来和可持续发展的关键，在于从经济和环境之间、创造与精减之间以及产业和社会之间找到合适的平衡。

为此，宝马将循环永续视为可持续发展的核心和优先模式。这意味着传统的“获取—制造—废弃”线性发展模式已不再适合当今世界的需求，而循环再生的经济模式才是通往可持续未来的必由之路。对宝马而言，实现循环永续的奥秘在于以过去的汽车作为原材料，打造未来的汽车。这需要在整个汽车设计和原材料回收的全过程中进行大胆的创新。宝马所秉承的“再生优先”和“再思考、再精减、再利用、再回收”的核心原则也由此而生，习自然之道，育循环之身。

动力电池因其含有多种重金属和稀有金属元素，常被称为“车轮上移动的矿山”。从原材料的开采、加工到生产制造和报废回收，动力电池的整个生命周期都伴随着显著的碳足迹和环境足迹。而动力电池退役后，若得不到妥善处理，不仅将造成难以逆转的环境污染，还会大量浪费宝贵的原材料资源。正因如此，对动力电池的全生命周期有效管理是宝马集团可持续发展蓝图的重要实践之一，以便能够实现生态效益与经济效益的最大化，支持中国“双碳”目标的实现。

为实现这一目标，宝马连同产业链上下游伙伴做出了多年的努力和探索。要实现电池的闭环管理，首要任务是实现电池的全链追溯。早在2018年，宝马就搭建了电池溯源管理系统，对动力电池从生产到退役回收的过程进行追踪。

至今，宝马实现了从新动力电池生产至动力电池报废回收的全生命周期追溯，从技术上提升电池及原材料的回收信息透明度，实现精准管理。这为宝马确保每块退役动力电池的核心原材料最终都能重新融入宝马动力电池生产体系奠定了坚实的基础。

2022年，宝马携手供应商伙伴，共同开创了新能源汽车领域的创新合作模式，旨在建立动力电池材料的闭环回收与梯次利用模式，并首次实现了电动车动力电池原材料的闭环回收。在此模式下，来自于宝马的退役动力电池通过供应商伙伴先进的绿色冶金技术，高比例提取电池中的镍、钴、锂等核心原材料，并全部返回到宝马在中国自有的电池供应链体系，用于生产全新动力电池，实现动力电池原材料的闭环管理。这一创新不仅充分发挥了退役动力电池的剩余价值，更有效地减少了电池原材料开采中70%的碳排放量。

而对于剩余容量较高的退役电池，宝马则遵循梯次利用模式，将其继续应用于储能及叉车等领域。自2020年起，宝马与供应商合作伙伴共同研究动力电池再利用的可行性，成为中国境内首家实现动力电池梯次利用于叉车的汽车制造商。2023年，宝马在中国持续探索与开拓退役动力电池的多元应用场景，在电池被拆解前充分挖掘它的价值，例如，将传统的叉车铅酸电池替换为退役动力电池，并应用于宝马中国生产基地的叉车中，此举不仅优化了叉车的操作性能，也显著降低了维护需求。目前，宝马正与合作伙伴开展深入研究，进一步挖掘相关应用的潜力。退役动力电池的另一个应用是可用作储能站的固定式储能电池，在项目周期结束后，站点拆除的电池将重新用于不同的储能站。

在中国动力电池回收行业方兴未艾之际，宝马与供应商合作伙伴在动力电池回收利用领域的成功探索，不仅有助于宝马在中国进一步降低单车全生命周期平均碳排放，还有助于与供应商伙伴一起完善动力电池回收和再利用的商业模式，有利于国内动力电池行业进一步发展。

二、以今车之材，造明日之车

除了实现高压动力电池的闭环和梯次利用，宝马还致力于通过循环设计理念、创新材料及技术赋能，大幅提升新产品对可再生材料和可回收材料的使用比例，实现高效绿色生产，打造贯穿于产品全生命周期的“绿色电动车”。

以创新纯电动 BMW iX1为例，车型从设计开发之初就贯彻可持续理念，增加可再生材料和可回收材料的使用比例。在再生铝炙手可热的时候，其轮毂中可再生铝比例高达70%。

而“再生优先”的原则要求宝马在保证产品质量的同时减少对天然资源的依赖。2022年，宝马通过与供应商的紧密协作，将生产过程的废钢材、废铝和废动力电池的核心原材料回收并返还给供应商进行再利用，大力推进再生贵金属采购项目，扩大再生材料的采购比例，鼓励供应商深耕技术创新，激发其绿色潜能，联合打造一条有韧性、高质量、可持续和循环的汽车供应链。

作为宝马全力以赴电动化的最新例证，创新纯电动BMW iX1彰显了宝马坚持技术创新和可持续发展企业战略的品牌理念。未来，宝马将继续落实“家在中国”的理念，坚定创新思维，不断扩充纯电动车型产品阵列，在“电动化、数字化、循环永续”3个方向笃定前行，以实际行动支持中国的高质量发展，共建地球美丽家园。

三、宝马携手经销商推出“领创绿星”项目，打造绿色客户体验

除了与广大中国合作伙伴在供应链、生产领域共同把握机遇，推进减排降碳和发展循环经济，宝马还与经销商伙伴携手，致力于在客户使用的各个环节

提供更加绿色、低碳的优质服务。

2022年，宝马在中国推动经销商绿色转型上迈出了关键一步，正式启动了宝马经销商“领创绿星”项目。该项目是中国汽车行业首个面向经销商的可持续服务体系，从绿色环境、绿色电力、绿色运营和绿色践行4个维度，鼓励并赋能经销商伙伴提供“以客户为中心”的绿色服务。

绿色环境对经销店的硬件条件提出了要求，通过采用节能设计、高效设备、绿色家具建材、个性化设计等措施，为顾客营造绿色环保、安全舒适的全新体验。

绿色能源是实现碳减排的主要举措，宝马要求经销商至少80%的日常用能为绿色能源电力，并鼓励经销商通过绿电购电协议、分布式光伏等方式，实现能源结构转型。

绿色运营则是结合日常业务实际，从销售、售后以及内部办公等方面，鼓励经销商在日常运营中挖掘减碳潜力。

绿色践行围绕绿色倡议、企业社会责任、绿色传播、可持续发展培训和绿色生活方式5个主题，鼓励经销商开展丰富多彩的活动，让更多的员工和客户参与其中。

截至2023年底，已有250多家经销商获得了“领创绿星”认证。

“领创绿星”项目本着科学、全面、可落实的原则，携手经销商伙伴为消费者打造更加环保、舒适、绿色的消费环境，并与客户共同实践全价值链的循环降碳，助力中国汽车经销商行业的绿色转型。

四、共创铸价值，协力塑未来

可持续发展代表着人与自然和谐共生的理念。在面对全球气候变化、生物多样性丧失、环境污染等多方面的挑战时，维护人类文明的进步，处理好经济、环境与社会之间的关系，已成为各领域成员共同努力、共同追求的目标。

对宝马而言，无永续不豪华。真正具有可持续发展观的企业，是能够向用户和伙伴传递正向价值，为社会创造更多维的价值和更长期的影响力。在创造可持续价值的过程中，宝马同样注重方式和方法，乐于运用“面向未来的社会洞察”，用“赋能”“跨界”“社会协作”等方式来激发更多伙伴的参与，共同塑造社会价值。

植根中国，蓄力向前，宝马将继续努力，与中国的合作伙伴深化合作，全速迈向电动化、数字化、循环永续的新征程，携手推动中国的可持续发展，人与自然和谐共生，助力中国高质量绿色发展。

后　记

本书是“绿色发展企业行动专题会2023”会前专题征稿和会上交流的成果集合，分为理论篇和实践篇。

理论篇包括：第十四届全国政协委员、提案委员会副主任，中国发展研究基金会理事长张军扩在会上的致辞《勠力绿色转型发展 共建清洁美丽世界》，以及8篇专题投稿：《降碳减污扩绿增长　“四位一体”发展评估报告》（“四位一体”发展评估报告课题组）、《再生农业的发展现状及其对我国的启示》（大自然保护协会中国项目可持续农业研究组原成员韩明会）、《发展再生农业 促进“双碳”目标实现》（中国发展研究基金会朱美丽、范振婷、何伟、程会强）、《欠发达地区农业绿色发展的潜力与路径研究》（中国社会科学院农村发展研究所杨沫）、《全球新能源汽车产业政策对我国的影响及启示》（国家新能源汽车技术创新中心宗磊）、《加快完善新能源汽车动力电池标准体系》（中国电子信息产业发展研究院王曦）、《浅析解决塑料环境问题的方法论》（中国合成树脂协会王旺）、《ESG金融与绿色金融最新法律与实务比较研究》（上海市锦天城律师事务所邹梦涵、林辰仪），感谢各位专家学者对本书理论部分提供的支持。

实践篇共汇总了来自百威亚太控股有限公司、安利（中国）日用品有限公司、英特尔（中国）有限公司、飞利浦（中国）投资有限公司、嘉吉投资（中国）有限公司、百威投资（中国）有限公司、赢创工业集团、恩泽基金、满帮集团、米其林（中国）投资有限公司、滴滴发展研究院、联想集团、阿斯利康中国、上海家化联合股份有限公司、德勤中国、宝马等16家企业的专题投稿，感谢各企业的无私分享。

本次专题会的顺利召开，离不开会议工作组全体成员的辛勤付出，以及众多专家与单位的鼎力支持。感谢张军扩、吴波、任滨彦、吴燕彦、张君婷、叶菲、垣内隆、尼古拉斯·斯特恩等专家为会议致辞。刘世锦、朱光耀、周延礼、王一鸣、陈君石、方莉在会上发表了主旨演讲。来自国家发展和改革委员会、工业和信息化部、中国人民银行、国家卫生健康委员会、生态环境部、农业农村部、国务院发展研究中心、中国科学院、中国物资再生协会、上海家化联合股份有限公司、盒马（中国）有限公司、雀巢公司和德勤中国等政府部门、研究机构及中外企业界40余位代表参会并发言，共200余人参加会议研讨交流。

在工作组内部，中国发展研究基金会副理事长兼秘书长方晋，副秘书长余军、程会强、俞建拖、乔正阳对会议的研究设计给予了宝贵建议，并由程会强副秘书长带领中国发展研究基金会研究三部（牵头部门）、国际交流部、公共关系部、办公室等4个部门共30余人共同完成了会议的设计、报批、邀请和组织协调工作。会后由中国发展研究基金会研究三部副主任朱美丽和项目主任范振婷作为主要协调人，完成了本次文集的收集、整理和出版工作。

希望这些研究成果和实践经验能够为各行业的绿色转型发展提供有益参考。同时，也期待能够引起更多的专业人士、政府部门及行业企业等就此进行更深入的研讨。值本书付梓之际，对会议工作组全体成员以及为会议和文集提供支持、帮助的单位与个人，表示诚挚的感谢！

本书编委会

2024年10月